선 넘는 사람들

선 넘는 사람들

초판 1쇄 발행 2023년 7월 16일
초판 2쇄 발행 2023년 10월 30일
지은이 조상욱
펴낸이 안종만·안상준
편집 총괄 장혜원
디자인 정혜미
제작 고철민·조영환
펴낸곳 (주)박영사
등록 1959년 3월 11일 제300-1959-1호(倫)
주소 서울시 금천구 가산디지털2로 53, 210호(가산동, 한라시그마밸리)
전화 02-733-6771   **팩스** 02-736-4818
이메일 inbook@pybook.co.kr   **홈페이지** www.pybook.co.kr
ISBN 979-11-303-1836-3 03320

오피스 빌런은 어떻게 상대하는가

선 넘는 사람들

조상욱 지음

인북

차례

Ⅲ. 직장 내 괴롭힘

Ⅳ. 직장 내 성희롱

V. 배임적 행위

VI. 협박·공갈하는 직원

VII. 부적응·저성과 직원

VIII. 소중한 이들에게: 한 가지씩만 조언한다면

서문

윤리 의식과 인격상 결함 때문에 기업 경영에 심각한 어려움을 초래하고 법적 이슈까지 발생시키는 문제직원을 오피스 빌런이라고 하자. 이 책은 그 오피스 빌런에 관한 책이다.

오피스 빌런 문제는 나 같은 기업 노동변호사라면 거의 하루도 빠짐없이 다루게 된다. 이 글을 쓰는 지금만 해도 나에게 고민거리를 안겨주고 있는 이들이 여럿 있다. 그런데 이렇게 많은 기업들과 임직원들을 힘들게 하는 문제에 대해, 관련 이슈를 종합적으로 정리하고 그 대응방안을 다룬 책은 찾기가 쉽지 않았다.

2019년 직장 내 괴롭힘 금지 제도가 시행됨을 계기로 나날이 늘어나는 오피스 빌런의 케이스를 자문하면서 나는 이 점이 항상 아쉬웠다. 하지만 내가 그런 책을 직접 쓰겠다는 생각까지는 미처 못했다. 그저 기업들의 의뢰를 받으면 그때마다 관련 선례를 찾고, 문제 해결을 위해 의사결정, 위기 협상, 조사, 심리 등 관련 영역에서 읽은 책들을 참고하여 자문하고, 그 과정에서 얻은 교훈은 내 뇌리에만 남았다가 서서히 잊혀지는 식이었다.

그러다가 21년 말, 한경 좋은일터연구소로부터 주간 뉴스레터인 CHO Insight에 1년간 격주로 칼럼을 써달라는 제안을 받았다. 칼럼에서 다룰 주제를 이것저것 생각해 보다가, 이 기회에 오피스 빌런-그때는 그런 이름을 생각하기 전이었지만-에 대한 내 경험과 생각을 정리하고, 연재가 끝나면 칼럼들을 묶어 책으로 만들면 어떨까 하는 아이디어가 떠올랐다.

1년이면 52주, 총 26회의 칼럼을 쓸 수 있다. 그 칼럼을 모아 책으로 내면 그야말로 일거양득이다 싶었다. 그러자 기억 속에 잠자던 그동안 마주한 수많은 문제직원들이 소환되어 의식 표면으로 휘리릭 나타났다.

자기 성찰 능력이 제로에 가깝고 상습적인 괴롭힘으로 해임된 임원, 팀원에게 시도 때도 없이 애정 공세를 펼쳐 성희롱으로 해고된 팀장부터, 있는 사건 없는 사건 다 끌어모아 동료들을 괴롭힘 가해자로 지목한 악성 신고자, 오랜 기간 외부업체와 결탁해서 재고를 빼돌린 직원, 사생활 비리를 폭로하겠다고 사장을 협박 공갈한 직원 등 모든 기억이 생생했다.

그리고 이들 때문에 골머리를 썩히던 CEO, 인사·법무·감사 담당자들과 대응 과정에서 동고동락하던 일들도 떠올랐다. 어떤 이야기든 업무에 도움이 되는 말을 해달라는 부탁을 기업으로부터 받는다면, 나는 이 책에서 다룬 오피스 빌런 이야기를 고를 것 같았다.

'그런 책을 왜 내가 쓰면 된다는 생각을 못 했을까!' 눈이 번쩍 뜨였다. 잘 아는 주제로 내 책을 쓰고 싶다는 마음속 숨어 있던 오랜 욕구도 가세했다. 불이 붙은 것이다. 21년 12월, 《조상욱 변호사의 인사병법》이라는 제목으로 칼럼 연재를 시작했다. 그게 이 책의 시작이다.

지금 돌이켜보면, 그때 나는 책 쓰기에 관해 한참 무지했다. 한 번도 내 이름으로 책을 쓴 적이 없다 보니 그 어려움과 무서움을 몰랐다. 쓰면 되지 뭐, 이런 기분이었다.

이런 류의 무지가 그대로 행동으로 옮겨지면 대가를 치르기 마련이다. 그 이후 내 앞으로는 쭉 가시밭길이 펼쳐졌다. 항상 마음 안은 숙제를 미룬 아이의 불안과 찝찝함이 한 자리를 차지했다.

본업에 충실하며 1년 동안 2주마다 소재를 찾아 칼럼을 완성하는 것도 어려웠는데, 칼럼을 다 쓰고 나니 더 큰 어려움이 닥쳐왔다. 무엇보다 칼럼과 단행본 책은 호흡, 독자, 요구되는 글의 깊이, 체계가 달랐다. 그 칼럼들을 그대로 모아 책으로 낸다는 것은 완전히 엇나간 계획임을 곧 인정할 수밖에 없었다. 빈 챕터가 여럿 있었고, 기존 내용도 전면 보완을 해야 했다.

대책이 안 서 빈 챕터부터 일단 써내려 갔는데, 그때 나는 마라톤을 완주한 다음 날 또 마라톤 대회에 나가는 기분, 한 걸음 나아갈 때마다 더 깊이 잠겨 드는 늪에 빠진 기분이 들었다.

그러나 이미 때는 늦었다. 출판계약은 벌써 했고, 두 차례 율촌 경영노동포럼에서 오피스 빌런을 주제로 웨비나를 열었고, 몇몇 언론사와는 인터뷰를 했으며, 지인에게 뭘 부탁했다가 "선 넘네, 정말" 이런 농담을 듣고 책 제목 『선 넘는 사람들』을 정했고, 주변 사람들에게 기회마다 『선 넘는 사람들』 책을 내노라 공언을 했다. 나는 너무 멀리 왔다.

무엇보다, 내 마음속에서 이 책을 쓰는 일은 어느덧 내 인생의 버킷리스트 항목 중 하나가 되어있었다. 멋모르고 나대다가 이런 식으로 몰리고 쏠려서 책을 쓰는구나, 싶었다.

그 이후 악전고투는 계속 이어졌는데, 여러 곳을 전전하다가 발견한, 나에게 글쓰기 성소와 같은 한양대 앞의 스타벅스에 수시로 가서 노트북을 펴고 끙끙거리며 하루 종일 쓰기도 했다. 다 써놓고는 글이 마음에 들지 않고 마무리하려는 마음이 안 서 정주행하며 왕창 고치기도 했다. 그런 우여곡절 끝에 겨우 완성한 것이 이 책이다.

이 책은 한마디로 20년 이상 기업 노동변호사로서 오피스 빌런 문제로 고심하는 기업들을 자문하며 알게 된 경험을 담았다. 기업이 오피스 빌런을 대할 때 어떤 점이 왜 어렵고 힘든지의 문제를 설명하고, 각 이슈마다 나의 경험과 관찰, 그리고 나름의 생각을 적은 책이다.

앞의 두 편에서는 오피스 빌런 대응의 일반 원칙과 노동조사 이슈를 다루고, 본론에 해당하는 다섯 편에서는 가장 자주 문제 되는 영역–직장 내 괴롭힘, 직장 내 성희롱, 배임, 협박·공갈, 부적응·저성과–의 주요 이슈들과 그 해법을 소개했다.

이중 부적응·저성과 직원의 문제는 항상 인격적 결함과 관련되지는 않으므로 오피스 빌런 틀로 다루기 애매하다. 그러나 기업 실무상 흔히 일어나며 이들과 퇴사 협상 시 참고할 사항은 오피스 빌런에게도 그대로 적용되므로 포함시켰다.

말미에는 내가 이 책을 쓰면서 항상 독자로 염두에 둔 기업의 인사 담당자, CEO 그리고 미래의 기업 노동변호사에게 하고 싶은 조언을 담았다.

이 책은 법률 전문가를 위한 전문 서적이 아니다. 기업의 경영자, 인사·법무·감사 담당자 등 오피스 빌런 문제를 현장에서 직접 다루고 고민하는 이들을 위한 안내서다. 또 관련 분야의 담당자가 아니더라도 지금의 이 사회를 살아가고 있는 직장인이라면 한번쯤 알아두면 도움이 될 법한 이야기를 담았다.

따라서 복잡한 법률 논의는 최대한 배제했다. 쉽고 생생하게 메시지를 전달하기 위해 내가 실제 자문한 사건을 많이 소개했다. 단, 어느 기업의 어떤 사건인지는 알 수 없도록 각색·변용하였다.

오피스 빌런 문제에 관해 이 책에 담긴 나의 생각은 의사결정, 협상, 위기관리, 인사 등 법 아닌 관련 영역 책들의 독서 경험에서 비롯된 것이 많다. 관심 있는 독자들은 한번 읽으셨으면 해서 그 책들과 관련 부분은 덧붙여 소개했다.

이제 와서 돌아보니, 우선 하고 싶던 이야기를 할 만큼 했다는 생각에 뿌듯하다. 그러나 한편으로는 어쩔 수 없는 내 부족함이 한 눈에 보이기도 해서 아쉽다. 그럼에도 불구하고 용기를 내어 이 책을 세상에 내놓는 것은, 이 책이 우리 기업들의 정도 경영에 기여하는 바가 있었으면 하는 마음에서이다.

우리 사회에는 오피스 빌런 문제를 해결할 지혜로운 방법이 무엇인지 공개적·체계적으로 논의를 하고 아이디어를 공유하려는 시도는 아직 잘 보이지 않는다. 그러나 이 문제를 누구보다 심각하게 인식하면서 해결책을 찾으려 노력하는 수많은 경영자, 인사·법무·감사 담당자 그리고 기업 노동변호사들이 있다. 이들의 노력과 성과가 하나로 모이고 또 잘 정리된다면, 우리 기업들은 이 중요한 경영상 문제를 똑똑하고 당당하게 대응한다는 목표에 한 걸음 더 가까이 다가갈 수 있다고 나는 믿는다.

이 책이 그 여정에 기여한다면, 특히 지금도 오피스 빌런 문제로 고민하고 있는 우리 사회의 수많은 경영자와 인사·법무·감사 담당자들, 현장에서 일하고 있는 모든 직원들에게 조금이라도 도움이 된다면 이 책은 제 역할을 한 것이다.

책의 완성과 출판에 정말 많은 분이 도움을 주셨다. 먼저 이 책의 기틀인《조상욱 변호사의 인사병법》칼럼을 게재할 기회를 주신 한경 좋은일터연구소 백승현 소장님께, 그리고 부족한 칼럼을 보고 가능성을 인정해 주시고 초보 작가의 서투름을 끝까지 인내하며 지켜봐 주신 박영사 장혜원 팀장님께 깊은 감사의 말씀을 드린다. 이 두 분이 없었다면 이 책은 나올 수 없었을 것이다.

그리고 22년 10월과 23년 3월 두 차례 열린 오피스 빌런 웨비나에서 오피스 빌런 심리에 대한 통찰을 나누어 주시고 이 책의 추천사를 써 주신 인지심리학자 김경일 교수님, 역시 오피스 빌런 웨비나에 참여한 율촌 노동팀 파트너인 이수정 변호사님과 『90년생이 온다』의 저자인 임홍택 작가님께도 웨비나에서의 지혜로운 말씀들에 대해 감사드린다.

이 책에 소개한 모든 사건을 같이 한 우리 율촌 노동팀의 동료 전문가 및 율촌 스탭들도 감사할 분들에서 빠질 수 없다. 특히 내가 기업 노동변호사의 길을 가도록 이끌어 주시고 율촌 노동 프랙티스의 기틀을 세우신 강희철 변호사님, 거의 모든 사건에서 노동조사와 협상을 함께 한 이태은 변호사님과 박충원 전문위원님께는 특별한 감사의 뜻과 고마움을 표하고 싶다.

이제 마지막이다. 이 귀하디귀한 기회에 이 글이 떠올리게 하는 모든 이름들, 나에게 기업 노동변호사로 성장할 기회를 주시고 신뢰를 보내 주신 기업의 경영자, 인사·법무·감사 담당자분들께 감사드린다.

그리고 언제나 변함없이 나를 응원해 주시는 부모님 그리고 우리 가족들에게도 마음 깊은 곳에서 나오는 사랑과 고마움을 전한다.

I. 오피스 빌런
그들은 누구인가?

오피스 빌런 들여다보기

몇 년 전 고위 임원의 직장 내 괴롭힘 사건을 조사하고 징계와 분쟁 대응까지 담당한 적이 있다. 외부 전문가가 작성한 1차 조사 보고서를 읽어보니, 그 임원과 일했던 10여 명의 직원이 인격 비하, 머리 때리기, 육아휴직 신청 직원에 대한 부적절한 비난 등을 한목소리로 지적하고 있었다.

그 악행은 장기간 공개적으로 이루어진 사실이 아주 생생히 드러나 있었다. 내 눈에는 변명의 여지가 전혀 없어 보였다.

그러나 임원은 대기발령 통지를 받은 첫 대면 자리에서부터 잘못을 인정하지 않았다. 그 후 이어진 조사와 징계절차에서도 자신은 어떠한 잘못도 한 것이 없다는 입장을 고수했다. 신고 사실은 새빨간 거짓말이라고 하거나, 친근감의 표시를 직원들이 오해했다고 주장했다. 그리고 허위 신고를 이유로 신고 직원에 대한 법적 조치까지

시사했다.

　징계 위험에 처한 임직원이 자기방어를 하는 것은 당연하다. 하지만 문제의 임원은 무조건 부인으로 일관하는 등 정상적 방어라 하기에는 정도가 지나쳤고, 자기 반성력의 현저한 결여와 공격성은 좀 무섭게 느껴지기까지 했다.

　나는 임원을 대할 때마다 벽에 대고 이야기하는 것 같은 막막함을 느꼈다. 그 밑에서 일한 직원들이 느꼈을 괴로움과 절망이 생생하게 느껴졌다.

　임원은 조사가 시작된 이후 한참 동안 직원과 담당자들을 두렵고 힘들게 했다. 그러다 결국 해고를 당해 기업을 떠났는데, 끝까지 자기 잘못을 인정한 것 같지는 않았다. 해고 무효를 주장하면서 노동위원회에 구제신청을 한 것은 물론, 기업을 떠난 후 자기의 위법한 행위를 도리어 기업 탓으로 돌리면서 비방했다. 급기야 고소까지 진행했는데 다분히 보복 의도가 엿보이는 행동이었다.

'오피스 빌런' 이름을 찾기까지

　기업에는 폭언과 성희롱을 상습적으로 하는 직원, 허위 사실에 근거해 진정·고소 등 분쟁을 야기하는 직원, 자신의 업무상 과오를 감추고 인사상 이익을 얻기 위해 동료의 비위행위를 과장하여 신고하는 직원이 종종 나타난다. 이들은 문제 행동을 오랜 기간 상습적으로 반복하여 기업이 대응에 나설 즈음에는 **화상·진상과 같은 별명을** 얻고 부정적 평판이 널리 퍼져버린 경우가 많다.

지금부터 이들을 오피스 빌런으로 부르기로 한다. 앞에서 본 임원은 그런 오피스 빌런의 전형적 예이다.

더 나아가기 전에, 오피스 빌런이라는 이름을 찾기까지 과정을 좀 설명하고자 한다. 20년 이상 기업 노동문제를 자문한 변호사로서 나는 일상적으로 이런 직원을 조사·징계·협상의 상대방으로 만나왔고, 이 글을 쓰는 지금도 그렇다.

그런데 2021년 겨울, 이들을 주제로 하는 칼럼인《조상욱 변호사의 인사병법》을 한경 CHO Insight에 연재하기로 하고 그 기회에 이들에게 맞는 이름을 붙이려 하니 의외로 이들의 본질에 딱 들어맞는 이름은 없다는 것을 깨닫게 되었다.

국내외 출판물에서는 문제직원[1], 몬스터 직원[2], 소시오패스 직원[3], asshole[4]('또라이'로 번역되었다), toxic colleague[5], toxic employee[6], jerk[7] 등이 유사한 맥락에서 쓰이긴 한다. 그러나 내가 보기에는 이 용어들은 이들을 가리키는 이름으로는 조금씩 부족하다.

우선 문제직원은 틀린 말은 아니지만 사소한 비위를 범한 보통의 직원들까지 다 포함한다. 범위가 너무 넓다. 그런 밋밋한 용어로는 인격적 결함이 두드러지고 악행 정도가 심각한 직원을 가리키려는 의도를 달성할 수 없다.

나머지도 부족하기는 매한가지다. 예컨대 toxic colleague는 흔히 쓰는 말이 아닌 데다가 주로 자기과시, 불통, 뒷담화, 상습적 업무 미루기 등 사소한 비호감 행태를 보이는 직원을 가리키기 위해 쓰인다. 심각한 법적 분쟁과 기업 책임 문제까지 야기하는 측면은 커버 되지 않는다. 내가 원하는 것보다 훨씬 무해하게 들리는 용어라고 할까.

그래서 칼럼은 우선 궁여지책으로 문제직원이라는 이름을 쓰고 시작했다.[8] 그러면서도 항상 2% 부족함을 느끼다가, 마지막에 정착한 이름이 오피스 빌런이다. 22년 10월 상습적 괴롭힘 가해자 등에 어떻게 대응할지를 주제로 한 웨비나[9]를 준비하는 과정에서, 기업 인사 실무를 두루 경험한 한 인사 전문가가 내 고민을 듣고 제안해 주신 이름이다.

오피스 빌런은 사무실에서 악행을 저지르는 직원이라는 의미를 담고 있고 직관적으로 이해가 쉽다는 장점이 있다. 오피스 빌런 명칭을 제목에 사용하여 문제직원 문제를 다룬 저서도 있다.[10] 보통은 내가 다루려는 악성 직원뿐 아니라 널리 비호감 직원을 가리키는 면이 강한 것 같은데,[11] 확실히 정착된 용어는 아니니 이 기회에 의미를 재창조하자는 생각도 좀 있었다. 웨비나를 해보니 다행히 참여한 인사담당자들은 거부감 없이 그런 용법을 잘 받아들이는 것 같았다.

선 넘는 사람들

기업이 오피스 빌런에 주목할 이유

혹시 모를 오해 방지를 위해 적어둔다. 비위를 범하는 직원은 특별 취급할 필요가 없는 보통의 직원인 경우가 대부분이다. 어쩌다 비위에 연루되었지만 자기성찰을 통해 잘못을 인정할 수 있고, 대응 조치 효력을 다투더라도 동료를 힘들게 하는 극한 대응이나 언행은 삼가는 그런 직원 말이다. 이들은 오피스 빌런이 아니다.

또 오피스 빌런이라는 이름으로부터 초래될 편향도 경계해야 한다. 어떤 문제직원이라도 오피스 빌런으로 규정하고 중세 마녀사냥하듯이 몰아세우고 과중한 책임을 지워서는 안 되기 때문이다. 죄는 미워하되 사람을 미워하면 안 된다는 말처럼, 기업 인사에서도 잘못된 행동을 대상으로 그에 상응하는 조치를 해야 한다.

단, 어떤 비위 행위나 언행은 예외성, 동기, 반사회성, 자기성찰 흠결의 면에서 유별나다. 해당 직원의 삐뚤어진 인격과 습벽을 빼고 설명이 어렵다. 이런 직원들은 조사, 징계, 대응에서 기업에 특별한 어려움을 발생시킨다.

그 한 명이 저지른 언행의 부정적 효과가 막대하여 기업이 전력을 기울여 뒷수습에 나서게 되고, 그럼에도 상처를 남기는 사례가 흔하다.

따라서 기업은 이들을 오피스 빌런으로 따로 이름을 붙여서라도 그 행태, 심리, 법 문제를 연구하고 각별히 주의와 관심을 기울일 만하다. 이들의 매운맛(?)을 보고 고생하는 기업 담당자들과 같이 대응방안을 고민하는 과정에서 나름 깨달은 바다.

주

1 『사장과 팀장의 고민을 해결하는 문제직원 대책 17』 끌리는책, 강명주, 2012

2 『몬스터 직원 대처법(원제: 몬스터 부하)』 매일경제신문사, 이시카와 히로코, 2020

3 『나는 소시오패스와 일한다』 정한책방, 이철원, 2021

4 『또라이 제로 조직(원제: The No Asshole Rule)』 이실MBA, 로버트서튼, 2007

5 『How to Work With Toxic Colleagues』 Havard Business Review, 2016

6 'toxic employee'라는 용어를 쓴 외국 저널의 기사로, 〈How to Manage a Toxic Employee〉 Harvard Business Review, Amy Gallow, 2016. 10. 3이 있다. 한편 2023. 4. 20. 대한상공회의소와 법무법인 세종이 공동 주최한 〈사내 갈등관리에 관한 기업 대응방안 웨비나〉의 'Part 2. 이른바 Toxic Employee에 대한 개념 정립 및 실무적 대응방안'(이세리 변호사)에서는 외국에서 'toxic employee'의 용례를 소개하고, 동시에 그와 유사한 개념인 '사내 갈등을 유발하는 직원'의 유형 6가지를 소개하고 있다. 그 6가지 유형은 ① 공동체 생활에 대한 대다수의 상식이나 공감대를 벗어나는 경우 ② 지속적인 저성과와 태만한 근무태도로 조직에 기여하는 바가 적은 경우 ③ 법적 구제절차를 취한 결과 결과적으로는 회사에 시간적, 금전적 손해를 주는 경우 ④ 폭언, 뒷담화, 편 가르기 등으로 다른 직원들의 인화나 근로환경을 악화시키는 경우 ⑤ 징계사유에 해당하는 행위를 하는 경우 ⑥ 개선의 여지가 없고, 고용관계를 지속하는 경우이다.

7 『Jerks At Work』 Penguin Random House UK, Tessa West, 2022

8 〈어설픈 대응은 사태 더 키워, 문제직원 대처 똑똑하고 당당하게〉 한경 CHO Insight, 2021 12. 28이 첫 칼럼이었다. 그때 문제직원을 정의한 부분을 옮긴다. "문제직원이라 하면 인격과 윤리상 결함으로 상시적으로 물의를 일으키고, 물의에 대한 조사, 확인, 수습 과정에서 사내 기강과 기업 운영에 큰 지장을 초래하는 직원이라고 이해하면 적절하다."

9 〈율촌 경영노동포럼 – '오피스 빌런' 알고 대응하기(심리&법)〉 아주대학교 인지심리학 교수인 김경일 교수와 내가 2022년 10월 같이 진행한 웨비나다.(사회: 이수정 변호사) 유튜브 채널인 율촌 노동팀 TV에서 당시 웨비나 영상을 볼 수 있다.

10 『나를 미치게 하는 오피스 빌런』넥서스, 패스파인더넷, 2019. 나는 이 책은 직접 서점에서 구하지 못했고, 대신 『당연한게 당연하지 않습니다』넥서스 BIZ, 패스파인더넷, 2019를 읽었다. 동일한 저자가 쓴, 거의 동일한 내용의 책인 것 같다. 위 책에는 이런 말이 나온다. "어떻게 들어온 직장인데, 웬만 하면 참고 다니고 싶은데, 도저히 저 인간 때문에 더 이상 회사를 못 다니겠 다라는 말이 나오게 만드는, 사무실에서 기생하며 모든 직원에게 공공의 적 이 되는 사람 즉, '오피스 빌런'에 대한 이야기인 거죠."

11 『당연한게 당연하지 않습니다』넥서스BIZ, 패스파인더넷, 2019는 오피스 빌 런을 크게 문제적 상사 유형과 문제적 부하 유형의 두 가지로, 세부적으로 는 16개 유형으로 분류한다. 문제적 상사유형으로는 ① 가혹한 독재자 ② 관 종형 무능력자 ③ 자기중심적 꼰대 ④ 분노 폭발형 상사 ⑤ 수동 공격형 위 선자 ⑥ 무책임한 예스맨 ⑦ 남 탓 대마왕 ⑧ 저울질 상사를 든다. 문제적 동 료 유형에는 ① 산만한 몽상가 ② 갑질하는 젊은 꼰대 ③ 질투의 화신 ④ 피 해자 코스프레 ⑤ 노답 워커홀릭 ⑥ 빅 마우스 ⑦ 착한 감정 기복자 ⑧ 만성 형 투덜이가 있다. 이 중 '가혹한 독재자', '분노 폭발형 상사', '피해자 코스 프레' 등 일부는 인격 미성숙과 윤리의식 부재로 상습적으로 문제를 일으키 는 경향이 있는 문제적 직원이라는 의미의, 내가 사용하는 용법에 따른 오피 스 빌런에 해당할 수도 있다. 그러나 '노답 워커홀릭' 등 대부분은 같이 일하 기 싫은 불쾌한 사람 정도의 의미이다.

똑똑하고 당당하게 대응하라

---

1. 김 상무는 장기간 상습적으로 부하직원들에게 이유 없이 폭언을 하고 급기야 장난이라는 명분으로 BB총으로 플라스틱 총알을 발사했다. 이후 직장 내 괴롭힘으로 신고를 당했다. 신고 직원은 정신과 치료를 받으며 고통을 호소했다. 그러나 조사 과정에서 김 상무는 장난에 과잉 반응하는 것이라고 항의하고, 그 외 모든 폭언 등 사실 자체를 부정한다. 또한 징계가 이루어지면 신고 직원들에 불이익을 가하겠다는 말을 공공연히 하고 다닌다.

2. 박 부장은 본인의 저성과와 관련하여 면담을 한 후, 면담 시 모욕을 받았다는 이유로 직근상사를 직장 내 괴롭힘 가해자로 신고한다. 나아가 면담 직후 사직을 권유한 인사담당자를 해고를 강요했다고 고소하고, 기업에 위자료 배상 청구를

한다.

3. 이 대리는 상사와 다른 영업직원과 공모하여 협력업체로부터 향응을 받아 왔다. 그러다 그 사실이 발각되어 조사를 받자, 본인도 책임이 있는 일부 업무 관행상 탈법행위를 경영진에 의한 체계적 비리로 포장해서 당국에 신고한다. 나아가 자신을 공익신고로 인해 탄압 받는 내부고발자라고 주장하며 언론 인터뷰를 한다.

위 사례의 김 상무, 박 부장, 이 대리는 전형적인 오피스 빌런이다. 보통의 직원들은 비위를 저지르더라도 부주의로 또는 상황에 따라 어쩔 수 없이 연루되는 경우가 많다. 또 확실한 증거가 제시되면 자기 잘못을 인정하고 반성한다.

그러나 오피스 빌런이라 할 만한 이들은 확연히 다른 모습을 보인다. 인격 미성숙과 윤리의식 부재가 문제 행위의 근저에 도사리고 있으므로 상습적으로 문제를 일으킨다. 뻔한 사실까지 부정하고 죄책감 없이 부당한 주장을 계속한다. 책임을 지지 않기 위해 동료 직원을 상대로 무차별적 신고, 고소, 고발이나 협박 등 예상을 초월한 방법으로 문제를 키우기도 한다. 이런 모습들이 김 상무, 박 부장, 이 대리 사례에 잘 나타나 있다.

그래서 기업은 이들을 대할 때는 보통의 직원 비위를 다룰 때에 비하여 훨씬 주의를 기울이고 치밀하게 준비하여 대응할 필요가 있다.

오피스 빌런 문제는 사실 어제오늘의 일은 아니다. 오래전부터 기업은 이런 유형의 심각한 문제를 일으키는 직원을 효과적으로 대응하는 방안에 관해서 고심해 왔다. 그러나 최근 들어 이 문제는 우리 사회에서 더욱 심각해지고 공론화되고 있는 것으로 보인다.

그 배경에는 무엇보다 직장 내 성희롱과 직장 내 괴롭힘 금지가 법제화되고 시행된 변화가 있다. 직장 내 성희롱과 직장 내 괴롭힘을 근절하기 위한 노력이 이루어지는 과정에서 신고 대상으로 부각되는 오피스 빌런, 반대로 허위 신고[1] 등으로 제도를 악용하는 오피스 빌런을 마주하는 경우가 많아졌기 때문이다.

직장 내 괴롭힘에 의한 직원 자살이나 상급자의 상식을 벗어나는 성희롱이 언론에서 문제가 되어 기업이 온갖 비난을 받고 노동청 특별 근로감독을 받고 사용자로서 손해배상 책임을 지는 일도 이제 아주 흔한 일이 되었다.

그렇다면 오피스 빌런 이슈를 대하는 기업의 자세와 준비의 수준은 예전보다 한층 더 높아져야 한다. 여기서는 기업이 오피스 빌런에 제대로 대응하기 위해 지켜야 하는 똑똑한 대응 그리고 당당한 대응 원칙에 관해 알아보기로 한다.

똑똑한 대응

똑똑한 대응은 오피스 빌런을 대함에 있어서 '중요쟁점'과 '법률이

슈'를 정확하게 이해한 바탕하에서 대응하는 것을 말한다. 전체 대응 과정에서 그때마다 필요한 노동조사, 협상, 위기관리 등 연관 활동을 적시에 실행하는 것도 포함한다.

이를 위해서 기업이 갖추어야 할 세 가지 지식 및 능력이 있다. 관련 법 지식, 관련 영역 지식 그리고 사건(case) 관리 능력이 그것이다.

우선 **관련 법 지식**이다. 오피스 빌런 대응에서 가장 자주 적용되는 법률은 해고 등 징계, 사직, 배치전환, 직장 내 괴롭힘 등에 관해 규율하는 근로기준법이다. 그 외 다른 법률로는 △ 직장 내 성희롱에 관한 남녀고용평등과 일·가정 양립 지원에 관한 법률 △ 개인정보보호법 △ 배임, 명예훼손, 모욕, 공갈 등에 관하여 정하는 형법이 있다.

기업은 이런 법률들을 조항 내용은 물론 판례, 당국 입장, 그 실무적 의미까지 깊이 이해해야 한다.

직장 내 성희롱 피해자 진술에 관한 성인지 감수성 원칙을 예로 들면, 피해자가 피해자답지 않다는 이유로 피해자 진술을 쉽게 배척해서는 안 된다는 대법원 판결을* 이해하는 것이 기본이다.

그러나 이러한 기본을 넘어, 성인지 감수성 원칙하에서도 피해자 진술을 무조건 인정해야 하는 것은 아니고 증거 법칙(고도의 개연성 원칙)과 인사 운영의 공정성을 고려해야 한다는 점까지 이해해야 한다.

* 대법원 2018. 4. 12 선고 2017두74702 판결

다음으로는 노동조사, 퇴사 협상, 위기관리와 같은 **관련 영역 지식**이다. 오피스 빌런을 제대로 대응하려면 징계 등 법적 조치 뿐만 아니라, 그 이전의 사실관계 조사의 기획과 실행(노동조사), 그 이후의 과정 관리(퇴사 협상, 위기관리)까지 유기적으로 결합 되어 이루어져야 하기 때문이다.

관련 영역 지식은 저절로 습득되지 않는다. 따라서 기업은 그 취득과 공유에 의식적으로 노력해야 한다. 예컨대 인사·법무 담당자를 위한 사내 교육을 실시할 때 노동법 교육 외에 노동조사, 협상, 위기관리를 주제로 하는 워크숍을 여는 방법도 있다.

마지막으로 모든 관련 지식과 정보를 다양한 상황과 개별 사건(case)에 맞게 제대로 선택하고 실행하는 힘, 즉 **사건 관리 능력**이다. 편향에서 벗어나 사건을 전체적으로 파악하는 냉정함이 핵심이다.

이 능력을 갖추는 데에는 기업이 집단의 지혜를 발휘하기 좋은 제도와 문화를 구축하는 것이 효과적이다. 예컨대 중요한 결정은 관련자를 빠짐없이 모아 팀을 구성한 후 내리는 것을 원칙으로 하고, 결정을 내리기 전 자유롭게 의견을 제시하고 토론하며, 사건 종결 후에는 항상 사후 검토를 하고 배운 바를 공유하는 문화를 만드는 것이다.

당당한 대응

당당한 대응은 장기적 관점을 유지하고 공정성을 최우선으로 하는 대응을 말한다. 대응 과정에서 따르는 위험을 있는 그대로 인식하고, 때로는 원칙을 지키기 위해 위험을 감수하는 용기를 발휘하는 태도라고도 할 수 있다.

앞서의 똑똑한 대응이 오피스 빌런 문제를 다루기에 주로 직접적으로 요구되는 지식·지혜에 관한 것이라면, 당당한 대응은 기업의 인사운영에 관해 조금 더 높은 차원 즉, 기업 인사운영 철학과 관련된다.

오피스 빌런의 대응 과정에서 기업은 여러 선택지 중 실행할 방안을 선택해야 하는 때를 맞이하는데, 그때 당장은 손실을 감수하는 것이 장기적으로는 이로운 경우가 있다.

예컨대 결말까지 시간이 오래 걸리고 결과도 불확실해 보이지만, 올바른 기업문화를 만들어가기 위해 오피스 빌런인 직원과 타협 아닌 정면 대응을 선택하는 것 등이 그 예이다. 이때 이런 어려운 선택을 하도록 도와주는 것이 당당한 대응의 원칙이다.

이런 당당한 대응 원칙의 시작점은 경영진과 인사·법무 담당자들이 공정, 장기 이익과 같은 눈에 보이지 않는 가치의 중요성을 인정하는 것부터이다. 이를 시작으로 규율 준수에 진심인 기업문화와 상식적 인사조치를 기대할 수 있는 업무환경이 구축되고 기업은 더 좋은 기업이 된다.

어느 스타트업 회사: 모범 사례

앞의 똑똑한 대응, 당당한 대응의 이야기는 다소 추상적으로 들릴지 모르겠다. 이제 사례를 통해 똑똑한 대응, 당당한 대응이 어떻게 현실에서 그 모습을 나타내는지 한번 알아보자.

예전 젊은 여성 직원의 비중이 높은 스타트업 회사인 A사를 자문했던 경험을 각색하였다.

남성 선배 직원 X가 같은 팀의 여성 후배 직원 Y에게 애정 고백을 했는데, Y는 이를 정중하게 거절하였다. 그런데도 X는 계속해서 밤늦게 메시지를 보내는 등 Y에 대해 나날이 집착이 심해졌다. 이로 인한 두 사람의 갈등은 급기야 팀의 정상적인 업무수행에 지장을 초래하기에 이르렀고, 그 기회에 Y에 대한 X의 애정 공세가 A사에 알려졌다.

Y는 면담에서 정신적 고통을 호소하고 X의 징계를 원하는 의사를 밝혔다. 하지만 X는 Y에게 업무 수행상 불이익을 준 바 없고, 평소 Y가 X를 존경하는 선배라고 우호적 표현을 한 적도 있는 점을 들어 강력하게 반발하였다. 그리고는 자신의 억울함과 부당한 인사조치를 비난하는 글을 사내에 올렸다.

이런 일을 처음 겪는 A사에서는 상당한 동요가 일어났고, 직원들 사이에서는 회사가 어떤 조치를 취할지 관망하는 분위기가 만들어졌다.

우리는 A사가 퇴사를 권유했지만 X가 이를 거절함으로써 한참 A사와 X 사이의 갈등이 고조된 시점에 연락을 받았다. 첫 미팅에서 인사담당자는 X의 징계가 가능한지, 가능하다면 어느 정도 징계가 적절한지에 대한 자문을 요청했다.

A사는 이미 다른 외부 전문가를 통해 X, Y의 면담을 끝내고 두 사람 사이에 오간 카톡 메시지나 기타 관련자들의 진술을 받아 꼼꼼하게 사실조사 완료 후, 조사보고서까지 받은 상태였다.

검토해 보니 이 사안은 직장 내 괴롭힘과 성희롱이 모두 인정될 수 있어서 징계할 수 있다는 판단은 어렵지 않았다. 그러나 문제는 징계양정이었다.

이번에 갈등이 드러날 때까지 양자 관계가 파국에 이른 것은 아니었고, X가 Y에 대해 눈에 보이게 취한 불이익 조치도 없었다. 아직 사내 구애 문제에 관한 징계 선례도 부족한 편이라, 이 정도 비위행위에 대해서 적정 징계 수위가 무엇인지 객관적으로 판단하기 어려운 점도 있었다.[*]

---

[*] 대법원 2022. 9. 1 선고 2022다247583 판결

결국 우리는 여러 각도로 검토해 보고 고민한 끝에 정직 이상의 중징계가 가능하지만, 해고가 가능한지는 여러 불확실한 점이 있다고 조언했다. 단, 사안의 중요성을 고려할 때 해고를 충분히 고려할 수는 있다고 덧붙였다.

그때 A사가 요청하지는 않았지만 나에게 결정해 달라고 했다면, 나는 아마 해고를 선택했을 것이다. 무엇보다 사후 대응을 지켜보니 X가 자기성찰과 윤리성이 부족해서 장기적으로 계속 문제를 일으킬 만한 위험성이 보였기 때문이다.

그러나 이것은 A사가 정할 사항이고, 그 외 누구라도 대신하기 어려운 선택이다. 어떤 결정을 내릴지 지켜보았다.

우리 조언을 받은 A사는 법적 위험이 있다는 말에 좀 고심하는 눈치였다. 그러나 아무런 반성도 하지 않는 X의 태도를 보며 A사가 기존에 추구해오던 상호 존중의 건전한 공동체 기업문화를 지키는 것을 우선하기로 했다.

A사는 단호한 대응, 정면 대응을 결정하고 그에 따르는 다소 간의 법적 위험은 감수하기로 했다. 그리고 원만한 해결에 대한 미련을 버리고 우리의 조언을 받아 징계위원회를 열고 X를 신속히 해고했다.

그 외에도 인상적이었던 것은 해고를 전후해서 직원들에게 적극적인 소통을 추진한 것이다. 우선 CEO 공지를 통해 2차 가해가 없도록 유의할 것, 업무에 전념해 줄 것을 당부했다. 또한 CEO가 엄격한 조사를 할 것과 공동체 문화를 지켜나갈 것을 약속하면서 사안 경과를 공유했다. 그러면서도 X와 Y의 신원이나 문제된 행위 내용은 적시하지 않는 사려 깊은 모습을 보였다.

어떤 사정이 있어 우리는 해고하는 시점까지만 자문하고 이 사건을 끝까지 조력하지는 못했지만, A사의 단호하고 분명한 대응과 사려 깊은 대처는 나에게 깊은 인상을 남겼다. 하지만 좋은 대응을 했다고 해서 언제나 결과가 좋은 것은 아니기에, 부디 문제가 순리대로 잘 풀리기를 바라는 마음이었다. 그 후 한참 이 일을 잊고 지내다가 어느 날 회사가 이 문제를 원만히 해결해 나가고 있다는 소식을 전해 들었다. 참 다행스럽고 반가운 소식이었다.

A사의 대응은 똑똑하고 당당한 대응의 좋은 예라고 할 수 있다. △ 사내 구애로 인한 직원 간 갈등이라는 자극적 소식이 퍼진 상황에서 감정적·직관적 판단에 의지하여 성급하게 조치에 나서지 않은 것 △ 사실 파악에 집중하면서 외부 전문가의 의견을 구하여 법적 위험을 확인한 것 △ 조속히 대직원 커뮤니케이션을 시도하여 사내 분위기 안정을 도모한 것 △ 2차 가해 방지를 당부하는 동시에 당사자 신원을 철저하게 비공개로 유지한 것은 모두 똑똑한 대응이다.

그리고 △ 선택의 고비에서 법적 불확실성과 분쟁 가능성을 감수하고 퇴사 협상이나 가벼운 수위의 징계로 분쟁을 피하는 것에 집착하지 않은 것 △ 건전한 공동체의 기업문화 수호를 최우선 순위로 잡은 것 △ 신속히 X를 해고한 것은 당당한 대응이라 할 수 있다.

기업이 이런 똑똑하고 당당한 대응을 통해 공정한 결정을 내리고 평소 주창하던 인사운영상 가치를 어려움을 감내하며 지켜나가는 모습을 직원들에게 보이면, 오피스 빌런에 의한 사내 질서 문란은 더 효과적으로 방지될 수 있을 것이다.

앞으로는 달라야 한다

20년 이상 기업 노동문제를 자문하는 변호사, 줄여서 말해 기업 노동변호사(management-side labor lawyer)로 오피스 빌런 문제를 다룬 경험에 비추어 보면, 유감스럽지만 기업은 예나 지금이나 오피스 빌런 대응에 서투르다. 그래서 앞서 소개한 A사와 달리 똑똑하고 당당한 대응의 기준에 한참 못 미치는 조치를 하는 경우가 숱하다.

그 원인은 여럿 들 수 있지만 우선 경영자나 인사·법무 담당자가 이들의 심리와 특수한 행동양식에 대해 경험적 이해가 부족하거나 노동법에 대한 지식이 부족한 것이 가장 큰 이유다.

특히, 기업 역사가 짧고 급속히 성장하고 있는 기업일수록 이해 수준이 낮고 위험성을 과소평가하는 경향이 있다. 또 이들은 공정한 인사 운영을 염두에 두지 않고, 당장 닥친 눈앞의 문제를 해결하는 것에 급급한 단기적 시각을 가진 경우가 많다.

이 경우 기업의 아까운 시간과 노력이 낭비되고, 사내 냉소주의가 팽배하게 된다. 평판이 심각하게 훼손되며, 심한 경우 경영상 위기를 맞기도 한다.

이제 기업의 경영진들과 인사·법무 담당자들은 더 효과적으로 오피스 빌런을 대응하려는 노력을 의식적으로 기울여 나가야 한다. 오피스 빌런의 폐해가 점점 커지는 상황에서, 이는 더 미룰 수 없는 현안이 되었다. 기업 노동변호사들이 그 여정에 힘을 보태야 하는 것은 물론이다. 이때 기업이 기억할 원칙이 똑똑한 대응 그리고 당당한 대응이다.

주

1 「직장 내 괴롭힘의 허위 신고 실태와 과제」, 『THE HRD REVIEW 25권 4호』 한국직업능력연구원, 2022는 허위 신고를 겪은 피신고인 52인과 목격자 74인을 조사한 결과를 토대로, 직장 내 괴롭힘 성립 여부를 객관적으로 판단할 기준이 마련되어야 한다는 점(주관적 해석에 의존하는 우리나라의 직장 내 괴롭힘의 법적 정의를 개선하여 반복성 또는 지속성의 기준을 수립), 허위 신고에 대한 대응 지침을 마련해야 한다는 점(허위 신고를 괴롭힘 가해 행위로 보고, 가해자에 준하여 대응) 등의 제안을 담고 있다.

03

무분별한 법적 조치를 하는 오피스빌런

―――――

직원 X는 컴퓨터를 통해 내부 정보통신망에 무단 침입한 혐의로 검찰에 고발됐다. 그러자 X는 고발에 관여한 동료 직원 등을 상대로 10여 건의 보복성 고발을 제기했다.

구체적으로 ① 총무팀장이 본인의 승진을 막으려 최소 승진 연수를 늘리는 사규 변경을 했고 ② 징계조사 시 출석 대신 서면 진술을 하겠다고 알렸는데 인사위원장이 거부해 본인의 소명권을 침해했으며 ③ 본인이 고발된 사건 수사 과정에서 인사팀원이 "인사기록상 X가 컴퓨터를 잘 다룬다는 내용이 있다"고 진술하여 개인정보를 누설했다는 점 등을 문제 삼았다.

검찰이 X의 모든 고발을 각하 또는 무혐의로 종결 처리하기까지는 첫 고발 시점으로부터 무려 1년이 걸렸다. X는 해고 되었다.

사례의 직원 X처럼 성희롱, 괴롭힘, 사규 위반 등으로 피해를 입었다며 동료 직원의 책임을 추궁하는 성향을 가진 직원은 일반 기업에서 흔히 볼 수 있다. 기업마다 하나씩은 있다고 할 정도다.

나는 가끔 이런 직원들을 산신령이라고 부른다. 산(기업)마다 하나씩 있고, 수틀리면 내려와서 마을사람들(직원)을 힘들게 할 수 있는 심술 맞은 신통력을 가지고 있으니까. 산신령은 그냥 웃자고 하는 이야기고, 내 식의 분류로는 이런 직원도 오피스 빌런이다. 이들은 동료 직원뿐만 아니라, 문제 행위가 업무와 관련이 있다면 기업 책임까지 묻기도 한다.

그 수단으로는 사내 신고, 노동청 진정, 수사기관 고소나 고발, 소제기를 주로 활용한다. 이를 통틀어 법적 조치라고 하자. 결국 이들은 무분별한 법적 조치를 수단으로 동료직원과 기업을 괴롭히고 또 손해를 입히는 직원이라고 할 수 있다.

이 유형의 오피스 빌런 문제를 이야기하기 전, 공평을 위해 우선 이들을 최대한 옹호하는 논리를 생각해본다. 모든 직원은 자기 권리를 지키기 위해 자유롭게 법적 조치를 선택하고 실행할 권리가 있다. 그런 실행 자체를 이유로 비난이나 불이익을 받아서는 안 된다.

법적 조치는 고질화된 비위를 시정해서 결과적으로 사내 컴플라이언스 수준 향상에 기여한다. 사내 갈등 고조는 해결까지 피해 구제 과정에서 어쩔 수 없이 뒤따르는 것이니 감내해야 한다. 모두 일반론과 원칙으로는 그럴듯한, 또 일면 타당한 말들이다.

그러나 현실에서는 일반론의 경계 밖 일들이 자주 일어난다. 그리고 예외 없는 원칙도 없다. 모든 고발자가 정의로운 것은 아니다. 어떤 법적 조치는 그 의도나 방식, 진정성을 볼 때 무분별한 권리남용으로 징계 대상이 될 수 있다.

양심에 기한 연쇄 고발

직원 X의 사례는 실제 법원에서 판결까지 내려진 케이스인데, 무분별한 권리남용인 법적 조치가 무엇인지 잘 보여준다.

오로지 본인 승진을 막으려 총무팀장이 직원 모두에 적용될 사규를 변경했다고 하니, 누가 그런 수고를 할까 싶고 그 자체로 벌써 억지스럽다. 출석 조사는 실체 파악을 위한 효과적 조사 방법이다. 사용자는 조사 대상 직원에게 출석 조사를 요구할 수 있는 재량이 있다. 본인이 서면조사를 원한다고 따라야 하는 것은 아니다. 컴퓨터를 잘 다룬다는 점은 그저 평가, 그것도 좋은 평가로서 컴퓨터 범죄 수사 과정에서 자연스럽게 관련 정보로 공개되었을 뿐이다.

X는 이런 주장 하나하나를 별개의 건으로 10여 건 형사 고발한 것

이다. 그것도 같은 직장의 동료직원을 상대로.

사실관계를 보면 X는 무단 정보통신망 침범이 발각되어 고소를 당하자 그 조사와 처리 과정에 관여한 직원에 앙심을 품었다는 것 외에는 다른 설명이 어렵다.

즉 X는 △ 자기의 비위행위 책임 회피, 보복이라는 부당한 동기를 가지고 △ 장기간에 걸쳐 반복적으로 △ 억지 논리에 의존하는 부당한 주장을 하여 동료 직원을 고발하여 사내질서를 어지럽혔다고 평가할 수 있다.

기업, 법적 분쟁도 불사해야 한다

기업은 X와 같은 직원이 나타나면, 우선 처음부터 마음을 다잡아야 한다. 철저히 조사하고 엄중히 징계하여 책임을 묻는다. 필요하면 법적 분쟁도 불사한다는 자세를 확고히 해야 한다.

그 이유는 X의 무분별한 법적 조치에 대한 적절한 대응은 기업 인사 운영상 특히 중요하기 때문이다. 왜 그럴까?

우선 그런 행동은 기업에 막대한 부담을 발생시킨다. 조사와 대응은 원래 쉬운 일이 아니다. 기업에게는 전문영역도 아니다. 법적 조치 대응과정에서 숱한 시행착오와 어려움이 닥치며, 귀중한 시간과 노력을 물 쓰듯 쓰게 된다. 무분별한 법적 조치는 장기간, 다수 동료 직원에 대해 반복적으로 이루어지는 경우가 많아 특히 그렇다.

   동료간 불화에 따른 부작용 관리도 아주 골치 아픈 문제다. 사례에서 법적 조치가 진행되는 중 X와 동료 직원들이 예전처럼 같은 사무실에서 근무하면서 업무상 협조해야 한다고 상상해 보라. 어려움을 쉽게 짐작할 수 있다.

   법적 조치의 타깃이 된 동료 직원들이 부당하게 억울함·불안·고통·사기 저하 등에 시달리는 것도 고려해야 한다. 빈 총도 맞지 말라는 말이 있다. 본인에 대해 통제력을 가진 자가 비위행위 조사와 확인을 한다는 것 자체로 엄청난 스트레스가 유발된다. 또 고발이 무혐의로 마무리되어도 후유증이 남는다.

   이 때문에 수사당국이나 기업은 설령 잘못이 명백해도 최대한 조사 기간을 단축하고 면담 조사 횟수를 줄이기 위해 노력하는 것이다.

   무분별한 법적 조치는 이런 사정을 잘 알면서, 심지어 그 사정을 악용하여 행해지는 악행이다. 이 점에서 윤리적으로 문제가 심각하며, 그런 직원에게 제재가 이루어지지 않으면 일하기 좋은 기업 만들기는 포기해야 한다. 그래서 이 직원이 오피스 빌런인 것이다.

   사례에서 법원도 X에게 엄중한 책임을 물었다. X의 고발은 막연히 항의 차원에서 이루어진 무분별한 고발이며, 고발사건에 대한 수사기관 출석 요구에 불응하는 등 진정성에도 의문이 드는 측면이 있으므로, 고발을 남용하여 조직의 단합을 저해하였다고 봄이 타당하다고 하면서, X의 해고는 정당하다고 한 것이다.*

문제 해결 그리고 치유

판결을 읽으며, 판결이 내려진 후 일어났을 일을 한번 상상해 본다. 아마 동료 직원들은 더 이상 X를 사무실에서 마주칠 일이 없다고, 그래도 정의가 살아 있다고 안도감을 느끼지 않았을까.

물론 법적 조치를 당하여 조사를 받고 마음을 졸이던 때의 불안감, 불쾌함과 상처를 쉽게 잊지는 못할 것이다. 그런 기억과 상처는 오래가기 때문이다. 그러나 다소 시간이 걸렸지만 기업의 적절한 대응으로 문제가 제대로 해결되었다는 사실이 중요하다. 시간이 지나면서 어두운 기억과 상처가 희미해 지기는 할 것이다.

수년 전, 나도 X와 비슷한 무분별하게 동료들을 상대로 민·형사 조치를 일삼던 직원의 해고 사건에서 기업을 대리한 적이 있다. 1심에서 패소했다가 2심에서 증거를 보완해서 승소를 했는데, 그 직원은 승복하지 않고 대법원에 상고했다. 그러다가 분쟁이 시작된 지 5년도 더 지난 어느 날 마침내 해고가 적법하다는 대법원 최종 판결

* 서울행정법원 2017. 8. 17 선고 2016구합67219 판결. 대법원에서 그대로 확정

이 나왔다.

변호사로서 의뢰인 승소는 어느 것도 기쁘지 않은 것이 없지만, 이 사건은 그 중에서도 특별히 기뻤다. 문제의 직원이 닥치는 대로 신고를 하고 소송을 남발한 바람에 동료 직원이 여럿 퇴사한 상황이었고, 남은 직원 중에도 그 직원이 복귀하면 퇴사하겠다는 직원이 다수 있을 정도였다. 판결이 나온 그날 기업의 사무실은 축제 분위기였다는 말을 전해 들었다.

승소 후 며칠이 지나, 우리 팀 앞으로 택배 선물이 왔다. 사장님이 보낸 축하 카드와 노란 꽃다발이었다. 그 꽃다발의 화사함은 사장님과 직원들이 느낀 안도감과 해방감을 전해 주는 것 같았다. 나는 노란 꽃다발 사진을 찍어 한참 사무실 벽에 붙여 두고 자랑을 했다.

그러다가 이 일은 잊고 지내왔는데, 얼마 전 사무실 층을 바꾸는 이사를 하면서 여러 물건을 쌓아 둔 박스를 치우다가 그때의 축하 카드를 우연히 발견했다. 반가운 마음에 한참 들여다보면서 그날의 화사했던 노란 꽃다발을 다시 떠올렸다.

그때 만났던 모든 분이 이제는 당시의 어두운 기억과 상처가 전부 치유되었기를 기원한다. 그리고 지금은 서로를 아끼는 업무환경에서 평안히 잘 지내고 계시길 바란다.

04

첫 대응의 중요성 1
때를 기다려라. 그리고 반드시 관철하라

앞 편의 사례를 보면, X에 대한 징계는 첫 고발이 있었던 날로부터 약 1년이 지나, 첫 고발이 무혐의로 종결된 이후에야 이루어진 사실이 눈에 띈다. 이것은 흥미로운 일이다. X의 성향을 이미 잘 알고 있었고 법적 조치가 이루어진 맥락을 알고 있던 인사담당자는 첫 고발이 있던 즉시 직원의 불순한 동기와 법적 조치가 가진 문제를 짐작할 수 있을 것이다.

그 이후에도 십여 건의 무리한 고발이 이어졌으니, 그때마다 의심은 점점 확신으로 발전했을 것이다. 그러나 인사담당자는 그런 확신에 근거해 X를 징계하지 않고, 무려 1년이나 고발에 대한 수사당국 판단이 있기를 기다렸다.

현명한 기다림

판결만으로는 이 기다림 뒤에 있었던 고려, 상황 판단 기타 속사정을 속속들이 알 길은 없다. 그러나 유사한 상황을 많이 겪은 입장에서 보면, 이어질 분쟁에서 직원 X의 진의를 입증하기 어려울 것을 우려해 인사담당자가 적절한 첫 대응 시점을 끈기 있게 기다렸다는 가설이 상당히 유력하지 않을까 싶다.

이 가설대로라면, 이는 사려 깊고 똑똑한 대응의 전범이라 할 만하다.

오피스 빌런을 대할 때 기업은 똑똑한 대응을 해야 한다고 앞에서 이야기했다. 똑똑한 대응은 그때그때 상황에 따라 구체적인 내용이 달라진다. 그러나 모든 똑똑한 대응에는 공통 원칙이 있다. 그것은 '첫 대응에서의 관철'을 최우선 과제로 삼아 대응 시점을 정하고 준비와 실행에 나서야 한다는 것이다.

이는 오피스 빌런의 성향과 관련 있다. 이들은 자기성찰의 반성 능력이 부족하여 자기 정당성을 확신하는 경향이 있다. 따라서 기업으로부터 첫 대응이 나오면 그 대응이 무엇이건 일단 법원이나 노동위원회 제소를 통해 무효를 주장하는 식으로 문제를 키울 가능성이 아주 크다.

이때 대응이 정당함을 입증해야 하는 것은 기업이다. 만약 정당함을 입증하지 못해 첫 대응이 취소되면 부작용은 깊고 오래가며 수습이 아주 힘들다. 이들은 더욱 강화된 자기 확신으로 동일한 악행을 반복하고, 분쟁을 장기 지속할 우려가 크다.

　반대로 오피스 빌런 스스로가 기업의 첫 대응이 만만치 않다는 것을 느끼고 슬쩍 꼬리를 내려 아예 다툼이 생기지 않기도 한다. 다툼이 있더라도 법원이나 노동위원회에서 정당하다고 인정받는 경우도 있다.

　이는 오피스 빌런 대응에서 대단히 긍정적 사인이다. 대응 성공으로 가는 여정에서 가장 큰 고비를 넘었다고 할 만한 정도다. 이를 계기로 기업은 사내 직원들의 지지까지 받으면서 점점 수위를 높이며 후속 대응을 자신감 있게 할 수 있고, 오피스 빌런은 마음 편하게 활개칠 수 없게 된다. 첫 대응이 반드시 관철되어야 하는 이유다.

첫 대응, 반드시 관철되어야

　개인적으로도 올바른 첫 대응 시점의 선택이, 대개 좋은 판단으로 드러나는 경험을 한 적이 많다. 한 컨설팅 회사 − A사라고 해보자 −를 자문한 경험을 예로 들어 보겠다.

　A사의 한 직원이 무례한 언행을 반복하여 고객 항의를 받는 등 문제를 일으킨 끝에 보직 변경 통지를 받았다. 여기까지는 특별할 것이 없는 평범한 이야기이다. 그런데 통지를 받은 직후 직원은 누구도 예

상치 못한 반응을 보였다. 느닷없이 급발진(?)하여 사장과 직근 상사, 인사담당자를 모두 직장 내 괴롭힘으로 신고하고 급기야 이들을 상대로 손해배상 소송까지 제기한 것이다.

자문을 위해 만나보니, 사장은 직원이 재직하며 계속 문제를 일으킬 위험과, 무엇보다 문제 언행을 징계하지 않고 보직 변경만 하기로 정리함으로써 사실상 용서해 주었음에도 뻔한 사실까지 왜곡하면서 무분별하게 법적 조치를 한 점에 분노하여 즉시 해고를 선호했다. 직근 상사가 정신적 충격을 받아 통원 치료를 받으면서 즉각 징계할 것을 요구하고 있었고, 새롭게 배치된 부서장이 이상 성격인 직원을 관리하기 어렵다고 호소하는 사정도 있었다.

하지만 나는 자문 과정에서 즉시 해고를 하면 일어날 일들과 그에 따른 부담에 대해 설명했다. 그러자 사장은 마음을 바꿨다. 직장 내 괴롭힘 주장이 근거 없다고 확인되기 전에는 신중을 기하기로 한 것이다. 좀 괴롭더라도 직원이 정상 근무를 하도록 하면서 우선 직장 내 괴롭힘 신고 대응에 주력하기로 했다.

그 후 A사는 직장 내 괴롭힘이 인정되지 않는다는 노동청의 판단을 받았고, 오래 기다려 온 징계 절차를 마침내 시작했다. 그동안의 적대적 태도로 보아 A사는 분쟁 장기화도 각오하고 있었는데, 뜻밖에도 직원은 징계 절차 통지를 받자마자 자진 사직하고 손해배상 소송도 취하했다. 시간은 오래 걸렸지만, 그래도 그 정도면 성공적인 마무리였다.

첫 대응은 시기 선택 외에 준비와 실행에서도 신중해야 한다. 준비 단계에서는 신속함보다 충실한 사실관계 확인을 앞세워야 하며, 조사와 조치 과정에서 절차를 철저히 준수하고 방어 기회를 부여해야 한다.

한마디로 서두르지 않아야 하는 것이다. 이는 모든 관련자를 빠짐없이 면담하고, 반대 증거를 제출하여 설명할 기회를 주고, 면담 시에 변호사 참여를 허용하고, 면담 기일이나 징계위원회 개최일 연기 요청을 받아들이는 모습으로 나타난다.

실행 단계에서는 의심스러운 경우 대응 수위를 한 단계 낮추는 것을 고려해야 한다. 기업 대응은 경고, 전근, 직무 변경, 사직 권유, 징계, 고소 등 다양하다. 예컨대 감봉(징계)과 직무 변경을 동시에 명하는 것과 같은 조치처럼 여럿이 결합이 될 수도 있다.

그러나 어떤 경우에도 기업의 강경 대응 의지가 겉으로 드러나서는 안 된다. 누가 봐도 온건하고 합리적 대응이라고 할 정도가 좋다. 다시, 첫 대응은 반드시 관철되어야 하기 때문이다.

그 반대 결정 즉, 신속 해결을 최우선으로 하며 사실관계 확인이 아직 끝나지 않은 상황에서 합리적 방어 기회 부여 없이 해고 및 고소와 같은 강경 조치를 선택하는 것은, 권투로 비유하면 카운터 펀치를 노리는 상대방 앞에서 어깨에 힘을 주고 펀치를 크게 휘두르며 턱을 노출하는 것과 같다.

그런 펀치는 보기에만 통쾌하지 실제로는 효과가 없다. 끊어치는 스트레이트 반격 한 방에 경기가 끝날 수도 있다.

05

첫 대응의 중요성 2
선수비, 후공격

형사 고발을 남발하는 직원 X 사례를 통해 기업의 첫 대응은 반드시 관철되어야 하는 점, 이를 위해 시기 선택과 준비, 실행에서 신중해야 하는 점 그리고 신속한 해결만 앞세워서는 안 된다는 점을 이야기했다.

이런 원칙을 따르는 경우 기업의 첫 대응은 어떤 모습으로 나타나는지, 좌충우돌하는 상습적 괴롭힘 가해자를 예를 들어서 조금 더 상세하게 알아보자. 앞 편에서 소개한 컨설팅 회사 A사 사례와 유사한데, 설명 편의상 필요한 사실관계를 더해 보았다.

좌충우돌, 분쟁을 점점 키우는 직원

Y 차장은 사내에서 사이코패스로 통한다. 오래전부터 같은 팀 J 대리에게 "뚱뚱해서 기분 나쁘다", "머리를 집에 놓고 와서 일한다"

라는 막말과 폭언을 하면서 괴롭혀 왔다. 참다못한 J 대리가 직장 내 괴롭힘 신고를 했고, Y 차장은 대기발령 조치를 받고 조사를 받게 되었다.

하지만 Y 차장은 순순히 조사를 받지 않았다. 기업과 동료들을 상대로 반격을 시작한 것이다. 대기발령 면담 때 사직을 강요했다며 인사팀장을 직장 내 괴롭힘으로 사내 신고한 것이다. 동시에 노동청에도 진정하는 것을 시작으로, 허위 신고를 이유로 J 대리와 다른 팀원 전부의 징계를 요구함은 물론, 이에 대해 법원에 위자료 소송을 제기하겠다는 뜻을 밝혔다. 그뿐만이 아니었다. 명예훼손 형사고소 활용을 위해 필요하다는 이유로 모든 팀원의 면담 내용까지 공개하도록 요구하는 내용증명을 사장 앞으로 발송했다.

Y 차장은 앞의 직원 X와 비교하면 아직 형사 고발을 하지 않은 차이는 있지만, 눈에 보이는 대로 가능한 조치를 찾아 좌충우돌 분쟁을 키우고 있는 점에서는 다르지 않다. Y 차장에 대한 첫 대응은 무엇이어야 할까?

유화책과 강경책

우선, 첫 대응으로 협상 제안은 어떨까? 모든 분쟁을 포기하고 퇴사하는 조건으로 퇴직위로금을 지급하겠다고 제안하는 것이다. 유화책이라 할 수 있다.

그러나 이런 유화책은 사내 질서를 어지럽히고 있는 Y 차장에게 퇴직위로금을 지급하여 분쟁만 피하겠다는 편의적 발상이다. 전략상으로도 실행이 너무 이르다. 그 결과 기업은 Y 차장에 주도권을 빼앗기고 끌려다니게 된다.

특히 Y 차장이 (객관적으로는 잘못된 판단이더라도) 스스로 잘못이 없다고 생각하면서 대기발령 전 상태로 돌아갈 수 있다고 확신하고 있다면, Y 차장에게 잘못된 신호를 줄 염려가 있다. 제안이, 기업 스스로 잘못을 자인하며 적절히 무마하려는 시도로 비치는 것이다. 그 결과 Y 차장은 자기 확신을 강화하여 협상 제안을 거절하고 더욱 가열차게 분쟁에 나설 수 있다.

또한 이 경우에도 분쟁이 한참 지나 퇴사 협상을 재개할 수 있는데, 첫 대응이 준 잘못된 신호 때문에 Y 차장의 기대 수준은 높아져있을 것이므로, 협상이 원만하지 않게 흘러갈 수 있다. 종합하면, 유화책은 부작용이 많은 첫 대응이다.

그렇다면 Y 차장의 신고는 일단 제쳐두고, 먼저 이루어진 J 대리 신고에 대한 조사와 후속 절차를 진행해서 즉시 해고하겠다는 강경책은 어떨까?

결론부터 말해서, 이 방안도 적절하지 않다. 무엇보다 인사팀장에 대한 직장 내 괴롭힘의 신고자인 Y 차장에게 강력한 법적 반격 수단이 있음을 간과한 것이기 때문이다. 이 내용은 앞서 소개한 컨설팅 회사 A 사례에서 당시 실제로 내가 사장에게 자문한 내용이기도 한데, 좀 더 자세히 설명한다.

Y 차장은 인사팀장으로부터 괴롭힘 피해를 받았다고 주장하는 직장 내 괴롭힘 신고자다. 이 경우 근로기준법 제76조의 3은 Y 차장에 대해 지켜야 할 기업의 의무를 정한다.

그 의무에는 △ 지체 없이 사실확인을 위하여 객관적으로 조사를 실시할 의무(제2항) △ 피해를 입었다고 주장하는 Y 차장에게 조사 기간 동안 근무 장소의 변경, 유급휴가 명령 등 보호조치를 할 의무(제3항) △ 조사 결과 가해자로 지목된 인사팀장의 괴롭힘 발생 사실이 확인된 때에는 지체 없이 징계 등 필요한 조치를 하고 사전에 그 조치에 대하여 Y 차장의 의견을 들어야 할 의무(제5항) △ 괴롭힘 신고를 한 Y 차장에게 해고나 그 밖의 불리한 처우를 하여서는 안 될 의무(제6항)가 있다.

이런 의무를 위반하면 500만 원 이하의 과태료가 부과될 수 있고(제116조 제2항 제2호), 특히 제6항 불리한 처우 금지의무 위반은 3년 이하의 징역 또는 3천만 원 이하의 벌금이라는 형사처벌이 규정되어 있다.(제109조 제1항)

강경책은 기본적으로 위 의무를 위반한 것으로 인정될 소지가 있다. 따라서 Y 차장은 이 점을 당장 반격에 활용하게 된다.

어쩌면 그런 반격을 위해 덫을 놓은 것일 수도 있다. 노동청에 진정을 하고, Y 차장을 J 대리에 대한 괴롭힘을 이유로 징계하면, 괴롭힘 신고를 이유로 불리한 처우를 한 것이라고 기업 사장을 고소하여 분쟁을 더 키우는 식이다. 이 점만 보아도 강경책 역시 좋은 첫 대응이 될 수 없다.

선수비, 후공격

앞의 유화책과 강경책은 모두 너무 신속한 해결을 앞세운다는 점에서 공통된 약점을 가진다. 그러므로 지금 이들 방안을 두고 고민하는 것은 때가 너무 이르다. 지금은 우선 사전 정비작업에 집중할 때이다.

기업은 정식으로 첫 대응을 하기 전, 우선 Y 차장의 괴롭힘 신고를 조사하는 것부터 시작해야 한다. Y 차장의 괴롭힘 신고가 접수된 즉시 Y 차장을 상대로 진행되던 징계 조사와 실행은 중단하고, 인사팀장을 상대로 하는 괴롭힘 신고 조사를 먼저 진행하는 것이다. 그 다음 첫 대응을 정한다.

이는 한마디로 Y 차장에게 선공권(先攻權)이 있다고 인정하는, 선수비(先守備) 후공격(後攻擊) 방식이라고 할 수 있다.

이런 아이디어에 대해 최대한 신속한 해결을 원하는 기업으로서는 너무 한가하다고 생각할 수도 있을 것이다. 또 사안을 왜곡하며 본인 잘못을 면하고자 하는, 누구에게나 뻔히 보이는 Y 차장의 의도와 전략에 눈을 감은 대응이라고 비판적으로 볼 수도 있다.

그러나 기업은 Y 차장의 평판, 과거 행적, 업무 스타일, 성향을 너무 잘 알기 때문에 오히려 문제일지 모른다. 그런 사전 지식 때문에 적절한 첫 대응 선택을 방해하는 편견에 갇혀 있을 가능성이 높은 것이다.

냉정하게 제3자, 예컨대 노동청 관점에서 한번 사안을 보자. 그 관점에서 Y 차장은 직장 내 괴롭힘 신고를 한 근로자, 강경책을 취한 경우에는 기업이 괴롭힘 신고를 이유로 불리한 조치인 해고를 실행하여 2차 피해를 당한 것으로 의심되는 보호 대상이 되는 근로자다.

Y 차장과 분쟁으로 법원과 노동위원회 절차를 따르게 되는 경우, 기업은 Y 차장에 취한 불리한 조치의 정당한 이유를 입증할 책임이 있다. 이런 사정까지 고려할 때 Y 차장 주장을 경청하지 않고 강경책을 첫 대응으로 선택함이 적절한가?

Y 차장의 신고를 먼저 조사하는 선수비·후공격식 대응은, 가까운 길을 두고 구태여 멀리 돌아가는 낭비나 사내 질서 회복을 지연시키는 비효율로 일축할 것이 아니다. 오히려 그 반대로 불안정과 애매한 상황을 견디면서 기업의 대응 역량을 우회 축적하여 단숨에 사안을

종결하기 위한 첫 대응 시점을 기다리고 준비하는 현명함이다.

그 과정에서 Y 차장이 무분별한 조치를 취한 배경, 진의, 관련 사실관계를 자연스럽게 파악할 수도 있다. J 대리에 대한 Y 차장의 괴롭힘으로 조사 초점을 옮기는 것은 그러한 파악을 한 후에도 늦지 않다.

그 경우 J 대리의 신고에 대한 조사를 지체없이 수행하지 않는 것이 되지 않느냐고 생각할 수 있는데, Y 차장 신고의 진위에 대한 조사는 J 대리 신고의 사실관계 확정과 처리 방향 결정에 간접적으로 연결되어 있으니 그렇게 볼 것은 아니다.

이런 대응의 결과, 조사 과정에서 J 대리나 인사팀장에게 주장하는 대로의 부당한 행위가 확인되면 어떻게 할까? 순리대로 처리하면 된다. 그런 부당한 행위에 상응하는 징계 등의 조치를 취하는 것이다.

이는 법이 예정하는 당연한 수순일 뿐 아니라, Y 차장에게 기업이 공평무사한 입장을 취하고 있음을 보여줄 수 있는 기회이기도 하다. 그 이후 기업은 다시 Y 차장에 대한 괴롭힘 조사를 진행하면 된다. 뚜벅뚜벅, 한 걸음씩 전진이다.

경험상 이 정도 단계에 이르면 기업의 대응 역량이 처음보다 비할 바 없이 높은 상황이 되므로, 역관계상 Y 차장은 불리함을 스스로 깨달아 분쟁을 포기할 공산도 크다. 비유하자면 부전승(不戰勝) 내지 항복(降伏)이다.

그것이 소개한 컨설팅 회사의 사례에서 일어난 일일지 모른다. 이렇게만 된다면 결과적으로 가장 효율적으로, 가장 신속하게 사내 질서가 회복된다.

천천히 돌아가기의 힘

바둑 격언 중에 '공피고아(攻彼顧我) 입계의완(入界宜緩)'이 있다. 공세 전 자신을 돌아보고, 대응하기 전에 서두르지 말고 자중하라는 뜻이다. 분쟁을 키우는 직원에 대한 첫 대응 결정 시 기업의 자세도 이와 같아야 한다. 돌아가는 길이 더 빨리 가는 길이다.

II. 진실을 찾아서

- 노동조사, 사실 입증을 통한 분쟁의 조기해결
- 사실(Fact)은 힘이 세다
- 사실 입증의 어려움 그리고 이를 돌파하는 안간힘
- 조사 면담 시 녹취의 올바른 실행법
- 있는 그대로 보기: Zoom Out, Zoom In
- 비위행위 인정 고도의 개연성이 필요하다
- 비등기임원에 대한 노동조사

노동조사, 사실 입증을 통한 분쟁의 조기해결

─────────

직장 내 괴롭힘, 성희롱, 배임, 폭행, 영업비밀 유출, 권한남용 등 오피스 빌런이라 할 만한 문제성 직원의 비위행위는 기업이 어쩔 수 없이 감수하고 대비해야 하는 위험이다. 그 위험이 실현되어 비위행위가 실제로 발생하면 기업은 면담, 서류조사, 포렌식 등의 조사를 하게 된다. 이런 일련의 활동을 노동조사(勞動調查)[1] 라고 해보자.

노동조사의 목표는 비위행위와 관련된 사실(fact)을 입증하는 것이다. 이는 고소·징계·권고사직·컴플라이언스 실행·미디어 대응과 같은 대응조치 성공의 토대가 된다. 그리고 아래 세 가지 사항은 노동조사를 통해 입증된 사실의 양과 질에 크게 영향을 받는다.

① 대응조치의 방향: 사안 해결에 집중한 대응을 할지, 조직개편을 포함한 근본적 개선을 도모할지에 관한 것이다.

② 내용: 직원에 대해 징계, 권고사직, 고소 중 어떤 조치를 실행할

지에 관한 것이다.

③ 수위: 고소, 해고 등 강경한 조치를 할지 아니면 보다 가벼운 징계, 협상 등 온건한 조치를 할지의 문제이다.

기업의 인사 및 법무 담당자는 노동조사를 통한 사실 입증 역량 키우기에 각별한 관심을 기울여야 한다.

골프일지가 드러낸 진실

제대로 수행된 노동조사는 기업의 비위행위 대응에 결정적 역할을 한다. 그러나 조사팀에 참여하여 사실 확인부터 그 이후의 조치 단계까지를 전부 그리고 직접 경험해 보지 않으면 그 위력은 제대로 알기 어려운 면이 있다. 이에 관하여 알기 쉽게 사례를 들어 이야기해 보려고 한다. 몇 년 전 경험을 조금 각색한 사례다.

제일화학은 지방 소재 공장을 두고 있었는데, 특정 협력업체로부터 정기적으로 금품을 상납받고 부당한 혜택을 준 것으로 의심받는 팀장을 조사하게 되었다. 그러나 상당히 구체적인 신고가 있었던 금품 수수까지도 팀장은 전면 부정했다. 조사는 난관에 부딪혔다.

그러던 중 팀장의 노트북을 포렌식하게 되었는데, 전혀 기대치 않았던 골프일지 엑셀 파일을 발견했다. 그 골프일지는 장차 조사받을 줄은 꿈에도 생각지 못한 골프광 팀장이 취미 삼아 또 협력업체 간 공정한 라운딩 비용 분담을 위해 라운딩 때마다 작성하여 노트북에

무심코 저장한 자료였다.

일지에는 라운딩별로 장소·날짜·날씨·참석자·참석자들의 스코어와 그날 본인의 컨디션 그리고 누가 라운딩 비용을 부담하였는지 등이 상세히 기록되어 있었다. 일지 발견으로 팀장 외 다른 임직원들도 대거 향응을 받은 사실, 거의 모든 협력업체가 향응에 관여한 사실, 수년에 걸쳐 수십 차례 때로는 평일 업무 시간 중 라운딩을 한 사실, 협력업체 임원들이 라운딩 비용을 체계적으로 순서를 정해 낸 사실이 명백하게 드러났다.

당초 의심한 것보다 더 심각한 구조적 부패가 있었을 가능성이 높아졌기에, 제일화학은 골프일지에 이름이 나오는 다른 임직원들과 모든 협력업체에까지 또 금품 수수 외에 골프 등 향응에 이르기까지 조사하기로 했다. 이로써 조사 대상자와 범위는 확대되었으나 종전보다 조사 진행은 오히려 더 순조로웠다.

생생하게 기록으로 남은 골프 향응과 직무태만 사실에 대해 관련자들이 도저히 부인할 수 없었기 때문이다. 팀장도 골프 향응은 물론 처음 문제가 됐던 금품 수수까지 인정했다. 그 과정에서 팀장 등이 받은 향응과 협력업체들이 받은 부당한 혜택 사이의 상관관계도 입증할 수 있었다.

노동조사 종료 후 제일화학은 심각한 구조적 부정부패가 있었다고 결론짓고, 협력업체 관리 제도 개선과 무관용 대응 방침을 정했다. 팀장을 포함한 다수 임직원이 해고되거나 자진 퇴사 형식으로 기업을 떠났고, 퇴직금으로 기업 손실을 변상했다. 몇몇 협력업체와는 거래가 중단되었다. 이후 협력업체 선정 절차 개선 작업도 전격 실행되었다.

이 과정에서 법정 분쟁은 한 건도 일어나지 않았다. 비위행위가 명백히 입증되었기에 관련 임직원과 협력업체가 승복하였고, 이를 지켜 본 다른 직원들도 기업의 대응조치에 납득하고 협조했기 때문이다.

업스트림(Upstream) 조치: 노동조사의 힘

사례의 골프일지는 노동조사의 위력과 순기능을 잘 보여 준다. 노동조사를 통해 그처럼 확실한 사실 입증이 이루어지면, 다수의 문제 직원이 연루되어 있고 그 처리 결과에 여러 당사자가 영향을 받는 비위행위라도 그 전모를 신속하게 파악할 수 있다. 기업은 손쉽게 적정한 대응조치를 통해 근본적인 개선을 도모해 잠재적 분쟁 불씨까지 없앨 수 있다.

업스트림(upstream) 조치는 문제가 아예 발생하지 않도록 막는 선제적 조치이며, 문제가 발생한 후의 대응인 다운스트림(downstream) 조치와 구별된다.[2] 업스트림 조치는 더 효율적으로, 더 이른 시기에 문제를 해결하는 위력을 가진다.

노동조사는 제대로만 수행된다면 사건 초기 결정적 증거(사례의 골
프일지)를 발견하여 그 사건이 이전투구의 분쟁으로 발전되기 전 손
쉽게 해결하도록 해주므로, 전형적인 업스트림 조치다. 또한 비위행
위의 구조적 원인을 파악하여 향후 같은 비위행위가 재발하지 않도
록 관리해 나갈 기틀을 마련하는 점에서도 업스트림 조치의 성격이
강하다.

오피스 빌런 문제가 날이 갈수록 심각해지면서 기업이 노동조사
에 관심을 가져야 한다는 것이 더욱 분명해 지고 있다. 업스트림 조
치로서 노동조사의 가치는 점점 더 커질 수밖에 없을 것이다. 기업은
지금부터라도 노동조사 역량과 전문성 강화에 더 많은 관심을 기울
여야 할 것이다.

주

1 『조사의 기술』 북랩, 임윤수, 2019. '내부조사'를 기업 등 다양한 조직이 실시하는 자체 조사로, 그 목적은 부정행위 등 문제 발생의 원인과 경위를 밝혀 적절한 사후 조치를 취하는 것이라 설명한다. 이 때 '내부조사'가 내가 말하는 노동조사와 유사한 의미이다. 위『조사의 기술』 내부조사의 여러 법률문제(동의 없는 내부조사의 가능 여부 등)와 내부조사의 처음부터 끝까지를 알기 쉽게 설명하고 있어서, 내부조사에 대한 전체적 이해가 필요하다면 일독할 만하다.

2 여기서 쓰인 대로의 업스트림(upstream)의 의미와 업스트림적 사고방식에 관하여는 『업스트림(원제: Upstream)』 웅진지식하우스, 댄 히스, 2021이 자세히 소개하고 있다.

02

사실(Fact)은 힘이 세다

노동조사의 위력은 앞에서 본 것과 같은 비위사실 조사 단계뿐 아니라 법원이나 노동위원회의 분쟁 단계에서 발휘되기도 한다. 또 다른 실제 사례를 역시 각색해서 소개한다.

CCTV에 찍힌 폭행 영상

제일화학에 근무하는 강 주임은 포장마차에서 같은 부서의 직원을 주먹으로 폭행, 상해한 일로 해고되었다. 그러자 이에 불복해 노동위원회에 부당해고 구제심판 신청을 했다. 피해 직원이 상해로 오랫동안 입원한 점만 보아도 중징계 대상은 분명하지만, 해고는 너무 과하지 않은지 문제가 되는 사안이었다.

마음이 약해진 직원이 입원 초기에 중징계를 원치 않는다는 합의서를 써준 것이 강 주임이 해고 무효를 주장하는 가장 큰 근거였다. 그 외에도 상사와 업무상 의견 대립으로 불화를 겪던 사정이 양정에 부당하게 불리하게 작용했다거나, 당시 취하여 상황을 기억하지 못한다거나, 피해 직원도 일방적으로 얻어맞은 것이 아니라 쌍방폭행이라는 등 강 주임은 필사적이었다.

그러나 이 사안에서는 인사담당자가 집념을 가지고 탐문하는 과정에서 어렵게 입수한 포장마차 앞 CCTV 영상이 있었다. 폭행 영상이었다. 영상을 보면 강 주임이 포장마차에 뛰어들 듯 들어가 피해 직원을 끌고 나와 수차례 발길질하는 장면이 나온다. 피해 직원은 수동적으로 저항하지만 술에 취해 자꾸 넘어진다. 그러나 강 주임은 포장마차를 오가는 걸음에 전혀 흐트러짐이 없다. 마지막에는 피해 직원의 얼굴에 강 주임이 주먹으로 있는 힘껏 일격을 가해 피해 직원이 쓰러져 기절한다. 지켜보다 놀란 행인들이 모여들자, 강 주임은 주변을 살피며 침착하게 자리를 뜬다.

이미 서면에 영상 이미지를 붙여서 냈지만, 만전을 기하기 위해 심문기일 당일 영상이 담긴 태블릿을 심판위원들에게 제출하기로 하고, 강 주임과 그 대리인에게도 따로 태블릿을 제공하기로 했다.

드디어 심문이 시작되고, 위원들과 강 주임 측의 동의를 받고 태블릿을 제출했다. 오래된 일이건만 심판위원들이 심판석에 앉아서 서로 고개를 맞대고 폭행 장면이 나오는 태블릿 화면을 몰입하여 들여다보던 모습, 영상을 본 후에는 강 주임 측에 심증을 드러내지 않으려 질문 선정에 조심하던 모습이 아직 생생하다.

1시간에 걸친 심문 대부분이 영상 내용 확인과 그에 대한 강 주임의 변명을 듣는 것에 소요되는 바람에 준비한 다른 증거는 제시할 시간이 없었지만, 사실 그럴 필요도 없었다. 판정은 영상을 본 직후 심판위원들 표정이 말해 준 것처럼 해고가 정당하다는 것이었다. 강 주임은 중앙노동위원회 재심 신청을 포기했다.

사실(Fact)의 힘

강 주임이 본인 주장대로 술에 취했는지, 쌍방폭행인지는 간접 정황만으로는 쉽게 판단하기가 어려운 문제다. 그러나 사례에서 CCTV 영상은 그런 논란의 여지를 없애고, 쌍방 주장의 맞고 틀림, 옳음과 그름을 가차 없이 드러냈다.

그 영상은 마치 애매함과 의혹의 장막을 갈라쳐 그 틈으로 진실의 빛을 솟아나게 하는 칼날과 같았다. 당일 폭행의 진상과 본질을 직접 폭로하고 강 주임에 대한 적절한 대응조치가 무엇인지까지 저절로 드러냈다. 사실 입증에 대한 인사담당자의 집념과 노력이 있었기에 가능한 일이었다.

우리 중 누구도 자기 행동을 외부자 시각에서 생생하게 경험하기는 어렵다. 그 행동의 부정적 영향을 온전히 이해하기도 어렵고, 현실적으로는 스스로를 정당화하는 경향이 있다. 그 심문기일 영상이 강 주임에게 스스로를 돌아보고 마음에서 판정에 승복하는 계기가 되었기를 바란다.

그 영상이 우리 내면의 편향과 한계를 넘어 강 주임 승복을 이끌어 냈다면, 그것도 사실 입증의 힘일 것이다. 사실(fact)은 힘이 세다.

03

사실 입증의 어려움
그리고 이를 돌파하는 안간힘

노동조사는 비위행위 관련 사실을 입증함으로써 그다음 단계의 인사조치를 준비하는 일인데, 이게 말처럼 쉽게 되지는 않는다. 실행 과정에서 조사팀은 숱하게 많은 고비를 만난다. 그리고 그 고비를 넘어서려면 각별한 노력이 필요할 때가 많다. 두 가지 사례를 소개해 본다.

자진신고 제도

먼저 소비재 제조·판매를 하는 A사의 영업사원 비리를 인사부장과 함께 조사할 때의 일이다. 한 영업소의 재고 부실 관리에 대한 내부고발이 조사의 발단이었다. 내부고발자를 면담해 보니 해당 영업소 외에 다른 영업소의 영업직원들도 유사한 비위를 저지르고 있다는 정황이 나타났다.

영업직원 여러 명이 의심자로 거명되었다. 이에 조사팀은 다른 영업소 재고 비리까지 조사를 확대하기로 했고, 사장으로부터 잘해보자는 격려까지 받았다.

그런데 큰 기대를 걸었던 의심자들의 면담이, 조사에서 별 소득 없이 끝났다. 분명 의심스러운 점은 있는데, 재고 빼돌리기에 대한 세부 방식을 파악하지 못한 채 면담을 하다 보니 질문이 핵심에서 비껴갔다. 의심자들은 말 맞추기로 요리조리 피해 갔다. 다음 대책을 고심하면서 속절없이 시간만 흘렀다.

조사가 이렇게 벽에 부딪히면 보통 기업 내부에서는 조사 필요성에 의문을 제기하는 목소리가 커지기 시작한다. A사에서도 그랬다. 특히 이번 조사는 인사부장이 특정 임직원을 제거하기 위해 벌인 일이라는 오해가 퍼져 있었다. 이를 이용해 의심자들과 일부 임원이 인사부장을 대놓고 모함하며 조사를 중단하라는 압력을 넣기 시작했다.

조사가 중단될지 모르는 위기가 왔다. 타개가 절실했다. 여러 옵션을 놓고 숙의한 결과, 조사팀은 자진신고 제도를 시행해 보기로 했다.

10일 내 재고 비리를 포함한 영업행위 관련 비위를 스스로 신고하도록 권유하고, 신고하면 본인 비위는 최대한 선처한다고 약속한다. 선처 약속에 무게를 싣고자 사장이 직접 공지 메일을 보낸다. 익명성 보장을 위해 변호사 사무실에 24시간 핫라인 전화를 둔다. 이것이 주요 골자였다.

이런 계획을 보고하니, 사장은 "이런 방식은 처음 듣습니다. 도대
체 누가 신고하겠습니까?"라며 미심쩍어했다. 그래도 필요성을 강변
하자 승인은 해주었다.

어찌어찌 승인은 받았지만, 나도 내심 걱정이 많았다. 사장이 미심
쩍어하는 것도 이해가 됐다. 사기업의 노동조사에서 이런 자진신고
제도를 시행하는 일은 드물다. 신고가 없거나, 있어도 별 성과가 없
을 수 있다. 그러면 A사의 경우에는 내부 반발이 더 심해지고, 특히
인사부장 비방은 위험수위를 넘어설 염려가 있었다.

그러나 재고를 어떻게 빼돌리는지 조사팀은 전혀 감을 잡지 못한
상황이었다. 다른 내부고발자가 나오지 않는다면 어려움 돌파를 기
대할 수 없는 것이 엄연한 현실이기도 했다. 망설임을 접고, 문구를
다듬어 공지 메일을 작성했다. 사장 명의로 전국 모든 영업소 직원에
게 보냈다.

익명 서베이

두 번째 사례는 제조업을 하는 B사의 해고 사례다. 고참 직원이 공
장에서 같이 근무하던 후배에게 사소한 일로 욕을 하고 따귀를 때려
해고를 당했다. 고참 직원은 승복하지 않고 해고 무효의 소를 제기했
다.

승소를 자신했던 B사는 변호사도 선임하지 않고 느긋하게 대응했는데 결과는 뜻밖에 패소였다. 단순 폭행에 해고는 과하다는 것이다. 2심을 맡았다.

원래 이런 2심 사건은 1심에 제출된 증거를 살펴 관련 사실을 확인하고 법리 구성과 서면 준비에 집중하는 것이 보통이다. 그런데 법무팀장과 논의 결과, 이 건은 따귀 때리기가 고참 직원의 고질적 폭행 습벽에서 나온 악행임을 입증해야 1심 판결을 뒤집을 수 있다는 결론에 이르렀다.

법무팀장은 이 고참 직원의 폭행 습벽이 널리 알려져 있어 입증은 어렵지 않을 것이라 자신했다. 고참 직원과 같이 업무를 했던 직원들부터 면담 조사를 해보기로 했다.

그런데 간단히 끝날 것으로 기대했던 면담 조사는 큰 어려움을 만났다. 고참 직원의 불같은 성격을 너무 잘 아는 직원들이 영 나서지 않는 것이었다. 몇 건의 익명 진술서를 받았지만 공개증언은 할 수 없다고 했고, 대부분은 그마저 거부했다.

1심 패소로 고참 직원이 복귀할 가능성이 높다는 인식이 퍼져서 더 요지부동이었다. 각별한 대책이 없다면 폭행 습벽 입증은 포기할 수밖에 없는 지경으로 몰렸다.

법무팀장과 여러 번 상의 끝에, 컨설팅 회사를 선정해서 익명 서베

선 넘는 사람들

이를 하고 보고서를 받는 방안을 추진하기로 했다. 간단히 설명하면 이러했다.

컨설팅 회사는 100여 명의 임직원 전원에 대해 설문조사를 하여 사내 폭행과 폭언 경험을 확인한다. 철저한 익명성을 보장하여 진술자 이름이 보고서에 기록되지 않음은 물론, B사에도 따로 공개되지 않는다. 보고서 중에서 고참 직원의 폭행 습벽에 관한 부분을 발췌하여 이로 인해 초래된 기업 질서 문란의 증거로 법원에 제출한다.

첫 사례에서 언급된 자진신고 제도도 흔한 방법이 아닌데, 지금처럼 해고 원인이 된 사실 중 일부, 그것도 직접 사실도 아닌 정황 입증을 위해 외부 전문가의 익명 서베이를 하는 것도 그에 못지않다.

한눈에 보이는 허점도 있다. 응답 결과를 예측할 수 없고, 고참 직원의 피해를 받았다는 진술이 있더라도 익명성 보장 때문에 진술 직원이 특정되지 않으니 법원이 보고서를 얼마나 믿어줄지 불확실했다. 컨설팅 비용도 만만치 않았다.

그러나 경영진에게는 승소를 위해서는 폭행 습벽 입증이 반드시 필요하고, 입증해 보겠다면 현재로서는 이것이 그래도 나은 방안이라고 설득했다. 승인을 받고, 컨설팅펌을 찾아 조사를 의뢰하고 결과를 기다렸다.

안간힘을 다한 시도, 결과는?

위 두 사례에서 조사팀 기대대로 사안이 진행되었을까? 첫 번째 A
사와 두 번째 B사가 달랐다.

A사에서는 공지 며칠 후 지방의 한 영업소 직원으로부터 핫라인
으로 전화가 왔다. 영업소장이 오랫동안 자기와 다른 직원들에게 사
은품 재고를 외부에 빼돌리도록 지시했다는 것이다. 자기만 처벌되
지 않는다면 사실을 다 밝히겠다고 했다. 우리가 찾던, 눈이 번쩍 뜨
이게 하는 놀랍고도 반가운 제보였다.

마음이 바뀔세라 즉시 신고자를 만나 진술을 기록했다. 영업소장
을 불러 자인을 받은 후, 신고 직원의 잘못은 불문에 부치고 소장만
변상과 함께 자진 퇴사하는 것으로 마무리했다. 그리고 그 조사에서
파악한 A사 특유의 재고 빼돌리기 방식을 토대로 다른 의심스러운
직원들의 면담을 다시 준비하여 진행했다.

조사 결과 다수 영업소에서 재고 비리가 확인됐고 연루 직원들은
징계나 권고를 통해 A사를 떠났다. A사는 조사를 일단락한 후 재고
비리 근절을 위한 전사 제도 정비를 했고, 자연스레 인사부장에 대한
비난은 잦아들었다. 기대를 넘어선 대성공이었다.

그러나 두 번째 B사에서는 맥 빠지는 결과로 끝났다. 보고서를 받
아 보니, 많은 직원이 고참 직원으로부터 폭행과 폭언을 당한 흔적이
여기저기 있었다. 그러나 설문조사라는 한계와 고참 직원에 대한 두

려움 때문인지 언제 어디서 어떤 폭행과 폭언을 당했는지 자세한 답변을 한 직원은 없었다.

그래도 나는 대부분 직원이 폭행 습벽이 있는 고참 직원 복귀를 원하지 않는다고 답한 것에 한 가닥 희망을 걸고 보고서를 증거로 제출했지만, 법원은 이번에도 고참 직원 손을 들어 주었다.

B사는 다툼을 포기하고, 미지급 임금과 위로금을 주는 대신 고참 직원이 복직 즉시 자진 퇴사하는 것으로 합의하는 선에서 사안을 마무리했다.

역경과 안간힘에 대하여

조사팀은 노동조사에 역경이 닥치면 무력감을 느끼게 된다. A사 사례의 자진신고 제도와 B사의 익명 서베이 같은 시도는 그런 역경을 돌파하기 위해 꼭 필요하지만, 조사팀이 그렇게 애쓴다고 해서 꼭 돌파가 되지는 않는다.

지극 정성이면 하늘이 들어준다는 말이 사실이면 얼마나 좋을까. 최선의 방안을 찾아 시도해도 결과는 모른다. 모르는 것은 모르는 것이고, 아닌 것은 아닌 것이다.

익명성을 보장하고 처벌하지 않는다는 기업 공지를 믿는 추가 고발자나, 용기 있게 나서서 폭행·폭언을 말해 줄 직원이 있을지는 실행 전에는 누구도 알 수 없다. 실패 위험은 불가피하다.

그래도 조사팀에게는 그런 무력감을 이겨내고 실패 위험을 감수하면서라도 어려움을 돌파하겠다는 강인한 결심과, 그 결심으로부터 나오는 어떤 안간힘이 필요하다. 여기에 상황에 들어맞는 과감한 선택 그리고 운(運)이 더해지면, 노동조사는 비위행위를 입증하여 그 다음 단계로 국면을 전환한다는 사명을 달성할 수 있다. 안간힘도 힘이 세다.

04

조사 면담 시
녹취의 올바른 실행법

노동조사 과정에서 기업은 비위행위 혐의를 받는 직원과 면담을 한다. 이때 직원의 방어권 또는 인격권 침해가 없도록 유념해야 한다. 따라서 조사팀은 면담 시 자주 제기되는 녹취와 관련한 방어권 또는 인격권 관련 문제가 무엇인지 그리고 그 대응 방안이 어떠한지를 알아둘 필요가 있다.

이 주제에 대해서는 자문 의뢰를 자주 받을 뿐 아니라 인사담당자나 내부 감사 담당자를 상대로 노동조사에 관한 세미나 또는 발표를 할 때 제일 먼저 나오는 질문이기도 하다. 아래에서는 그런 기회에 답하는 내용을 적어 본다.

단, 이 문제는 아직 정론이라 할 만한 답은 없다. 아래는 그동안 이 이슈를 다루면서 나름대로 고민하고 정리한 나의 잠정적 결론일 뿐이다. 그 점을 감안하고 읽어 주시면 좋겠다.

원칙: 공개 녹취

"면담대상자의 인격권과 방어권 보장을 위해, 조사자가 면담 전 녹취 사실을 알리고 동의를 받아야 하나요?"

사전 동의를 받아 진행하는 녹취, 즉 공개 녹취는 결점이 있다. 면담대상자로부터 녹취에 대해 동의를 받더라도, 공개 녹취 상황에서 면담대상자는 본인 진술이 그대로 재현돼 증거로 활용될 수 있다는 점을 의식하게 되니, 방어적 태도로 일관할 우려가 있는 것이다.

조사자도 녹취된 본인 진술이 강요나 사생활 침해로 인정될 가능성을 우려하게 돼, 자유롭고 과감한 조사를 하기 어렵다.

이런 결점들이 바로 위 질문이 나오는 배경이다. 실제 그 때문에 조사자가 처음부터 아예 공개 녹취를 고려하지 않는 경우도 있다.

그러나 조사 면담은 공개 녹취를 하는 것이 원칙이다. 인격권과 방어권 침해에 대한 논란 없이 면담대상자의 진술을 정확하게 전부 기록해 진술 내용에 관한 분쟁을 원천 봉쇄할 수 있고, 그런 적법성 확보는 노동조사 성공의 기본 중 기본이기 때문이다.

공개 녹취 시 면담대상자의 방어적 태도, 조사 제약에 관한 우려도 그 상황을 사전에 준비하는 과정에서 많은 부분 저절로 해소된다.

노동조사에서 면담은 사실 발견을 목표로 불리한 사실을 감추려는 상대방과 치열한 두뇌싸움을 벌이는 것이다. 이런 면담을 효과적으로 수행하려면 모든 예상 가능한 주제에 대해 질문사항을 챙기고 돌발상황 발생을 대비하는 것이 필요한데, 그 과정에서 위 우려가 자연스럽게 해소된다는 뜻이다.

공개 녹취에 동의를 받는 방식 역시 쉽다. 서면으로 받으면 제일 좋은데, 서면 동의가 여의찮다면 녹취를 시작하면서 녹취 사실을 고지하는 조사자 진술, 그에 동의한다는 면담대상자 진술을 녹취하는 정도면 충분하다.

녹취 거부 시 대응방법

"말씀하시는 취지는 알겠습니다. 그런데 면담대상자가 공개 녹취를 거부하면 어쩔 수 없이 몰래 녹취를 해야 하지 않을까요?"

기업의 인사담당자에게 공개 녹취를 하는 것이 좋다고 자문을 하면, 대부분 이런 후속 질문이 뒤따라 나온다. 특히 반드시 녹취가 필요하다고 판단되는 중요 면담일 경우, 면담대상자가 공개 녹취를 거부할 때 조사자는 은밀하게라도 녹취를 강행하고 싶다는 유혹을 느낀다. 위 질문은 그런 사정을 반영하는 것이다.

아예 동의 시도를 하지 않건, 동의를 받으려 했는데 거절했건, 면담대상자의 동의 없이 진행되는 면담 녹취를 비공개 녹취라고 해보

자. 위 질문은 비공개 녹취는 부득이한 면이 있으니 원칙적으로 허용되어야 하지 않느냐는 것인데, '그런 생각을 할 수도 있겠구나'하고 이해는 되지만 내 의견은 조금 다르다.

우선 비공개 녹취 실행이 불가피한 상황도 있지만, 그것은 어디까지나 예외다. 어떤 조건에서 예외가 인정되는지, 그리하여 방어권과 인격권(음성권) 침해 문제에서 자유롭게 되는지 기준이 정립되어 있지도 않다.

이런 사정상 비공개 녹취는 녹취파일을 증거로 편하게 활용하기도 어렵다. 따라서 비공개 녹취는 최대한 지양해야 한다.[1]

조사자는 면담대상자에게 녹취에 대한 의사를 묻고, 거부하면 그 뜻을 존중하여 녹취 없이 면담을 진행하는 것이 좋다.

단, 중요 면담이라면 참관인을 배석시켜 진술 내용을 상세히 기록한다. 이런 기록은 면담 상황의 재연 측면에서 공개 녹취에 미치지 못하지만, 진술 주요 취지와 조사 절차의 공정성에 관한 다툼 여지를 줄일 수 있고 지연 없이 조사를 진행할 수 있다.

하지만 실무상 이렇게 참관인 배석까지 실행하게 되는 경우는 드물다. 공개 녹취에는 정확한 면담 내용의 기록과 분쟁 예방이라는 누구나 납득할 만한 당당한 이유가 있다. 이 점을 면담대상자에게 충분히 설명한 후 녹취 동의를 구하면 대부분 동의하는 편이다.

공개 녹취를 거부할 수 있다는 우려는 기우로 밝혀지는 경우가 많다. 그러니 너무 걱정하지 말고 공개 녹취를 시도해 볼 것을 권한다. 거부하면 참관인 배석의 차선책을 고려하면 그만이다.

면담대상자 녹취: 금지

"방어권 보장 차원에서 면담대상자의 면담 녹취를 허용해야 하나요?"

지금까지는 조사 면담 시 조사자가 행하는 녹취 문제를 다루었는데, 실무에서는 면담대상자의 녹취가 허용되어야 하는지도 문제가 된다.

면담대상자의 녹취는 정당한 권리 행사이며 금지할 방법이 없다는 이해하에 조사자가 그 시도를 방관하는 경우를 볼 수 있다. '대화자 간 녹취는 상대방 동의 없이 가능하며 적법하다'는 것이 우리 사회의 법률 상식인데, 그 귀결로 조사 면담에서 면담대상자가 녹취하는 것이 허용된다고 보는 것이다. 그러나 이는 불완전한 법률 상식에 근거한 오해다.

'대화자 간 녹취는 상대방 동의 없이 가능하며 적법하다'는 (불완전한) 법률 상식은 대화자 일방이 상대방과의 대화를 상대방 승낙 없이 녹음해도 그 녹음은 '타인 간의 대화' 녹음이 아니므로 통신비밀보호법 위반으로 형사 처벌할 수 없다는 대법원 판례에서 비롯하는 것 같다.*

그러나 위 판례는 상대방 동의 없는 녹취가 통신비밀보호법 위반으로 형사 처벌되지 않는다는 뜻일 뿐, 어떤 경우에도 허용되며 적법하다는 뜻이 아니다.

대화 시 상대방 동의 없는 녹취는 △ 음성권, 사생활상의 비밀과 자유를 침해하는 불법행위로 인정되어 녹취자가 손해배상 책임을 부담할 수 있고** △ 사내에서 무분별하게 실행된 경우 사생활의 비밀 침해, 직장 내 화합을 해하는 것을 이유로 징계를 할 수 있는 근거가 될 수도 있다.***

조사자는 본인이 공개 녹취를 한다는 점을 면담대상자에 고지하면서, 면담대상자의 녹취는 명시적으로 금지할 권한이 있다. 또 그렇게 조치함이 바람직하다. 면담 내용이 외부에 무분별하게 공개되어 효과적 조사가 곤란해지고, 조사상 기밀 유지가 어렵게 되는 것을 방지한다는 정당한 이유가 있기 때문이다.

만약 녹취 금지를 위반하면 인사명령 위반을 이유로 면담대상자를 징계할 수도 있을 것이다.

실무상으로도 조사자가 녹취 금지를 명하는 경우, 면담대상자가

---

* 대법원 2014. 5. 16 선고 2013도16404 판결
** 수원지방법원 2013. 8. 22 선고 2013나8981 판결
*** 대법원 2011. 3. 24 선고 2010다21962 판결

　　　　　　　　　　　　　　　　　　　　선 넘는 사람들

방어권 침해를 근거로 따르지 않거나 사후적으로 문제 삼는 사례는 보기 어렵다. 운이 좋아서 그럴 수도 있지만, 개인적으로 그런 면담대상자는 아직 만난 적이 없다.

단, 본인이 녹취하지 않는 것에는 동의하는 대신 조사자가 공개 녹취한 파일을 공유해 달라고 요구하는 면담대상자는 있었다. 조사자는 이런 요구도 외부 유출 위험 등을 들어 거부할 수 있다.

대신 방어권 보장 차원에서 필요한 경우 조사자 앞에서 공개 녹취된 파일을 청취하거나 녹취록을 열람할 기회를 주겠다고 약속하는 방안은 고려할 수 있다.[2]

주

1 「심문내용을 녹음할 수 있을까?」, 『조사의 기술』 북랩, 임윤수, 2019. 조사자가 진술인의 동의를 구하지 않고 소위 몰래 녹음을 하는 것이 현명한 선택이 아니라고 하면서, 진술인이 정서적으로 불안하여 돌발행동을 보일 가능성이 있다고 하더라도 동의를 구함으로써 진술인을 진정시키는 효과가 있으므로 무리하게 비밀 녹음을 하는 것보다는 동의를 구하는 것이 낫다고 한다.
2 『조사의 기술』 북랩, 임윤수, 2019. 실제로는 제보자가 요구하지 않아서 실행되지는 않았지만, 만약 성희롱 제보자가 면담 파일을 자신도 보관하고 있겠다고 할 경우에는 음성파일을 한 개만 만들고 변호사가 보관하는 방안으로 제보자를 설득하려고 했다고 적고 있다.

05

있는 그대로 보기
Zoom Out, Zoom In

박 과장은 최근 마케팅팀에서 영업팀으로 부서 변경을 했는데, 변경 후 3개월이 지난 시점에 같은 팀 엄 팀장을 직장 내 괴롭힘으로 신고하였다.

신고 내용은 ① 영업팀 과장들 전원을 대상으로 영업 관련 사항을 논의하는 카톡방을 개설하여 업무상 논의를 했는데, 과장 중 본인만 유일하게 초대하지 않은 사실 ② 거래처 방문에 소요되는 비용을 위해 법인카드 한도를 증액해 줄 것을 요청했는데 이를 합당한 이유 없이 거부한 사실 두 가지다.

박 과장은 같은 영업팀 조 과장이 신고 사실을 확인해 줄 수 있으니 인사팀이 조 과장을 면담 해 줄 것을 요구하였다. 실제로 면담을 해보니 조 과장은 ① 박 과장이 술자리에서 엄 팀장이 원래 본인의 영업팀 합류를 반대했고 이동 후에는 카톡방에 넣지 않는 식으로 무시해서 힘들다고 토로한 적이 있으며, 자신은 물론 다른 과장들도 박 과장이 카톡방 참여를 하지 않는 것을 이상하게 생각했지만 엄 팀장이 박 과장에게는 따로 지시를 하니 신경 쓰지 말라고 해서 그냥 넘어갔다고 진술했다. ② 법인카드 한도 상향 거부에 관해서도, 박 과장이 거래처 방문 비용이 만만치 않아 현재 한도로는 절대 부족한데 엄 팀장이 한도 상향을 승인해 주지 않는 것을 이해할 수 없다고 흥분한 적이 있다고 했다.

엄 팀장을 불러서 면담을 해보니, 사실관계에 대해서는 대체로 수긍하면서도 카톡방 배제와 한도 상향 거부 모두 전혀 문제가 없다고 강력 반발한다.

카톡방은 원래 박 과장이 영업팀에 합류하기 전에 만들어진 것을 그대로 사용한 것일 뿐 박 과장을 배제할 의사는 없었고, 지금껏 박 과장이 카톡방 운영과 관련하여 직접 항의한 바도 없다는 것이다. 법인카드 한도 증액 거부 역시, 새로운 업무에 적응 중인 박 과장에게 거래처 방문은 너무 이르고 불필요하다고 판단하여 그리한 것이지, 그 외 정당한 비용 청구는 모두 승인해 주었다고 했다.

인사팀의 정 팀장은 이렇게 양자 입장이 갈리자, 조금 더 심도 있게 노동조사를 실시하여 직장 내 괴롭힘 여부를 판단해 보기로 하였다. 이때 정 팀장에게 공정한 노동조사와 조치를 위한 조언을 요청받는다면, 어떤 조언을 할 수 있을까?

1차 판단: 집단 따돌림

먼저 카톡방 참여 배제에 대해 보자. 이는 유형상 집단 따돌림에 해당한다. 고용노동부의 직장 내 괴롭힘 매뉴얼에서 집단 따돌림, 무시와 업무 배제로 소개되었다. 가장 흔한 막말, 부당한 업무지시 정도는 아니지만 상당히 빈번히 발생하는 유형이다.

1차 판단을 해보면, 엄 팀장의 변명은 설득력이 별로 높아 보이지 않는다. 팀의 리더가 다른 과장들이 모두 구성원으로 있는 카톡방에 유독 박 과장만 참여시키지 않는 것은 이례적이라 할만하다. 박 과장 합류 이전에 만들어진 카톡방이라는 것은 변명에 불과하다는 의심이 든다. 박 과장을 신규 멤버로 가입시키는 것은 전혀 힘든 일이 아니기 때문이다.

그에 반해 카톡방 참여 배제는 박 과장에게는 보통 일이 아니다. 그 때부터 박 과장은 과장들 사이의 업무 관련 중요 커뮤니케이션에서 배제된다. 다른 과장들은 엄 팀장이 박 과장을 탐탁지 않게 여기면서 본인들에게도 정보 공유를 제한하라는 암묵적 의사를 표시한 것으로

선 넘는 사람들

이해할 가능성이 높아지므로 본인의 평판에도 문제가 생긴다.

결국 카톡방 참여 배제는 집단 따돌림으로서 소위 사이버 불링(Cyber Bullying)의 혐의가 짙은 중대한 직장 내 괴롭힘 행위가 될 수도 있는 것이다. 특히 최근 재택근무가 활성화되고 메일, 메신저 등을 통해 의사소통이 주로 이루어지는 방향으로 업무환경이 급격하게 변하고 있는데, 이런 환경에서는 이러한 무시, 배제 조치의 폐해가 더 심할 수 있다.

완전한 확인: Zoom Out

정 팀장은 카톡방 참여 배제가 직장 내 괴롭힘일 가능성을 염두에 두면서 노동조사에 임해야 할 것이다.

이때 중요한 것은 직장 내 괴롭힘이 있다는 최종 판단에 이르기 전에 사실 인정에 필요한 모든 사항의 확인, 즉 완전한 확인을 추구하는 것이다. 완전한 확인은 달리 말하면 'Zoom Out'이다. 시야를 넓혀 전 국면을 축소시켜 한 눈에 조망하고, 모든 관련 이슈를 발견·확인하는 과정이기 때문이다.

완전한 확인을 위한 조사 대상은 무시와 배제라는 내면적 의사가[*]

---

[*] 참고할 판결로 대법원 2020. 6. 25 선고 2016두56042 판결이 있다. 이 판결은 집단 따돌림으로 지적된 행위가 '무시하는 언동'과 '인간관계의 분리 및 신상 침해를 의도'한 것을 직장 내 괴롭힘 인정 근거로 삼는다. 부

핵심 요소가 되는 집단 따돌림의 특수성을 감안하여, 엄 팀장의 내면적 의사 확인에 필요한 간접 정황으로 한다. 가해자로 지목된 엄 팀장이 그런 의사가 있었음을 인정하지 않는 이상, 그 간접 정황을 가능한 많이 확인하여 엄 팀장의 진의를 추정해야 하기 때문이다.

사례에서 정 팀장은 ① 전수(全數) 면담 ② 카톡방의 업무 관련성 분석 ③ 카톡방 설치 관행 확인 ④ 엄 팀장의 평소 언행 탐문을 해야 한다. 차례로 살펴보자.

① 전수(全數) 면담

우선 조 과장 외에 다른 과장들과도 모두 면담을 하고, 카톡방 배제에 대해 각 과장들이 어떻게 인식하였는지를 확인한다. '모두'가 포인트다. 당사자인 박 과장이나 박 과장이 지목한 동료인 조 과장의 진술은 나중에 왜곡, 혼동, 상황 오해, 편견으로 인해 믿기 어렵다는 결론이 내려질 위험이 많다. 따라서 이들 진술을 엄격히 테스트해야

언하자면, 이 판결은 근로기준법상 직장 내 괴롭힘 제도가 도입된 시점(2019년)보다 이전(2013년)에 직장 내에서 있었던 집단 따돌림 행위를 대상으로 한다. 그러나 사용자가 '집단 괴롭힘'을 이유로 해임처분을 한 점, 2020년 즉, 직장 내 괴롭힘 제도 도입 이후 내려진 이 판결에서 대법원은 '업무상 적정 범위', '정신적 고통', '근무환경의 악화'와 같은 근로기준법 제76조의 2의 직장 내 괴롭힘 정의(지위 또는 관계 등의 우위를 이용하여 업무상 적정 범위를 넘어 다른 근로자에게 신체적·정신적 고통을 주거나 근무환경을 악화시키는 행위)에 나오는 용어를 그대로 사용하고 있는 점을 볼 때, 현행 직장 내 괴롭힘 제도하에서 집단 따돌림 행위가 직장 내 괴롭힘에 해당하는지 판단함에 참고할 수 있는 판결이다.

선 넘는 사람들

한다는 뜻이다.

모든 과장들과 1대1 면담을 하여 문답서를 작성하는 것이 가장 좋지만, 만약 시간 제약 등으로 여의찮다면 진술서라도 요청해서 받아야 한다.

괴롭힘 처리 과정에서는 당사자들 사이의 묵은 갈등이 드러나고 분쟁이 발생하기 쉬워 사소한 절차상 문제도 분쟁의 씨앗이 된다. 비교적 객관적 처지에 있는 과장들의 진술을 모두 받는 것은 이런 분쟁의 여지를 없앤다는 점에서도 필수적인 절차다.

② 카톡방의 업무 관련성 분석

박 과장의 부서 변경 이래 카톡방에서 오간 대화를 검토하여 박 과장 업무와 관련이 있는 사항, 박 과장이 즉시 알아두어야 마땅한 사항이 대화 내용 중에 있는지도 확인할 필요가 있다. 그러한 사항을 먼저 조 과장에게 확인하도록 하고, 과장들과 더블 체크할 수도 있을 것이다.

그다음 확인된 사항이 카톡방 협의를 전후하여 박 과장과 공유된 바가 있는지는 박 과장과 엄 팀장에게 다시 확인한다.

③ 카톡방 설치 관행 확인

영업팀 내에서 카톡방을 설치하면서 업무 적응 등 개인의 특수한 사정을 토대로 해당 직원의 단체 카톡방 가입을 제한하는 관행이 있는지, 그러한 관행이 있다면 팀 내에서 합리적 이유가 있다고 인식되고 있는지도 중요한 확인 포인트다.

그 결과 엄 팀장의 카톡방 참여 배제 조치가 통상 관행에서 벗어
난 이례적 사정이 있다고 확인되면, 2차 면담에서 엄 팀장에게 그 부
분을 추궁해서 답변을 들어 두어야 한다. 물론 엄 팀장은 여러 변명
을 할 것이다. 그때는 변명이 합리적이지 않더라도 가로막고 추궁할
것이 아니라, 오히려 동조하는 모습을 보이면서 하고 싶은 말을 전부
다 하도록 유도하는 것이 요령이다.

엄 팀장의 변명이 허위이거나 근거가 없다면 그 점은 후속 조사로
밝힐 수 있고, 그로써 엄 팀장이 무시와 배제 의사를 가지고 있었음
이 더욱 분명해진다. 즉, 변명은 진의를 확인할 계기다.

④ 엄 팀장의 평소 언행 탐문

필요하다면 다른 영업팀원들을 상대로 전수 조사를 통해, 그동안
엄 팀장의 언행을 확인해 보는 것도 필요할 것이다. 박 과장이 의심
하는 대로 엄 팀장이 박 과장 합류를 탐탁지 않게 여겨 카톡방 합류
를 거절한 것이라면, 카톡방 참여 배제 외에도 다양한 기회에 박 과
장을 차별 취급하였거나, 박 과장을 비난했을 가능성이 많기 때문이
다. 시간을 거슬러 올라가서, 박 과장이 엄 팀장이 속한 부서로 이동
할 때 엄 팀장이 보인 태도도 확인할 필요가 있다.

선 넘는 사람들

상관관계: 카톡방 사건과 법인카드 사건

다음으로 법인카드 사건, 즉 그 한도 상향을 거절한 행위를 보자. 앞서 카톡방 참여 배제는 무시와 배제의 집단 따돌림에 해당하여 직장 내 괴롭힘이 인정될 여지가 많다고 했다. 그렇다면 법인카드 사건도 같이 판단되어야 하는 것이 아닐까? 엄 팀장이 박 과장에 대해 가진 무시·배제 등 반감에 기인한 직장 내 괴롭힘일 가능성이 높다고 볼 수도 있는 것이다.

실제 직장 내 괴롭힘 신고는 단 하나의 문제 행동에 대해 이루어지기보다, 동일한 피해자를 상대로 오랜 기간 반복된 막말, 따돌림, 폭행 등 문제 행동들을 한꺼번에 문제 삼는 경우가 많다. 그 경우 선행 행동이 직장 내 괴롭힘이라고 인정되면, 후행 행동도 같은 판단을 받는 것이 보통이고 실제 그럴 가능성이 높다고 할 수는 있다. 가해자의 인격적 결함으로 나타난 상습적 행동일 수 있기 때문이다.

그러나 사례에서 보이는 정도의 상관관계만으로 법인카드 사건이 직장 내 괴롭힘이라는 충분한 입증이 있다고 보기 어렵다. 향후 법인카드 사건을 이유로 엄 팀장을 징계한 조치가 적법한지 문제가 되면, 기업은 법원과 노동위원회에 각 행위별로 직장 내 괴롭힘 요건을 충족하는 것을 입증할 책임을 지는데, 이 정도의 상관관계만으로는 입증 성공을 인정받을 수 없는 것이다.

이야기 편향(Story bias)의 배제: Zoom In

따라서 엄 팀장의 법인카드 한도 상향의 거절을 직장 내 괴롭힘으로 판단하기까지는 가야 할 길이 멀다. 그 거절에 합리적 이유가 있는지, 그래서 직장 내 괴롭힘이 아닌 정상적인 조치인지 여부는 카톡방 참여 배제와는 독립적으로 판단하는 단계를 거치는 것이 필요하다.

어찌 보면 당연한 이런 포인트를 새삼스럽게 짚는 이유가 있다. 노동조사를 하다 보면 조사 대상인 여러 행위를 '전부 비위행위'라고 보거나, 아니면 '전부 비위행위가 아니'라고 판단하는 극단적 사고에 빠질 위험이 크기 때문이다.

이것은 이야기가 진실보다 더 큰 힘을 가지는 편향, 즉 이야기 편향(story bias)의 함정 탓이다. 이야기 편향은 어떤 실마리들을 갖게 되면 그것들이 아무런 연관을 가지지 않을 수 있다는 것을 잊어버리고, 그것들을 일관성 있는 이야기로 만들고자 하는 충동이다.[1]

사례에 적용하면, 엄 팀장이 무시와 배제 의사를 가지고 박 과장을 카톡방에서 배제하였다는 점을 하나의 실마리로 하고, 법인카드 한도 상향 거부라는 또 다른 실마리를 보고, 양자를 동일한 무시와 배제의 결과라고 추론하는 성향이라 할 수 있다.

그러나 이런 판단은 노동조사에서는 금기다. 법원이나 노동위원회에서 가해자가 하나하나 근거를 따지기 시작하면 허점을 드러내고, 기업의 선입견만 부각되는 결과를 낳는다. 다른 직장 내 괴롭힘 사실인정과 징계 양정의 정당성 판단에도 불리하게 작용한다.

소위 억울한 가해자를 만들어낼 가능성도 있다. 상습적 가해자, 내면적 문제로 직장 내 괴롭힘 행위를 지속적으로 반복하는 가해자는 엄히 조치되어야 하지만, 어디까지나 본인 자기 책임이 있는 행위에 대해서만 책임을 지워야 한다.

조사표 활용

이런 사정 때문에, 노동조사를 할 때는 이야기 편향을 경계하는 특별한 방법론과 관행이 필요하다. 그중 하나는 확인 사실이 많은 경우 개요, 관련 증거, 판단, 판단의 이유로 나누어 그 전부를 빠짐없이 개별 분석하는 조사표를 활용하는 방법이다.

한번은 대기업 부서의 팀원들이 팀장을 직장 내 괴롭힘 신고를 한 적이 있었다. 노동조사의 대상이 된 팀장의 행동은 수개월에 걸친 막말, 성희롱, 비방, 부적절한 지시로 거의 50개에 달했다. 그중에는 누가 보더라도 문제가 되고 증거도 확실한 문제 행동도 있었지만(예컨대, 허락 없이 핸드폰으로 여자 부하직원의 가슴 등 민감한 부위를 촬영한 행위), 부적절하다고 말하기 애매하거나 실제 있었는지 확인하기 어려운 행동(예컨대, 인기척 없이 다가와 놀라게 했고 얼굴을 너무 가깝게 대고 이야기)도 섞여 있었고, 각 행동이 일어난 시기와 계기도 달랐다.

우리 조사팀은 모든 신고사항을 독립적으로 판단하기로 했다. 그리고 이를 위해 신고사항들이 하나하나 개별적으로 정리되고, 또 신고사항 전부가 한눈에 들어오는 엑셀 형식 조사표를 만들기로 했다. 성격이 다른 팀장의 행동들이 마치 단일한 성격을 가진 행동처럼 판단되는 것, 즉 일부 행동으로 문제 되지 않는 행동이 부정적으로 판단되거나, 반대로 문제 되지 않는 일부 행동 때문에 문제 행동까지 긍정적으로 판단되는 것을 처음부터 차단하기 위함이었다.

그렇게 판단해 보니 최종적으로 문제 행동은 신고의 약 1/3, 문제가 되지 않는 행동이 약 2/3 정도였다. 최소한 극단적 사고, 이야기 편향(story bias)의 함정에는 빠지지 않았다고 평가할만했다.

있는 그대로 보기의 힘

사례로 돌아가, 정 팀장은 법인카드 사건에서 (꼭 조사표를 활용하지는 않더라도) 조사표를 활용하는 경우의 냉정하고 객관적인 관점은 견지할 필요가 있다.

법인카드로 사용할 수 있는 비용에 관해서는 팀장에게 상당한 재량이 있다고 할 수 있으므로, 행위 자체로 차별적 의사가 얼마간 추정되는 단톡방 참여 배제와는 달리 보아야 한다는 점을 유념하면서, 영업팀 내 법인카드 상향 조정에 관한 관행, 비용 처리상 불이익을 받았는지, 실제로 거래처 방문은 이르다는 엄 팀장 판단에 근거가 있는지 등을 살펴야 한다.

이렇게 확인할 사항을 펼쳐 놓으면, 정 팀장은 법인카드 문제는 앞의 집단 따돌림과는 독립 사건임을 알 수 있을 것이다. 즉, 엄 팀장의 법인카드 한도 상향 거절은 카톡방 참여 배제와 연관성이 없는 서로 다른 동기와 맥락, 계기에서 일어날 수도 있는 사건이므로, 집단 따돌림이 인정된다고 해서 즉시 법인카드 사건에서 엄 팀장의 직장 내 괴롭힘이 인정되지는 않는다.

노동조사는 있는 그대로 보기가 가장 중요하다. Zoom In과 Zoom Out은 이를 실현하기 위한 방법론이다. 조사팀은 Zoom In과 Zoom Out 사이를 바삐 이동하면서 편향에 빠지지 않고 조심조심 나아가야 한다.

사실 이것은 매우 고단한 일이다. 그러나 그런 고단함을 이겨내고 있는 그대로 보려고 노력할 때 조사팀은 한 걸음 더 진상 발견에 다가갈 수 있다.

주

1 『선택설계자들(어떻게 함정을 피하고 탁월한 결정을 내릴 것인가)(원제: You're about to make a terrible mistake!)』인플루엔셜, 올리비에 시보니, 2021

06

비위행위 인정
고도의 개연성이 필요하다

제일화학의 기업영업실 황 부장이 회사에서 멀리 떨어진 자택 근처 식당에서 사적인 회식을 하고 법인카드로 결제하고 있다는 제보가 들어왔다. 이에 노동조사가 시작되었고, 조사 결과 정당한 비용 집행인지가 의심스러운 법인카드 식대 결제가 수십 건 확인되었다.

그러나 황 부장은 거래처 담당자들을 모임 참석자로 지명하면서 이들이 만날 장소로 해당 식당을 선호했을 뿐이라 변명한다. 지명된 담당자 중 대부분은 황 부장에게 위 취지에 맞는 짤막한 확인서를 써주었다.

1차 조사 후 조사팀을 이끄는 인사팀장이 팀원들에게 의견을 구해보니, 의견 대립이 팽팽하다. △ 비위행위 증거가 부족해 징계할 수 없다는 팀원이 2명 △ 확인서가 A의 요구로 작성되었음이 분명하고 내용이 지나치게 단순한 점, 문제의 식당은 허름하여 거래처 담당자와 회식에 부적절한 점 등에 비추어 A의 변명을 믿을 수 없고 징계할 수 있다는 팀원이 2명이다.

캐스팅보트를 쥔 인사팀장은, 조사 중 일부 회식의 배경과 참석자에 관해 A가 말을 바꾼 점을 떠올리며, 징계 가능 쪽으로 마음이 기운다.

위 사례는 각 입장을 지지하는 팀원 수를 기준으로 하면, 아주 확실한 정도는 아니지만 비위행위가 있다는 정도의 확실성으로 비위행위가 입증된 사안이라고 할 수 있다.

이러한 상황(편의상 '50%+α 상황'이라 하자)은 실무상 흔히 나타난다. 비위행위의 직접 증거를 찾지 못하는 경우가 많고, 징계혐의자가 필사적으로 변명을 하기 마련이며, 기업은 강제 조사권이 없는 것 등이 배경이다.

위 사안에서 황 부장의 법인카드 부정 사용을 인사팀장의 판단에 따라 사실로 보고 징계를 해도 될까? 달리 말해 △ 조사팀이 노동조사 결과, 비위행위가 인정될 가능성이 그 반대의 가능성보다 조금이라도 더 높다는 판단을 내렸고 △ 그 판단이 합리적 추론에 근거하여 신뢰할 만하고 △ 그 결과 법원도 조사팀이 가진 정도의 확신을 가질 것이라고 신뢰할 만하다고 한다면 징계 실행의 충분조건이 충족

될까?

십중팔구 (十中八九)의 확률

이와 관련하여 참고될 만한 대법원 판결의 사례를 소개한다.[*] 기업 물품을 무단 반출하는 차량을 검문 없이 통과시킨 경비직원을 미필적 고의에 의한 직무태만, 즉 알면서도 묵인하는 정도의 직무태만을 이유로 해고할 수 있는지가 문제 된 사안이다.

사안에서 경비직원들에게는 분명 무단 반출을 알면서도 묵인했다고 의심할 만한 정황이 있었다. 예컨대 유리벽 구조상 초소 내부에서도 통과 차량을 쉽게 볼 수 있는 점, 무단 반출 차량은 대형 덤프트럭으로, 초소 통과 과정에서 50-55 데시벨의 소음을 발생시키고 초소 앞 방지턱 때문에 서행할 수밖에 없는 점, 무단 반출 차량 앞뒤로 초소를 통과한 다른 정상 차량은 검문을 받고 현황기록부에 기재되었으나, 서로 다른 날 다른 시각에 수회에 걸쳐 무단 반출이 이루어지는 동안 무단 반출 차량에 대해서는 한 차례도 검문과 현황기록부 기재가 없는 점 등 이었다.

이 경우 경비직원들이 무단 반출을 알면서도 묵인하였다는 판단

[*] 대법원 2016. 11. 24 선고 2015두54759 판결

은 나름의 근거가 있고, 일견 유력해 보이기까지 한다. 그래서 경비업체가 고의의 직무태만을 이유로 경비직원들 전원을 해고하고, 2심 판결이** 그 해고가 정당하다고 인정한 것은 현실에서 경비직원들에게 일어날 만한 일이다.

그런데 대법원은 경비직원들의 무단 반출에 대한 미필적 고의가 입증되었다고 보지 않았다. 대법원은 해고 사실은 '고도의 개연성' 있게 증명되어야 한다고 전제하고 ① 무단 반출 적발 실패의 횟수가 경비직원 1인당으로는 두세 차례인 점 ② 초소에 차단기가 설치되지 않아 서행 통과를 하더라도 짧은 시간에 지나갈 수 있는 점 ③ 경비직원들이 무단 반출을 시도한 자와 공모를 한 정황이 없는 점 등을 들어, 미필적 고의에 대한 '고도의 개연성' 있는 증명이 없으므로 해고는 무효라고 한 것이다.

대법원이 2심 판결을 반박하기 위해 든 근거를 보면 자연스럽게 여러 생각이 떠오른다. 우선 확증편향(confirmation bias)이다. 2심 판결은 경비직원들과 무단 반출자 사이 공모 정황이 없는 점 등 경비직원에 유리한 사실을 진지하게 반박하려고 노력한 흔적이 없다.

미리 직관적 결론을 내리고, 그 결론을 뒷받침하는 사실만 편의적으로 근거로 채택한 것이라는 의심이 든다.

** 대전고등법원 2015. 9. 24 선고 2015누10351 판결

그러나 더 유의할 대목은 대법원이 징계 사실 인정을 위해 채택한 증명도 기준인 **고도의 개연성**이다. 2심 판결이 지적한 초소 구조 등은 경비직원들이 무단 반출을 알면서도 묵인했을 가능성을 높이는 정황은 맞다.

그러나 고도의 개연성은 십중팔구(十中八九)의 확률, 즉 '80% 이상 확실'한 정확도라고 수치화하여 설명한다.[1] 그렇다면 대법원 판결은 조금 단순화하면, 경비직원의 고의 무단 반출 가능성은 50%+α 상황은 될 수 있겠지만, 확증편향 탓으로 고려하지 않은 반대 근거를 계산에 넣는다면 십중팔구의 확신에 달하지 못했다고 판단한 것 아닐까?

중요한 것은 꺾이지 않는 마음

사례로 돌아간다. 앞서 고도의 개연성에 관한 논의를 고려할 때, 인사팀장은 지금 정도의 확신으로는 황 부장에 대한 징계를 유보하는 것이 맞을 것이다. 그 대신 업무 감독 및 법인카드 통제 강화 등 다른 인사조치를 실행하는 것이 더 나은 선택일 것이다.

단, 명심할 점이 있다. 위와 같은 판단 전에 고도의 개연성 기준 충족으로 한 걸음 더 나아갈 여지가 없는지 반드시 살펴야 한다는 것이다. 예컨대 인사팀장은 △ 거래처 담당자를 전수 대면조사하는 방안 △ 사내 비리 근절 캠페인을 통해 추가 제보를 받는 방안 △ 황 부장의 핸드폰이나 자동차 블랙박스에 저장된 전자기록 포렌식을 하는 방안 등 아직 실행 못 한 조사 방법을 찾아 시도해 보아야 한다.

조사 담당자에게 '고도의 개연성' 부족은 조사를 멈추라는 경고가 아니다. 조사 강도와 증거의 질을 더 높이라는 격려다.

조사 담당자는 50%+α 상황에 불과함에도 징계를 단행하는 무모함을 지양해야 한다. 그러나 시도할 방법이 남았는데 포기하는 무력함은 기업 인사의 공정성 달성의 관점에서 더 심각한 문제다. 비위행위 조사에서도 '중요한 것은 꺾이지 않는 마음'이다.

주

1 「민사소송에서 증명도 기준의 개선에 관한 연구」, 『법조 제68권 제3호』 법조협회, 김차동, 2019

07

비등기임원에 대한 노동조사

장 부사장은 이사회 구성원인 등기이사는 아니지만, 신기술개발사업 부문을 총괄하고 대표이사 사장에 직접 보고를 하고 지시를 받는다. 즉, 통상 직원과 확연히 구별되는 강력한 업무 권한을 행사하고 차별화된 지위를 누리고 있다. 법률 용어는 아니지만 속칭 '비등기임원'이다.

이러한 비등기임원의 비위행위에 대한 대응은 △ 불이익 조치에 관한 당사자의 수용 정도 △ 기존 관행과 사내 규정 등 제도적 요인 △ 법상 취급의 차이 등으로 인해 통상 직원의 비위행위 대응에 비해 특별히 고려해야 할 사항이 많다.

여기서는 제일화학 인사·법무 담당자가 노동조사를 하고 이어지는 조치를 실행하면서 반드시 염두에 두어야 하는 사항을 하나 소개한다. 그것은 노동조사를 시작하는 시점부터 장 부사장의 법적 지위

(근로기준법 보호를 받는 근로자인지, 위임관계상 수임인인지)에 대한 분쟁 위험을 정확히 평가한 바탕 하에서 조사와 그 이후 대응 방향을 신중하게 정해야 한다는 것이다.

근로자 vs 수임인

보통 기업은 임명할 때부터 비등기임원을 통상의 직원과는 처우와 지위, 의무 및 책임 등 대부분의 점에서 별도 체계를 만들어서 관리한다. 그리고 그 연장선으로 비위행위 대응에 있어서도 근로자인 통상 직원에 허용되는 절차나 지위상 보호가, 수임인인 비등기임원에게 그대로 인정되지 않는다는 입장을 취하는 경우가 많다.

이런 통상의 예에 따르면, 제일화학도 장 부사장을 해임하면서 △ 정식 소명 기회를 주지 않고 해임 통지를 대표이사 면담 때에 구두로 하는 등 근로기준법과 취업규칙상 절차를 따르지 않거나 △ 직장 내 괴롭힘에 관한 무관용 원칙, 기업 평판 위험 방지를 앞세워 신고의 진위와 증거를 엄밀히 확인하는 정식 노동조사를 생략하게 될 수 있다.

그러나 이것은 바람직하지 않다. 장 부사장 같은 비등기임원은 해임 등 불이익 조치를 받은 후 불복해 법적 분쟁이 생기는 경우, 좀 과장을 보태면 '열이면 열' 본인이 근로자이고, 근로자에 허용되는 절차 및 지위상 보호를 누리지 못하였으니 기업의 불이익 조치가 무효라는 주장을 하기 때문이다.

취업규칙상 정한 징계위원회를 열지 않은 점, 근로기준법에 정한 서면 통지를 하지 않은 점, 해임에 정당한 사유 입증이 없다는 점을 시시콜콜 지적하며 해임 무효를 주장하는 것이다.

물론 이때 제일화학은 △ 임용 경위(유통 전문성을 보고 장 부사장을 신기술개발사업 경영책임자로 특별 채용했다) △ 권한(장 부사장은 담당한 사업부문을 총괄하며 많은 부분 인사·회계를 독립적으로 운영했다) △ 처우(일반 직원보다 현저히 높은 보수와 임원에게만 주어지는 자동차, 스포츠회원권 제공 등 혜택을 받았다)를 근거로 장 부사장은 근로자가 아닌 위임계약상의 수임인이라고 대응할 것이다.

실제 대기업에서 한 부문을 총괄하는 업무책임자 역할을 수행한 비등기임원(상무)은 수임인이라고 인정된 대법원 판결도 있다.*

그러나 이러한 임용 경위 등은 기업과 비등기임원에 따라 각양각색이다. 비등기임원 근로자성을 부인한 대법원 판례가 있고, 해당 판례의 사실관계와 사안이 유사하더라도 곧바로 장 부사장이 근로자가 아니라는 결론을 내릴 수 없다.

또 비등기임원에게는 근로자 주장 근거가 될 요소가 혼재하기 마

* 대법원 2017. 11. 9 선고 2012다10959 판결

선 넘는 사람들

련이다. 다른 직원과 함께 교육을 받거나, 모회사나 대표이사 사장에게 상시 보고를 하거나 일부 중요 업무의 사전 승인을 받는 등이 그것이다. 이 점을 장 부사장이 주장하면 근로자 요소와 수임인 요소 중 어느 편이 주인지 판단이 불가피해진다.

지위 분쟁을 고려, 세심하게 대응해야

이러한 까닭에 비등기임원의 법적 지위에 대한 법적 분쟁 결과는 보통 예상이 어렵고, 법원 판단에 불복하면서 분쟁이 장기화되는 경우도 상대적으로 많다. 위에서 인용한 대법원 판결 사례에서도 원심은** 비등기임원의 근로자성을 인정했었다.

그렇다면 제일화학으로서는 장 부사장의 비위행위 대응 시 통상 직원에게 허용되는 절차, 지위상 보호가 인정되지 않는다는 입장을 별생각 없이 따르는 것이 능사가 아니다. 그 대신 아래 대응을 고려해 보아야 할 것이다.

① 우선 장 부사장을 통상 직원과 구별해서 처리해 왔는지 제도와 관행을 확인한다. 예컨대 근로계약이 아닌 위임계약을 체결하고, 사내 규정상 비등기임원과 통상 직원을 구별하고, 실제 비등기임원 해

** 서울고등법원 2011. 12. 16 선고 2011나17917 판결

임 시 통상 직원과 다른 절차를 밟아왔는지 확인하는 것이다.

② 확인 결과 그러한 제도와 관행이 확립되었다고 판단된다면, 그럼에도 장 부사장이 수임인인지에 대한 다툼 여지는 완전히 없앨 수는 없겠지만, 기업은 "장 부사장은 수임인이다. 단, 장 부사장에게 근로자에 준하는 보호를 부여하여 최대한 공정을 기한다"는 입장을 취한다.

이런 입장 하에서는 장 부사장에게 근로자와 유사한 정도의 보호가 부여되도록 노력하게 된다. 구체적으로 사내 규정상 정한 바가 있다면 그에 따라서, 없다면 이사회나 임원회의 혹은 징계위원회와 유사한 구성을 갖춘 임시위원회를 열어 소명 기회를 준다.

해임 등의 사유와 시기는 서면 통지한다. 이때 사유로는 노동조사를 거쳐 확인된 직장 내 괴롭힘을 구체적으로 열거한다. 향후 분쟁에서 "장 부사장이 근로자라 해도 해임 등의 조치에 정당한 이유가 있었을 것"이라는 주장 근거를 마련하는 것이다.

③ 이와 달리 비등기임원과 통상 직원을 구별 처리하는 제도와 관행이 확립되었다고 보기 어려우면, 한층 더 안전한 대응이 필요하다. 이때 기업의 입장은 "장 부사장의 법적 지위와 무관하게, 근로자와 동일한 절차, 지위상 보호를 부여한다. 따라서 설령 장 부사장이 근로자라도 불이익 조치는 정당하다"고 정리할 수 있다.

이에 따르면 장 부사장을 대응 목적상으로는 근로자로 간주하고

선 넘는 사람들

절차를 밟는다. 통상 직원과 동일하게 징계위원회를 소집하고, 소명 기회를 부여하며, 해고 서면 통지를 한다. 해임 등의 사유를 취업규칙상 징계사유에 대응하도록 구성한다.

해임 등의 조치에 상응하는 징계사유를 확인하기 위한 노동조사를 더욱 철저히 진행하고, 필요하면 외부 전문가에게 의뢰하고 조사 기간도 늘린다.

단, 이 경우에도 제일화학은 장 부사장을 해임 목적상 근로자로 간주하는 것이지, 법적 지위가 수임인이라는 기존의 주장은 유지하는 것이 적절하다. 제도와 관행이 충분히 갖춰지지 않았을 뿐, 기업 내에서는 장 부사장과 통상 직원의 법적 지위가 구별된다고 인식함이 보통일 것이다.

무엇보다 장 부사장을 근로자로 인정하면 기존 인사 정책과 정합성이 문제 될 위험이 있다. 제일화학은 이 점까지 고려하여 대응해야 한다.

적고 보니 제일화학은 이런 조언이 너무 기교적(?)이며, 장 부사장의 지위에 비추어 보통의 상식에 맞지 않는다고 불평할 법도 하다.

그러나 제일화학은 장 부사장의 인사조치가 위법하다고 인정될 위험을 최대한 줄이기를 최우선 목표로 삼아야 한다. 그 과정에서 겪는 번거로움은 우리 법제와 그 운영 실태상 비등기임원 지위 결정이 그만큼 세심한 주의를 요하는 미묘한 문제이기 때문에 생기는 부득이한 현상이다. 그 점을 잘 이해하고 실행상 번거로움을 최소화하기 위해 노력하는 것, 그것이 똑똑한 대응이다.

III. 직장 내 괴롭힘

01

상습적 괴롭힘 가해자
특징과 대응법

자체 브랜드의 의류 판매와 인터넷 쇼핑몰 사업을 겸하는 퍼스트무브(FirstMove)는 날로 사세가 성장하는 기업이다. 곽 상무는 풍부한 관련 업무 경험을 인정받아 외부에서 영입되어 전략개발팀을 이끌고 있었다.

그러던 어느 날, 차 사장에게 익명의 제보가 들어왔다. 곽 상무에 대한 것이었다.

〈이메일〉

보낸 사람: 퍼스트무브 기업문화를 고민하는 1인

받는 사람: 차 사장

제목: 직장 내 괴롭힘 제보

사장님 안녕하세요?

전략개발팀에 새로 영입된 곽 상무의 괴롭힘으로 인해 직속하에 있는 직원들이 스트레스를 받고 있습니다.

곽 상무는 근무를 시작한 지난 1년 동안 "야, 일루 와 봐!" 와 같은 반말은 기본이고, "바쁠 때 육아휴직 하는 것들은 모두 퇴사해야 해"라는 막말을 했습니다. 또 업무시간에 개인 심부름을 시키는 등 온갖 괴롭힘을 자행하고 있습니다.

이 사안의 심각성을 알아주시고 제대로 조사하여 곽 상무에게 합당한 징계를 내려 주시기 바랍니다.

적극적인 성격의 곽 상무가 업무를 추진력 있게 수행한다는 정도로만 알던 차 사장에게는 뜻밖의 제보였다. 인사팀 정 팀장에게 진상 파악을 지시했다.

정 팀장은 직접 조사 대신 외부 컨설팅업체를 통해 기업문화 개선을 위한 실태조사 명목으로 전략개발팀 직원들을 전수조사해 보기로 했다. 곽 상무의 조사 방해를 방지하기 위한 조치였다.

1개월 후 컨설팅업체에서 보고서가 올라왔다. 보고서에는 비록 면담 직원은 익명 처리 되었지만, 복수 직원들의 진술로 제보 내용 대부분이 확인되어 있었다. 차 사장과 정 팀장은 이 정도면 사실관계 확인은 충분하다고 보고, 곽 상무를 면담하여 해당 사실 확인을 요구했다.

그런데 곽 상무는 면담에서 예상 외의 반응을 보였다. 수십 건의 괴롭힘 사실을 모두 부인하고, 직원들을 비난하거나 납득이 안 되는 변명으로 일관한 것이다. 억울함에 언뜻 눈물을 비치기까지 했다. 정말 그렇게 믿는 것 같았다.

본인은 능력, 경험, 의욕이 부족한 팀원들을 앞장서서 이끌면서 팀의 성공을 주도한 사람이었다. 뒤이은 자진 사직 요구도 당연히 거부했다. 결국 곽 상무는 대기발령 후 정식절차를 거쳐 해임되었는데, 해임되자마자 노동위원회에 부당해고 구제신청을 제기하였다.

분쟁 절차가 진행되면서 초기에는 전략개발팀 직원 어느 누구도 피해 사실을 적극적으로 밝히려 하지 않았다. 그러나 곽 상무가 복직을 확신하고 있고 직원들을 거짓말쟁이로 몰아붙이고 있다는 것을 알게 되자, 달라졌다. 두려움을 무릅쓰고 심문기일에 모두 출석하여 곽 상무 앞에서 괴롭힘 사실을 낱낱이 밝힌 것이다. 심문기일에 그렇게 많은 직원들이 참여해 공개적으로 발언한다는 사실 그 자체가 진실이 무엇인지 명확히 보여주었다.

그 후 우여곡절 끝에 곽 상무는 일정한 위로금을 받고 자진 퇴사하기로 하고 퍼스트무브를 떠나게 되었다. 그러나 여전히 반성의 빛은 없었다. 오히려 어려운 상황에서 회사를 구해 놓았더니 성과급을 주지 않으려고 억지로 일을 꾸며 토사구팽 시켰다고 떠들고 다닌다는 이야기가 전해졌다.

불통의 세계에 사는 사람들

위 사례는 오래전 맡았던 일이지만 지금도 생생히 기억나는 사건이다. 최대한 각색, 변용하고 간략하게 정리한 것이다.

이 사건은 개인적으로 특별하다. 당시에는 그런 이름을 붙이지는 않았지만, 오피스 빌런에 대해 처음으로 본격 관심을 가지게 해준 계기가 된 사건이기 때문이다.

그때까지 많은 징계 사건을 처리하면서 다양한 가해자를 만났지만, 여러 직원의 한결같은 진술로 뒷받침되는 사실과 본인의 인식 차이가 그렇게 큰 사람은 곽 상무가 처음이었다. 그런데도 스스로가 정당성을 확신하는 태도도 참 낯설고 충격적이었다.

나는 해임을 통보하는 자리에서 그리고 이후 조사 면담 과정과 퇴사 협상 절차에 이르기까지 여러 차례 그를 만났다. 그때마다 진심으로 정당성을 확신하는 자만이 가질 법한 억울함과 분노 에너지를 생생하게 느꼈다.

하지만 기록을 아무리 다시 보아도, 또 피해 직원을 만나서 이야기를 들어 보아도, 그의 언행은 잘못이 분명했고 변명의 여지가 없었다. 당시 나는 곽 상무를 아주 특이한 사람 정도로 생각했고, 사건이 끝난 후에는 언제 어디서 또 그런 사람을 만나랴 싶었다.

그런데 이후 괴롭힘 사건을 다루면서 곽 상무와 같은 사람이 사실 전형적 인물이라는 것을, 즉 동류의 다른 사람들이 제법 많다는 것을 알게 되었다. 또 다른 곽 상무들을 만나고 또 만난 것이다. 그전에도 곽 상무들은 계속 있었는데 내가 알아채지 못하고 지나간 것인지도 모르겠다.

상습적 가해자의 특징

이런 부류는 피해 직원이나 주변인들과 서로 인식상 접점이 없는 자신만의 세계에서 살면서, 피해 직원이 직장 내 괴롭힘으로 판단하는 사건을 자기식으로 전혀 다르게 해석한다. 외딴섬 같은 그들의 불통의 세계에서는 자신의 막말과 반말은 친밀함의 표시이고, 개인적 심부름은 상대방이 기꺼이 도와준 일이다. 육아휴직이나 조기퇴근에 대한 질책은 애정 어린 업무 독려로 둔갑한다.

이들은 본인의 그런 언동으로 피해 직원이 정신적 고통을 겪었다는 것을 쉽게 납득하지 못한다. 그래서 신고가 이루어지면 받아들이지 못하고 신고자들의 오해라고 하거나 그들의 민감함을 탓한다. 또 본인을 표적 조사 희생양으로 보는 경향도 두드러진다.[1]

그 부류에 속하는 또 다른 상습적 가해자에 관한 일화다. 직원들

앞에서 부하직원A를 놀리고 무시하는 모욕적 언사를 오래 반복하여, A로부터 여러 차례 항의를 받다 결국 신고를 당한 부서장이었다.

한참 면담을 하다가, 그는 나에게 갑자기 "A(피해 직원)가 아니라 다른 직원이 신고한 것 같은데 도대체 누굽니까?"라는 질문을 했다. 깜짝 놀랐다. 피해 직원이 신고한 사실을 알려주지 않았지만, 나의 질문 내용이나 정황상 피해 직원이 신고자임을 그가 모를 리 없다고 생각했었기 때문이다. 게다가 무엇보다 본인이 A에 저지른 일이 있지 않은가.

'뻔히 신고자를 알 텐데, 뭔가 알아내려고 나를 떠보는 걸까?' 싶어 나는 왜 그런 질문을 하는지 물어보았다. 그랬더니 "A는 나를 따르고, 워낙 사이가 좋습니다. 그래서 A는 신고했을 리 없는데, 그렇다면 자기와 관계도 없는 사안에서 누가 신고했을지 궁금해서요."라는 답변이 돌아왔다.

그는 정말 몰랐던 것이다. 나는 신고자를 알려주지 않았다.

이들에게는 이런 둔감함과 공감 능력 부족이, 문제 언행을 악화하는 상수로 작용하였을 것이다. 알려진 피해 직원에게만 이런 태도를 보인 것이 아니라 다른 괴롭힘을 했을 가능성도 크다. 즉, 해당 신고로 밝혀진 것은 빙산의 일각일 수 있다.

광범위하고 철저한 조사

이들 상습적 가해자를 대할 때, 기업은 특히 장기적인 관점을 가져야 한다. 당장 눈앞에 신고된 사건의 해결만이 중요한 것이 아니다, 이 기회에 근본적으로 문제를 파헤쳐서 어떤 매듭을 짓고 발전적 변화의 계기를 만들겠다, 우호적 업무환경 조성에 해를 끼칠 수 있는 위험 요소를 사전에 제거한다와 같은 각오로 대응해야 한다.

이들의 문제 행동은 인격·업무관·동료관·기타 무엇이라 칭하건, 어느 정도 주변의 환경적 영향과 독립된 그들 내면 문제에서 비롯된다. 그런 내면 문제로 나타난 경향(공감 능력 부족, 반성력 결여)은 쉽게 개선되지 않는다. 어지간한 예방 노력과 관리 감독 없이는 사내에서 지속적으로 문제를 일으키는 원인으로 작용할 가능성이 크다.

기업은 이 점을 염두에 두면서 현실적 목표를 정해 가해자와 관계를 정립해 나가야 한다.

당장의 현실적 목표로는 어떤 것이 있을까? 대개 법이 허용하는 가장 강력한 징계를 내린 후 가해자를 재직하게 하되, 본인 반성을 유도하고 철저한 사후관리와 감독을 하는 방안과 해고, 권고사직, 합의퇴사로 기업을 떠나도록 하는 방안 2가지 중 하나가 선택지가 된다.

어느 선택지가 그 기업에 맞는지는 그때그때 다르니 일률적으로 말하기는 어렵다.

단, 어느 선택지를 고르든 간에 조사 범위를 넓히고 철저하게 사실조사에 임하는 것은 반드시 필요하다. 조사 과정에서 피해 직원 등으로부터 그와 관련된 추가 문제 행동의 확인과 제보가 이루어지도록 시도하고, 추가 확인된 행동까지 포함한 광범위한 조사를 해야 한다.

상습적 가해자는 내면 문제에서 비롯된 문제 행동을 이번 신고 이전에도 일상적으로 했을 가능성이 많고(그래서 범위를 확대해서 조사하면 징계 대상이 되는 문제 행동이 쏟아져 나올 수 있다), 그런 숨겨진 괴롭힘까지 모두 밝혀내어 해고를 포함한 가장 강력한 징계를 하려는 것이 1차 목표가 되기 때문이다.

철저한 사실조사의 중요성은 모든 징계에 해당한다. 하지만 상습적 가해자 조사에서 그 중요성을 특히 강조하는 데는 특별한 이유가 있다.

곽 상무 사례에서도 볼 수 있듯이 이들은 징계를 받으면 잘못을 인정하기보다는 법적 조치를 하는 쪽으로 대응 방향을 정할 가능성이 매우 높다. 본인 인식에서는 잘못을 범한 것이 없으므로 중징계는 억울하다, 법적 공방을 하면 유리한 결과가 나온다고 믿기 때문이다.

그렇다면 이들을 상대로 하는 조사에서는 초기부터 향후 중징계 사유를 입증할 진술을 빠짐없이 확보하고 진술자들이 퇴사하거나 협조하지 못할 때를 대비하여 진술을 모두 서면화해두는 것이 특히 중요해진다.

자체 조사를 하더라도 처음에 조사할 사실이 많고 절차적으로 민감한 사항이 있다면 외부 전문가에게 조사를 맡기는 것도 좋은 방법이다. 그 외에도 기업이 내리려는 중징계 조치가 다른 사례에 비하여 너무 과하지 않고 적정한지에 대해 법률 전문가에게 미리 의견을 받아두는 것도 고려해야 한다.

광범위하고 철저한 조사는 인사 운영상으로도 큰 의미가 있다. 상습적 가해자로 인해 정신적 고통을 겪은 직원들은 기업의 조사 경과와 조치를 촉각을 세우고 지켜본다. 이들에게는 기업이 신고에 응해 광범위하고 철저한 조사에 나서는 것을 인식하는 자체가, 그나마 마음의 상처를 치유하고 기업에 대한 신뢰를 회복하는 계기가 된다.

또 조사를 통해 사내 커뮤니케이션과 기업 문화상 문제점을 파악하면 그 문제를 해결하기 위한 사내 교육 등 컴플라이언스 개선 활동을 효과적으로 펼칠 수 있다.

주

1 「오피스 빌런, 심리와 법으로 대응하기」, 『HR Insight 2022년 11월 810호』 HR Insight, 2022는 김경일 교수가 상습적 괴롭힘 가해자 심리라고 말한 세 가지 유형을 소개한다. ① 자신의 괴롭힘이 이후에 좋은 결과를 가져올 것이라고 정당화하는 유형 ② 자신이 혐오하는 사람이 고통받는 상황에서 쾌감을 느끼기 때문에 괴롭히는 유형 ③ 진심으로 헛소리하는 유형이 그것이다. 내 기억 속의 곽 상무는 세 가지 유형의 특징이 골고루 섞여 있다고 보아야 할 것 같다.

가해자와 퇴사 협상
서두르지 마라

앞 편에서 다룬 곽 상무와 같은 상습적 가해자와 기업은 권고사직, 합의퇴사로 헤어지는 경우가 많다. 그런데 이때 기업의 현명한 협상 전략이 무엇인지가 항상 문제가 된다. 이런 경우, 기업에 조언하는 내용이 있다. 한마디로 해고 등 중징계를 우선적으로 고려할 것이며, 권고사직 등의 협상에 과도하게 매달리지 말라는 것이다.

협상 시도 전에 갖추어야 할 조건

이들과 헤어질 결심을 했다면 권고사직, 합의퇴사는 기업에게 충분히 매력적인 대안이다. 상습적 가해자들은 대체로 기업에서 높은 지위와 권한을 가지는 경우가 많다. 이들이 권고사직, 합의퇴사를 통해 조용히 그리고 신속하게 기업을 떠나는 것은 사내 분위기나 질서 유지에 도움이 된다.

권고사직, 합의퇴사가 없다면 해고와 그 이후 분쟁 과정에서 기업의 시간과 노력이 많이 드는 것도 고려 요소다. 이러한 혜택을 생각하면 약간의 위로금 내지 합의금을 지급하거나 퇴사 시기, 조건에 관하여 양보하는 것은 감수할 수도 있다.

그러나 내 경험에 의하면 이들과 권고사직, 합의퇴사 협상이 원만히 해결되려면 전제 조건이 있다. ① 원만한 협상이 이루어지지 않으면 모든 수단을 동원해서 기업이 끝까지 해임 내지 해고를 관철할 것이라는 대응 의지를 보이고 ② 그렇게 보인 의지 실현을 뒷받침할 만한 증거 등이 잘 준비되어 있다는 점을 이들이 인식해야 한다는 것이다.

이 조건이 충족되지 않으면 기업이 이례적으로 좋은 조건을 제시하더라도, 이들과의 협상은 원만하게 진행되지 않을 위험이 크다.

왜 그럴까? 해당 가해자에게 특유한 다른 원인이 있을 수도 있겠지만, 무엇보다 이들의 자아관, 스스로의 행동에 대한 평가에 문제가 있기 때문이다.

앞서 이야기했듯이 이들은 자기의 문제 행동을 피해 직원이나 기업과는 전혀 다른 관점에서 보고 있을 가능성이 많다. 이들의 세계관에서 자신은 아무 잘못이 없는 선량하고 괜찮은 사람이다. 운이 나쁘게 혹은 다른 직원들의 과민함, 모함, 회사의 음모에 의해 곤경에 처한 억울한 사람인 것이다.

그렇다면 기업이 협상 과정에서 제시하는 퇴사 조건은, 기업 입장에서는 관대하더라도 그들에게는 너무 부족한 것으로 받아들여질 수 있다. 아니면 부당한 협박이거나, 기업 스스로 약점을 시인하는 것으로 이해될 수도 있다.

따라서 기업이 너무 이른 시기에 협상을 시작하면, 그 협상은 성공하기 어렵다.

그렇다면 자연스레 기업이 할 바가 나온다. 광범위하고 철저한 사실조사를 바탕으로 해고를 통한 일방적 퇴사를 우선적으로 시도하는 것이다.

조사와 해고 과정에서 가해자의 자진 사직 의사를 타진해 볼 수는 있다. 하지만 앞서 언급한 협상에 유리한 조건들이 충족되는 시기가 오기 전에는, 타진을 넘어 진지한 협상 시도까지는 나아가지 않는 것이 맞다. 권고사직과 합의 퇴직을 염두에 두더라도 상습적 가해자 대응에서 이를 최우선으로 추진하지 말라는 것이다.

역설적이지만 그렇게 기업이 우선순위를 낮추어야 원만하게 자진 사직이 이루어질 확률이 높아진다. 이들은 반성적 고려에서 혹은 본인에 쏟아질 비난을 고려하여 자진 퇴사하지 않는다. 본인에게 남은 유일한 합리적인 선택이기 때문에 퇴사를 고려한다.

그렇다면 그들이 퇴사를 진지하게 고려할 상황을 조성하는 것이 우선이다. 협상은 그 다음에 시작하는 것이 맞다.

곽 상무 이야기

실제 내가 겪은 곽 상무 사례에서도 조사 단계에서 합의퇴사가 논의되었다. 그러나 곽 상무는 합의금으로 사실상 정년까지 급여 전액에 해당하는 무리한 조건을 요구하고, 전혀 양보할 의사가 없었다.

합리적 조건으로 극적 퇴사 합의가 이루어진 것은 퍼스트무브의 설득으로 전략개발팀 직원들이 노동위원회 심문기일에 출석해 곽 상무 앞에서 문제 행동을 낱낱이 진술한 다음의 일이었다. 그때 곽 상무는 처음으로 대리인을 통해 협상에 임할 뜻을 보였다.

노동위원회는 현명하게도 판정을 일주일 연기해 주었고, 그 사이에 처음 곽 상무가 요구한 금액에 현저히 못 미치는 금액으로 합의했다.

누가 알랴마는, 나는 곽 상무의 성격이나 협상에서 보인 태도를 볼 때 스스로 잘못을 인정하거나 반성한 것은 아니라고 생각한다. 심문기일에서 퍼스트무브의 강력한 대응 의지를 인식하고 본인의 패소 가능성을 처음으로 깨닫게 된 것이 협상에 나서기로 하는 결심에 결정적 영향을 주었을 것이다.

악성 신고자
어디까지 보호해야 하나

퍼스트무브의 인터넷 쇼핑몰 입주사 중 뷰티산업 담당인 강 대리는 본인 업무를 거래처 담당자에게 떠넘기고, 담당자의 사소한 실수도 그냥 넘기지 않고 막말로 비난하는 등 온갖 갑질을 하는 것으로 악명이 높았다. 급기야 참다못한 거래처 사장이 강 대리의 직근 상사 정 과장에게 정식 항의하는 일이 발생했다.

그렇지 않아도 근태와 성과평가가 나쁘던 강 대리로 인해 골치를 앓던 정 과장은, 항의를 받은 후 강 대리와 업무태도 개선을 위한 상담을 몇 차례 진행했다. 그러나 거래처를 대하는 태도는 개선되지 않았다.

결국 정 과장은 인사팀과 상의해 강 대리를 다른 부서로 배치전환하기로 하였는데, 이를 눈치챈 강 대리의 반격이 시작되었다. 돌연 정 과장을 직장 내 괴롭힘 가해자로 신고한 것이다. 본인과 상담하는 과정에서 부당하게 사직을 강요하고, 평소에도 본인의 업무 실적을 깎아내리면서 부당한 평가를 하고, 회식이나 점심식사 같은 여러 팀 모임에서 본인만 따돌리기를 했다는 것이다.

이 괴롭힘 신고가 받아들여지지 않고 예정대로 배치전환이 실행되자, 이번에는 강 대리의 배치전환 조치가 괴롭힘 신고를 이유로 한 불리한 처우임을 주장하면서 노동청에 진정을 했다. 그리고 노동위원회에 배치전환 조치가 무효임을 주장하는 구제신청을 했다.

강 대리의 노동청 진정과 지방노동위원회 구체신청은 결국 인정되지 않았고, 종국에는 강 대리도 배치전환을 받아들였다. 외견상 문제는 해결되었다. 하지만 후유증이 만만치 않았다.

우선 그 해결까지 수개월의 시간이 걸렸다. 그동안 정 과장은 마음을 졸이면서 퍼스트무브 감사팀과 노동청에서 여러 차례 조사를 받았고, 노동위원회 심문기일에는 직접 나가서 강 대리 앞에서 진술했다.

마음 약한 정 과장은 조사가 진행될 때 도저히 일에 집중하기 어려웠다. 조사를 받을 때마다 옆에서 보기 안쓰러울 정도로 심한 스트레스를 받고 급기야 정신과 치료를 받았다. 강 대리 입장을 지지하는 일부 팀원들이 정 과장을 차갑게 대하면서 팀원들과의 사이도 점점 멀어졌다. 결국 정 과장은 사표를 쓰고 회사를 떠났다.

위 사례는 직장 내 괴롭힘 제도상 신고가 악용되는 경우의 부작용을 보여주기 위해 실제 사례를 토대로 만들어 본 것이다. 기업에는 강 대리와 같은 악성 신고자 유형의 사람이 꽤 많다.[1] 웬만한 회사에는 이들의 이야기가 전설처럼 전해 내려오거나 현재 진행형이다. 아마 독자 중에서도 이런 악성 신고인들 때문에 고생한 동료에 대한 이야기를 듣거나, 운이 나빠서 직접 그 쓴 맛을 경험한 분도 있을 것이다.

직장 내 괴롭힘 제도상 신고를 악용하는 악성 신고자

허위 신고, 과장 신고로 억울하게 가해자로 지목된 자가 나타나고 대응을 위해 기업의 소중한 자원이 낭비된다. 악성 신고자의 위선적, 공격적 태도는 억울하게 가해자로 지목된 직원은 물론 지켜보는 임직원들에게 혐오감을 불러일으키며 조직 충성도와 사기를 저하시킨다.[2]

기업 노동변호사라는 직업적 특수성 때문에 나는 기업으로부터 악성 신고자 대응 방안에 대해 수시로 자문 의뢰를 받는다. 그래서 악성 신고자 몇 명은 언제나 머리에 담아 두고 산다.(이 글을 쓰는 지금 도 그렇다)

보통 처음 자문 단계에서는 직접 조사까지 담당하는 경우가 아닌 이상 인사·법무 담당자로부터 전해 듣거나 보고서 등을 읽으며 간 접적으로 이들의 만행(?)을 알 뿐이고, 이들을 직접 대면하지 못한다. 그러다 징계위원회, 노동위원회, 법원 등에서 어쩌다 마주치는데, 어 떤 사람일까 자주 상상하면서 이런저런 생각을 해오다가 만나다 보 니, 실제로 만나면 처음이지만 오래 알고 지내던 사람처럼 느껴지기 도 한다.

그 경험에 비추어 보면, 사례의 강 대리는 악성 신고자들 중에서 는 점잖은 편에 속한다. 현실에는 더 비난받아 마땅한 이들이 숱하 다. 강 대리는 (그래도 억지로 편을 들어 준다면) 본인이 예상치 못한 배치 전환이라는 상황에 직면해 다소 과하게 대응했다고 말할 수도 있다.

그러나 매사에 기업의 모든 조치를 색안경을 끼고 보고, 본인과 접촉하는 다수의 직원들을 아주 사소한 일까지 꼬투리를 잡아 괴롭 힘 신고를 하는 악성 신고자도 있다. 본인 열등감이나 어떤 피해의식 을 직장에서 엉뚱한 이들에게 투사하는 것이다.

신고 악용 사례는 전체 신고의 몇 %, 이런 식으로 수량화할 수는 없다. 하지만 직·간접 경험에 기대어 짐작해 보면, 최소한 인사담당자가 무시할 수 없을 정도로는 많은 것 같다.[3]

극단적 괴롭힘에 대한 사례가 언론이나 판결로 자주 소개되고, 그때마다 사회적 비난 대상이 되는 것에 비해 신고 악용 사례는 널리 소개되거나 비난 받지는 않는다. 그러나 그렇다고 해서 악용의 빈도나 부정적 효과가 무시할 만큼 작다는 뜻은 아니다.

부정한 의도로 행하는 신고와 정상적 신고는 하나의 신고에 섞여 있는 경우가 많다. 내면의 부정한 의도를 명백히 밝히기 어렵다. 너무 적극적으로 대응하다가는 자칫 부작용이 더 커질 수 있다.

결국 이런 이유들로 신고 악용은 짐작이 가더라도 쉬쉬하며 덮는 경우가 많다. 그 결과 해당 기업의 인사담당자와 신고로 영향을 받는 주변인들 외에는 잘 모르고 넘어간다. 그래서 기업 밖에서는 잘 보이지 않을 뿐이다.

참고할 만한 것으로, 직접 직장 내 괴롭힘에 관한 것은 아니지만 언론보도로 널리 알려진 유명한 직원의 허위 신고 사건이 있다.[4] 2013년에 있었던 서울시 산하 공공기관의 사례인데, 직원들이 해당 공공기관 대표를 폭행, 성추행 등을 범했다고 폭로하면서 집단적으로 공개 비난하여 결국 대표가 퇴임했다.

그러나 그 후 이어진 형사재판 과정에서 직원들이 카톡으로 대표 퇴임 전략을 조직적으로 세우고, 서로 "과장, 거짓말 양념, 무조건 이기도록 만들어야 한다"는 등의 대화를 나누면서 허위 사실을 꾸며낸 점이 드러났다.

처음 폭로 당시 대표가 여론으로부터 가해자로 지목되어 무차별적으로 온갖 인신공격을 당했던 것을 생각하면 참 허탈하고 안타깝다. 공정한 인사란 무엇인지, 신고 악용은 어떻게 대응해야 하는지에 관하여 많은 생각할 거리와 숙제를 남긴 반전 있는 결말이었다.

기업의 자구노력

사례에서 퍼스트무브는 강 대리 같은 악성 신고자가 발견되면 쉽게 넘어가지 않는다고 각오를 다지고 본격 대응을 해야 한다.

괴롭힘 제도가 정착되고 괴롭힘 신고가 늘어나면서 악성 신고자도 자연스럽게 등장하기 마련이다. 기업이 이런 직원을 적시에 제재하지 않고 활개 칠 여지를 주면, 날이 갈수록 사내에 정 과장 같은 억울한 희생자가 늘어난다. 직장 내 괴롭힘 제도에 대한 신뢰를 떨어트리고, 기업 자원을 낭비하게 된다.

직장 내 괴롭힘 신고의 악용 문제를 해결하려면 근본적으로는 △ 기업 차원에서는 악성 신고를 밝혀내 그 악성 신고자에 대한 징계 등 조치를 엄격하게 실행하고 △ 우리 사회 차원에서는 직장 내 괴롭힘의 정의에 지속성과 반복성을 요하도록 하는 법률 개정이 이루어지는 것이 맞을 것이다.[5]

하지만 뒤의 법률 개정은, 직장 내 괴롭힘이 정식 입법화된 지 이제 3년이 막 지났을 뿐이니 더 지켜보자고 할 수도 있다. 이런 법률 개정은 이루어지더라도 사회적 합의가 필요한 지난한 일이다. 그 개정만 기다릴 수는 없는 노릇이다.

그 전에 기업과 담당자들이 앞의 기업의 자구노력(自救勞力)을 할 수밖에 없다. 즉, 공정한 인사제도 운영을 위해 노력하고, 악성 신고를 잘 가려내는 조사 능력을 키우고, 직장 내 괴롭힘 제도가 악용되고 있지 않은지 촉각을 세우는 수밖에 없을 것이다.

균형 잡힌 대응

단, 이런 악용 가능성을 항상 경계해야 하는 한편으로 직장 내 괴롭힘 제도에서는 신고자 보호가 앞서야 한다는 것이 원칙인 점은 잊어서는 안 된다.

우리 법상 직장 내 괴롭힘 신고자는 특별한 보호를 받는다. 직장 내 괴롭힘 제도 취지상 당연하다. 이는 법에서 괴롭힘 신고를 이유로 불리한 처우를 하면 형사처벌 대상이 되도록 명시적으로 정한 점에서 단적으로 나타난다.

근로기준법상 사용자(기업 등)는 직장 내 괴롭힘 발생 사실을 신고한 근로자 및 피해근로자 등에게 해고나 그 밖의 불리한 처우를 하여서는 아니 되고, 이를 위반한 경우 3년 이하의 징역 또는 3천만 원 이

하의 벌금에 처해질 수 있다.[6] 직장 내 괴롭힘과 관련한 사용자의 규정 위반과 관련하여 형사 책임을 지우는 유일한 경우이다.

괴롭힘 신고자에 대해서 배치전환이 이루어진 사례에서, 법원은 해당 배치전환은 비록 새로운 전보지의 객관적 근무환경이 더 나은 사실이 인정되더라도, 신고자인 피해근로자의 주관적 의사를 가장 중요한 요소로 삼아서 불리한 처우인지를 판단해야 한다고 했다.

이어서 피해근로자의 의사를 묻지 않고 배치전환을 하고 편파적으로 가해자에게만 징계위원회에서 변명할 기회를 주는 등의 불공정한 조치를 한 기업에 대해, 배치전환이 현행 규범에 못 미치는 매우 낮은 수준으로 근로자를 대상화하고 인식하는 것에 기인한 불리한 처우임을 이유로 기업 대표이사에게 징역 6월, 집행유예 2년의 중한 처벌을 내렸다.*

이 판결은 우리 직장 내 괴롭힘에 관한 근로기준법 규정이 괴롭힘 신고자의 보호를 무엇보다 중요하게 여긴다는 점을 단적으로 보여주는 사례라 할 수 있다.

결국 기업은 악성 신고자에 대한 엄격한 대처와, 신고자 보호 사이에서 균형 잡힌 대응을 해나갈 수밖에 없다. 일견 모순적으로 보

---

* 청주지방법원 충주지원 2021. 4. 6 선고 2020고단245 판결

이는 두 요청 사이에서 기업이 균형을 잡기란 쉽지 않지만, 그렇다고 악성 신고자의 폐해가 점점 커져가는 현실에서 손 놓고 있을 수는 없다. 해결책을 찾기 위해 모두 지혜를 모아야 할 것이다.

진정한 악성신고와 부적절 신고

이와 관련하여 나의 제안은 기업은 종종 악성 신고로 뭉뚱그려 인식되는 문제성 신고를 진정한 악성 신고와 부적절 신고로 나누고, 유형별로 달리 대응하자는 것이다.

우선, 피해 회복이 아니라 피신고자 괴롭히기, 개인적 이익을 목적으로 하는 악의적 신고, 있지도 않은 피해를 지어내는 허위 신고, 사소한 잘못을 모두 직장 내 괴롭힘으로 몰아세우는 상습적·반복적 신고는 진정한 악성신고라 할 수 있다.

이런 신고는 기업과 피신고인, 목격자에 미치는 악영향이 크다. 기업은 적극적으로 대응하여 근절하는 것을 목표로 삼아야 한다. 철저한 노동조사를 통해 악의와 허위를 입증하는 것이 관건이다.

하지만 오해에서 비롯하는 착각 신고, 예민한 성격에서 비롯하는 과민 신고, 흥분상태나 표현 문제로 피해를 과장한 정도에 불과한 과장 신고는 부적절 신고라 할 수 있다.

기업은 이런 신고를 삼가도록 교육하고 캠페인을 할 수 있지만,

신고인에게 책임을 묻는 것은 지양해야 한다. 그러한 신고까지 규제하면 정상적인 신고까지 위축될 수 있기 때문이다. 또한 신고를 근거로 하는 불이익 조치를 이유로 형사책임이 인정될 수도 있다.

양자는 이론적으로는 구별 가능하지만, 실제로는 구별이 애매할 수 있다. 그 경우 일단 신고자에게 유리하게 부적절 신고라고 보고 대응하는 것이 온당하다.

단, 처음에는 부적절 신고라고 보았더라도 조사 과정에서 신고인의 악의 및 허위성이 드러나거나, 피신고자가 악의·허위 문제를 지적하는 경우, 진정한 악성 신고일 가능성을 다시 검토해야 한다. 즉, 부적절 신고의 지위는 잠정적이다.

주

1 『을(乙)의 가면』 박영스토리, 서유정, 2023 이 책에서는 설문조사와 면담조사를 통해 저자가 거짓 신고로 확인한 126명의 피신고인/목격자 사례를 상세히 소개하고, 거짓 신고인들이 어떤 사람들인지, 거짓신고를 왜 막기 힘든지 등 거짓 신고 문제를 정면에서 다루고 있다.

2 「직장 내 괴롭힘 허위 신고 사례 분석」, 『노동정책연구 제23권 제1호』 한국노동연구원, 서유정·박윤희, 2023에 의하면, 허위 신고는 피신고인에게 조직 및 동료에 대한 신뢰도 하락, 생산성 하락, 퇴사 의사의 증가라는 문제를 불러일으킬 뿐만 아니라, 목격자에게도 (피신고인보다 낮은 수준이지만) 동일한 효과를 낳는다고 한다. 목격자에 대한 허위신고의 효과를 '허위신고의 물결효과'라고 칭하고 있다.

3 〈직장 내 괴롭힘 신고와 조치 과정에서의 실무상 쟁점(실무자가 전하는 실무 이야기 ①)〉 노동법률, 2023. 4. 10에서는 인사담당자(HR컴플라이언스 팀장)가 신고가 악용되는 사례를 소개하고 있다. 구체적으로 ① 조직 내 저성과자나 부적응자가 오히려 직장 내 괴롭힘의 신고근로자가 되는 경우 ② 허위 사실에 기반을 둔 신고이거나 근로자 간 갈등 상황이 직장 내 괴롭힘으로 신고가 된 경우 ③ 퇴직 근로자가 구직급여 수급 신청 시 퇴직 사유를 직장 내 괴롭힘으로 작성하기 위하여 대체로 사안이 매우 경미하거나 신고근로자 본인의 조직 부적응 또는 단순 갈등 상황을 직장 내 괴롭힘으로 신고하는 경우 등이다.

4 〈성추행 누명 벗은 박현정... 시향 직원들 무고명예훼손 소송 향방은〉 한국일보, 2022. 10. 1과 〈'뒤집힌 남자 직원의 미투' 그날 서울시향 회식선 무슨 일이〉 한국일보, 2022. 10. 1

5 「직장 내 괴롭힘의 허위 신고 실태와 과제」, 『THE HRD REVIEW 25권 4호』 한국직업능력연구원, 2022는 허위 신고 예방을 위한 사업장의 대응 역량 강화가 필요하다고 하면서, 직장 내 괴롭힘의 법적 정의가 개선될 필요를 언급한다. 그대로 옮기면 다음과 같다. "먼저 직장 내 괴롭힘 성립 여부를 객관적으로 판단할 기준이 마련되어야 한다. 현재 주관적 해석에 의존하는 우리나라의 직장 내 괴롭힘의 법적 정의가 개선될 필요가 있다. 즉, 직장 내 괴롭힘 금지법을 시행하고 있는 여러 국가처럼 괴롭힘 판단을 위한 반복성 또는 지속성의 기준을 수립하여 공정한 판단을 도와야 하는 것이다."

6 근로기준법 제76조의 3 제6항, 제109조 제1항

04

과민한 피해자
균형을 잡아야 한다

퍼스트무브의 신규사업개발팀에 입사한 지 3개월도 안 된 박 대리로부터 직장 내 괴롭힘 신고가 접수되었다.

팀에 들어온 직후부터 원래 다른 지원자 채용을 선호했던 강 팀장이 자기를 심하게 무시했다는 것이다. 급기야 매주 열리는 정기회의에서 자기 제안을 깎아내리고, 의견 표명을 강요하고, 준비 부족을 이유로 다른 팀원 앞에서 공개적으로 모욕을 주어 그 충격으로 심각한 고통을 겪고 있다는 취지였다.

박 대리는 1개월 안정과 치료를 요한다는 의사 진단서와 함께 녹취파일을 제출하고, 향후 같이 업무를 할 수 없으니 강 팀장을 다른 팀으로 옮겨 달라고 요구했다.

인사팀장인 정 팀장이 파일을 들어봤다. 회의 도중 강 팀장은 박 대리에게 △ "근거가 뭔가요. 근거와 같이 이야기 해주세요." △ "더 이상 미룰 수 없습니다. 의견을 이제 분명히 밝히세요." △ "여전히 준비가 부족하네요. 그만합시다. 아쉽네요"와 같은 발언을 했고, 마지막 발언을 할 때는 약간 언성이 높아졌다.

인사팀 정 팀장은 신규사업개발팀의 강 팀장을 불러 박 대리의 신고 사실을 알리고, 경위를 파악해 보았다.

면담에서 강 팀장은 박 대리에게 질책성 발언을 한 사실 자체는 인정했다. 그러나 그 질책은 여러 차례 지시했는데도 거래처 방문 확인을 하지 않은 채 회의에 참석했고, 마지막 회의임을 사전에 알렸는데도 부서 협의를 핑계로 최종 의견을 내지 않아서 이를 지적하기 위해 이루어진 것이라고 했다. 박 대리가 오해할까 싶어 목소리 톤도 최대한 부드럽게 하는 등 전달 방법 역시 문제가 없다는 입장이었다.

당시 회의에 참석한 다른 팀원 10명도 전수 조사했다. 그중 1명은 "강 팀장이 평소 박 대리의 업무태도에 불만이 많았고, 그 때문에 약간 심하게 질책했다"고 했다. 그런데 나머지 직원 9명은 모두 "업무상 가능한 질책이었다"는 취지로 진술했다.

정 팀장은 혼란에 빠졌다. 의사 진단서까지 첨부된 박 대리의 신고를 처음 받아 보았을 때는, 이 사안이 전형적인 직장 내 괴롭힘 사례이며 어쩌면 강 팀장이 상습적일 가능성도 있다고 생각하고 조사를 진행했다. 그러나 녹취파일을 듣고 당시 회의에 참여한 팀원들을 전수조사한 지금에는, 그런 처음 판단이 뿌리부터 흔들리는 것이 느껴졌다.

이 정도 질책성 발언을 두고 업무상 적정 범위를 넘어 정신적 고통을 주는 행위 즉, 직장 내 괴롭힘이라 할 수 있을까?

과민한 피해자, 그들은 누구인가

직장 내 괴롭힘 문제를 다루는 조사 책임자라면 사례의 박 대리와 같은 유형의 직원들을 심심치 않게 만날 것이다. 이들은 이름을 붙인다면 '과민한 피해자'라 할 수 있다.

과민한 피해자는 있지도 않은 사실을 꾸며내서 주장하지는 않는다. 가해자로 지목하는 상사나 동료를 해하겠다는 악의가 신고의 주된 동기인 것도 아니다. 이들은 신고를 통해 본인의 부당한 피해를 널리 알리고, 그 피해를 회복하고, 앞으로 같은 일이 재발하는 것을 방지하려고 할 뿐이다. 나름대로는 진정성이 있는 것이다. 여기까지는 아무 문제가 없다.

그러나 이들의 문제는 진정성 결여가 아니라 과민성(過敏性)이다. 즉, 이들은 신고 대상이 된 주변 상사 등의 행동을 평가할 때 비상식적으로 엄격한 기준을 적용한다. 그리고 그 기준에 약간이라도 벗어난 행동을 접하면 쉽게 분노하고 모욕감을 느끼며 본인이 직장 내 괴롭힘을 당했다고 인식한다.

그 결과 보통의 직원이라면 그냥 넘어가고 또 그렇게 함이 마땅한 일들, 예를 들면 악의 없는 일회성 실수에 따른 해프닝, 단순한 농담, 정상적 의견 대립까지 싸잡아 직장 내 괴롭힘으로 신고한다. 이러한 과민성이 이들을 보통 피해자와 구별 짓는 특징이다.[1]

나는 과민한 피해자에게 신고 당한 직원이 억울하게 겪어야 하는 정신적 고통과 대처 과정상 어려움을 지켜볼 기회가 많다. 그런 직원 중에는 정신과 치료를 받거나, 휴직이나 퇴직을 하는 경우도 있다. 그래서 과민한 피해자가 끼칠 수 있는 심각한 폐해를 가볍게 봐서는 안 된다는 것을 잘 이해한다.

하지만 현실적으로 이들이 신고를 못 하도록 할 길은 없다. 또 과민한 신고를 이유로 기업이 이들에게 심하게 징계 등 페널티를 주는 것도 문제라고 생각한다. 과민한 피해자에게 기업도 마찬가지로 과민하게 반응하면 정상적 신고까지 위축되기 때문이다.

나의 입장은 기업의 조사 책임자는 피해자의 진정성이 곧 정당성이 아님을 잊지 말고, 사안 별로 적절한 해결을 지향하자는 것이다. 진정성이 있는 직장 내 괴롭힘 신고라도 피해자가 과민한 탓에 이루어진 부적절 신고라면 (그 신고자에게 곧바로 페널티를 주면 안 되지만) 과감하게 NO라고 말하고 절차를 중단할 수 있어야 한다는 것이다.

그러나 말이 쉽지, 직장 내 괴롭힘 사건 조사를 하는 과정에서 과민한 피해자를 마주한 경험이 있는 조사 책임자라면, 그렇게 균형 잡기가 절대 쉽지 않음을 잘 알 것이다. 일단 신고가 진정성이 있다면, 자연스레 신고 사실을 그대로 인정하는 방향으로 조사가 기울어지는 경향이 나타난다.

그 이유는 다양하다. 예컨대 피신고자가 잘못을 범했음을 전제하고 이를 밝혀낼 목적으로 진행하게 되는 노동조사의 관성 때문일 수도 있고, 신고를 받아들이지 않을 때 예상되는 신고자의 강력 반발에 대한 우려 때문일 수도 있다.

그러나 그런 균형 잃은 조사는 비난을 면할 길이 없다. 인사의 공정을 해치고 억울한 가해자를 만들 위험이 있기 때문이다. 조사 책임자는 위 관성과 우려를 이겨내고 가해자로 지목된 직원의 주장에도 공평하게 귀를 기울이면서 균형을 잡아 나가야 한다.

정신적 고통의 의미

사례로 돌아가서, 정 팀장은 강 팀장을 직장 내 괴롭힘을 이유로 징계하기는 곤란하다는 판단하에 조사를 신속히 종결하는 것이 적절할 것이다. 무엇보다 박 대리가 겪었다고 주장하는 정신적 고통이 직장 내 괴롭힘을 인정할 만큼 객관적인 고통이 아니기 때문이다.

직장 내 괴롭힘에서 정신적 고통은 객관적인 것이어야 한다. 피해자가 실제 정신적 고통을 겪는다는 것만으로는 부족하고, 피해자와 같은 처지에 있는 일반적이고도 평균적인 사람이라면 해당 괴롭힘으로 신고된 행위로 인하여 고통을 느껴야 한다.*

박 대리가 진단서에도 기재된 정신적 고통을 겪고 있는 사실을 그대로 인정해도, 그것으로 직장 내 괴롭힘에서 요구되는 정신적 고통이 그대로 인정되지 않는다. 박 대리와 같은 처지에 있는 일반적이고 평균적인 사람도 정신적 고통을 겪을 만한지의 가정적 판단을 다시 거칠 필요가 있다.

강 팀장은 영업팀장으로서 팀원인 박 대리에게 회의 시 본인의 의견과 그 근거를 정확하게 밝히도록 요구했다. 그리고 약간 언성을 높여 준비 부족에 대하여 아쉬움을 표현한 정도였다.

그 경우 박 대리처럼 과민한 사람이 아닌, 일반적이고 평균적인 사람이 정신적 고통을 느낀다고 인정하는 것은 무리다.

박 대리의 인격에 대해 공격이나 비난을 했다면 모르겠지만, 사례

---

* 서울중앙지방법원 2022. 1. 19 선고 2021나42155 판결

선 넘는 사람들

에서 지적 대상은 순전히 박 대리의 업무 내용이나 방식이다. 박 대리 업무를 지시, 감독하는 팀장으로서 그 정도 지적을 하는 것은 사회 통념상 충분히 예상할 수 있는 범위에 드는 것이다.

그런 강 팀장의 지적에 박 대리가 극심한 정신적 고통을 겪었다면, 그것은 강 팀장의 직장 내 괴롭힘에 해당하는 행위 때문이 아니라 박 대리 본인의 과민성 때문이라고 보는 것이 온당할 것이다.

물론 정 팀장이 그와 같은 판단하에 사안을 신속 종결하면 당장은 박 대리의 반발로 인해 인사 관리상 어려움이 초래될 수 있다. 그러나 이는 직장 내 괴롭힘 신고 남용이 없는 업무환경을 만들고 유지하는 과정에서 감내하고 극복해야 하는 일이다.

올바른 기업문화가 어떤 모습이어야 하는지 고민하는 조사 책임자라면 과민한 피해자를 대할 때 새겨둘 포인트다.

주

1 〈직장 내 괴롭힘 '판단 과정'에서의 실무상 쟁점(실무자가 전하는 실무 이야기 ②)〉 노동법률, 2023. 5. 3에서는 일회성의 문제행위에 대한 신고, 상사의 업무지시나 지도에 대한 신고, 부족한 리더십에 대한 신고의 문제를 소개하는데, 이러한 신고들은 내가 말하는 과민성에서 비롯하는 신고라고 할 수 있다.

05

피해자 요구 수용
그 빛과 그림자

인사팀장인 정 팀장이 박 대리를 불렀다. 그리고 조사 결과 강 팀장에 대한 징계는 어려우니 조사 절차를 중단하겠다는 결정을 알려주었다. 강 팀장의 지적은 팀장으로서 할 만한 지적으로 보인다는 점을 알리고, 영업팀 직원들도 사실상 전부 박 대리의 신고는 과하다고 한 점도 넌지시 알렸다.

정 팀장 설명이 끝나자마자 박 대리는 그야말로 펄펄 뛰며 강력히 반발했다. 강 팀장의 문제 행동이 괴롭힘인지 아닌지는 정 팀장 혼자 결정할 사항이 아니라는 것이다. 일단 징계위원회를 개최해서 정식 심사를 해야 하고, 징계위원회 결과와 무관하게 평소 리더십 문제를 보인 강 팀장의 보직을 이번 기회에 변경하여 영업팀의 업무환경을 개선해야 한다는 것이다. 그래서 다시는 팀 내 괴롭힘이 재발하지 않도록 해야 한다고

선 넘는 사람들

주장했다.

면담 말미에는 한 걸음 더 나아갔다. 만약 자신의 요구가 받아들여지지 않으면 노조와 협의해서 사내에 공개적으로 문제 제기를 하는 것은 물론, 노동청 진정, 퍼스트무브 및 강 팀장을 상대로 하는 손해배상 소송 제기를 포함한 모든 법적 조치를 취하겠다고도 했다.

자신의 정당한 신고를 기업이 받아들이지 않는다고 믿는 괴롭힘 피해자는 시정을 요구할 권리가 있다. 기업은 그런 피해자의 요구에 귀를 기울이고, 요구가 합리적이면 과감히 수용하는 것도 고려해야 한다.

하지만 위 사례에서 박 대리의 반응은 처음 신고 못지않게 합리적이지 않고 과민하다. 무조건 징계위원회를 열어야 한다니, 이 정도 사안에서는 누가 보아도 불필요한 시간 낭비다.

무조건 팀장을 배치전환하라는 주장은 박 대리 신고의 진의가 본인 마음에 들지 않는 팀장 교체가 아닌지를 의심하게 하는 말이다. 공개적 문제제기, 노동청 진정 등 법적 조치 역시 박 대리가 입은 정신적 고통(설령 그런 것이 있다고 해도)에 비하여 현저히 균형을 잃은 조치다. 정말 그 정도까지 해야 하나? 하는 생각이 저절로 든다.

과민한 피해자에게 기업이 그 신고를 받아들이지 않는다고 알리는 경우, 사례처럼 피해자가 법적 조치를 하겠다고 위협하고 나아가 그대로 실행하는 일은 흔하다. 박 대리의 위협은 어쩌면 그냥 해보는 소리가 아닐 수 있다. 그런 사정을 잘 보여주는 예로, 직원이 상사의 평범한 질책을 문제 삼아 노동청 신고, 경찰 고소, 법원 손해배상 청구까지 한 사례를 소개한다.*

"손톱 깎으신 분?", 괴롭힘일까?

한의원에 근무하는 A는 근무 시간 중에 물리치료실에서 손톱을 깎았다. 팀장 B가 이를 알고 직원들이 가입한 단체 카톡방에서 A를 질책했다. 판결문에는 당시 팀장 B의 질책 발언이 소상히 나온다. "어제 오후 근무 시간에 손톱 깎으신 분?", "진짜 개념 없이 이런 행동 하신 건가요?", "애들도 아니고 매너는 지켜주세요" 등이다.

A는 당시에는 별 반발을 하지 않고 순순히 사과를 하였다. 그러나 이후 A는 이 발언들이 직장 내 괴롭힘(따돌림)이라고 문제 삼으면서, 팀장 B에게 1천만 원의 위자료를 청구했다. 그리고 이에 더해 팀장 B를 노동청에 신고하고 경찰에 명예훼손 고소까지 하였다.

* 의정부지방법원 2022. 11. 24 선고 2022나200103 판결

하지만 법원은 A의 손을 들어주지 않았다. 문제의 질책은 팀장으로서 업무 중 치료가 이루어지는 공간(물리치료실)에서 손톱을 깎은 행위가 부적절함을 지적한 것인데, A를 망신 주거나 괴롭히려 한 것으로 보기 어렵고 업무상 적정 범위 내에 있다는 것이다.

노동청과 경찰 역시 모두 A의 신고와 고소를 받아들이지 않았다. 법리와 상식에 맞는 결론이다.

물론 신고자 입장에서도 할 말은 있을 것이다. 판결문을 통해 유추해 보면, 근무 시간 중 손톱을 깎은 것은 사실이지만 팀장 B의 질책과 달리 환자가 없는 물리치료실에서 있었던 일인 점, 실제 있지도 않았던 환자 컴플레인을 운운하면서 팀장 B가 공개 질책을 한 점이 억울했던 것으로 보인다.

그러나 그렇다고 B 팀장을 노동청에 신고하고, 경찰에 고소하며, 법원에 손해배상 청구를 하는 것이 상식적이고 온당하다 할 수는 없다. 팀장 입장에서는 이런 조치를 상상이나 했을까? 예상치 못한 전개가 그야말로 청천벽력이었을 것이다.

직장 상사나 동료 직원의 단순한 질책, 실례성 언동 등 사소한 일까지 과민하게 대응하여 법적 분쟁을 일으키는 것은, 직장 내 괴롭힘 피해자의 권리 구제라는 미명하에 정당화할 수 없다. 앞으로 직장 내 괴롭힘 피해자 권리를 보호함과 동시에 이런 과잉 대처를 억지·지양하는 제도적 개선 방안이 무엇일지 입법자, 당국 그리고 기업 모두 진지하게 고민할 필요가 있을 것이다.

타협책, 적정할까?

사례로 돌아가서, 정 팀장은 박 대리의 주장이 터무니없다고 느꼈지만, 정말 박 대리가 예고한 법적 조치를 할 것 같다는 예상 때문에 상당히 골치가 아프다. 그 경우 문제의 해결까지는 상당한 시간과 노력이 들 수밖에 없다.

결국 고심에 고심을 거듭하던 정 팀장은, 타협책을 취하기로 마음먹었다. 우선 당장의 반발을 무마하고 파국을 막기 위해 박 대리 의견대로 징계위원회를 개최한다. 징계위원회 심의 결과는 아마 정 팀장 판단대로 징계 대상이 아닌 것으로 판단될 것이다.

그러나 징계위원회의 결정과는 무관하게, 강 팀장의 직속 상사인 본부장이 강 팀장의 포괄적 관리책임을 물어 서면주의를 준다. 그리고 만약 불가피하다면, 강 팀장을 다른 팀으로 배치전환 하는 것을 추진한다.

하지만 결론적으로 위 타협책은 찬성하기 어렵다. 피해자인 박 대리의 입장에 너무 치우쳤기 때문이다. 물론 이 방안에도 장점은 있다. 박 대리의 절차상 요구를 어느 정도 반영함으로써 분쟁 가능성을 낮춘다. 반면, 서면주의는 인사조치일 뿐 징계가 아니므로 강 팀장에게 가해지는 불이익이 심대하지 않다.

그러나 이 방안은 근본적으로 강 팀장이 팀 운영상 잘못이 있다는 점을 인정하고 탓하는 것이다. 그런데 앞서 퍼스트무브는 강 팀장의 지적이 문제가 없다고 하지 않았던가? 위 대응은 그 점에서 자가당착, 자기모순인 것이다.

제시된 방안은 피해자 존중이 지나쳐 퍼스트무브가 기업으로서 마땅히 감수할 위험을 외면하는 미봉책이다. 강 팀장의 사기를 떨어뜨리며, 다른 관리자들도 자신감을 가지고 조직을 관리하기 어려워진다.

이어지는 강 팀장의 배치전환은 그런 문제를 더욱 심각하게 만드는 실착임은 말할 나위도 없다. 특히 배치전환은 강 팀장의 자유로운 의사에 의한 동의가 없는 한 법적 다툼이 발생할 위험도 있다.

결국 퍼스트무브가 어떻게든 분쟁을 피하려고 피해자 존중 원칙을 잘못 적용해, 인정할 근거가 없는 강 팀장의 잘못을 인정하는 전제에서 해결 방안을 찾는 것은 좋은 방안이 아니라고 정리할 수 있다. 무엇보다 스스로 인사권을 훼손하는 일이기 때문이다.

조사와 후속 조치에서 퍼스트무브는 박 대리의 입장을 일정 부분 반영하더라도 반드시 적정선을 지켜야 한다.

피해자 존중 원칙, 그 진정한 의미

그럼 사례에서 적정선은 어디인가? 향후 영업팀 운영에 대한 관리 감독을 철저하게 하고, 회의 등 사내 활동에서 발생할 수 있는 직장 내 괴롭힘 문제 개선을 위해 팀원들과 의사소통을 강화해 나가는 정책을 공개적으로 채택하여 시행하는 정도일 것이다.

그리고 괴롭힘을 범한 것으로 확정된 강 팀장보다는 오히려 지나치게 과민하게 대응하여 사내 분위기를 흐리고 있는 박 대리의 배치 전환을 시도해 보는 정도일 것이다.

만약 이렇게 그 의사를 반영하기 위해 노력했음에도 박 대리가 만족하지 못하고 예고한 법적 조치를 실행하면, 그것은 퍼스트무브가 감수해야 할 위험이 실현된 것이니 담담하게 대응해야 한다. 그 과정에서 박 대리가 악의적 허위 주장을 유포하는 등으로 강 팀장의 명예를 훼손하면 또 그에 상응하는 대응조치를 하는 것이 적절하다.

적정한 피해자 대응이 중요한 직장 내 괴롭힘이나 성희롱 분쟁이 꾸준히 증가하고 있다. 앞으로도 더욱 증가할 것이 예상된다. 이런 시대적 배경에서 기업이 노동조사 전반에서 피해자 존중 원칙을 염두에 두는 것은 매우 중요하다.

그러나 피해자 존중 원칙이, 기업이 언제나 피해자 편에 서야 한다는 의미는 아니다. 피해자도 문제직원일 수 있다. 문제직원까지는 아니라도, 만약 피해자가 과민하다면 그 신고를 무작정 존중하는 것은 가해자로 지목된 직원에게는 너무나 억울한 일이 된다. 그런 조치가 쌓이고 쌓이면, 해당 기업 내에서 과민한 피해자 문제는 더욱 악화되기 마련이다.

기업은 노동조사와 그 후속 조치 과정에서 공정한 인사와 인사질서 유지의 관점 역시 놓치지 않아야 한다.

06

성급한 일벌백계를 삼가라

퍼스트무브의 지사장이 영업사원 100여 명의 참여한 워크숍에서 영업 정책을 발표하는 자리였다. '영업사원 개인의 역량과 나이를 고려하여 고객을 배정한다'는 정책을 소개하면서, 가까운 테이블에 앉아 있던 A 사원에게 갑자기 "연세가 어떻게 되세요?"라고 물었다.

답변이 없자 머쓱해진 지사장은 "How old are you?"라고 영어로 재차 질문을 했다. 이번에도 답변이 없자, 어색한 대로 발표는 다시 진행되었다.

워크숍이 끝나자 A는 지사장의 질문으로 심한 불쾌함을 느꼈다는 이유로 직장 내 괴롭힘 신고를 했다.

　　　　　　　　　　선 넘는 사람들

우선 지사장의 질문은 기업의 중간 리더에게 요구되는 수준에 미치지 못하는 것은 사실이다. 청중 집중도를 높이려고 질문을 했고, 첫 질문에 A가 대답을 하지 않아 분위기를 띄우려 영어로 두 번째 질문을 했다는 것이 지사장 변명이다.

그러나 많은 사람이 민감해하는 나이를 소재로, 공개석상에서 특정인에게 장난스럽게 질문하는 것은 리더로서 삼가야 할 실수이자 실례다.

하지만 실수 또는 실례라는 이러한 질문이 직장 내 괴롭힘이라는 의미는 아니다. 직장 내의 모든 실수 및 실례가 직장 내 괴롭힘으로 인정되어, 행위자가 징계나 전보 등 불이익 조치로 이어지는 것은 바람직하지 않다.

특히 근로기준법 개정으로 직장 내 괴롭힘을 한 사용자나 그 친인척에게는 최대 1천만 원의 과태료까지 부과될 수 있다. 그렇기 때문에 당국의 과다한 조사와 제재 이전에, 직장 내 괴롭힘의 한계를 합리적으로 설정하는 것은 종전보다 더 중요해졌다.

2022년 나는 〈타인 업무에 부정적 영향을 미치는 행동 등으로 회사 내에서 피해를 끼치는 사람〉이라는 의미의 오피스 빌런을 주제로, 인지심리학자인 김경일 교수와 함께 웨비나를 열었다. 진행 전 웨비나에서 다룰 주제를 미리 알리고 사전 질문을 받았는데, 단순한 실수나 실례를 직장 내 괴롭힘으로 신고하는 직원에 관한 질문을 예상외로 많이 받았다.

과유불급(過猶不及), 냉정하게 판단하라

사례로 돌아가 보면 우선 기업이 지사장 질문을 직장 내 괴롭힘으로 판단하지는 않을 것으로 본다. 괴롭힘 성립 요건 중 '업무의 적정 범위'를 넘어야 한다는 것과 '정신적 고통'을 주는 행위라는 점을 충족하지 못하기 때문이다.

발표 시 집중도를 높이려고 나이를 물어보는 행위 자체는 비합리적이지 않고 사회통념상 허용되므로 '업무의 적정 범위' 내라고 볼 여지가 많다.* 다른 판결에서 법원은 정상적인 업무수행 중 우발적으로 발생하였는지와 일회적인지도 '업무의 적정 범위'를 넘는지 판단에 고려한 경우가 있는데,** 이에 따르더라도 마찬가지 결론을 내릴 수 있다.

A에게 불쾌감을 넘어 '정신적 고통'이 인정되는지도 의문이다. 직장 내 괴롭힘에서 정신적 고통은 객관적인 것이어야 한다. 즉, 피해자와 같은 처지에 있는 일반적이고도 평균적인 사람이라면 그로 인해 고통을 느껴야 한다는 얘기다. A가 주관적으로 불쾌감을 느꼈더

---

* 　광주지방법원 2021. 2. 5 선고 2020가합52585 판결
** 　서울중앙지방법원 2022. 1. 19 선고 2021나42155 판결

라도, 그것만으로는 부족하다.

위 사례는 실제 법원이 심리·판결한 사건의 사실관계를 거의 그대로 옮긴 것이다. 그 사건에서 기업은 워크숍 참석자 중 19명을 상대로 지사장 질문이 비하발언인지 의견 조사를 했는데, 비하발언 해당 5명, 비하발언 아님 5명, 판단 유보 9명으로 의견이 갈렸다. 법원은 그 정도로는 해당 직원(우리 사례에서는 A)의 객관적인 정신적 고통을 인정할 수 없다고 판단했다.

이런 법적 검토와는 별개로 적정한 인사운영을 위해서도 기업이 지사장 질문을 직장 내 괴롭힘으로 인정해 징계 및 인사조치에 나서는 것은 바람직하지 않다. 물론 그렇게 하면 A의 불만을 잠재우고 직장 내 괴롭힘 근절에 관한 기업의 강력한 의지를 알리는 효과는 있다.

그러나 부작용이 더 크다. 앞으로 다른 무리한 신고가 이어져 막대한 시간과 비용 낭비, 불필요한 갈등이 생길 위험이 있다. 기업이 지사장 질문 정도의 단순한 실수와 실례까지 직장 내 괴롭힘으로 인정한 선례를 남긴 것의 당연한 귀결이 되는 것이다.

결국 지사장에게 향후 직원들과 소통함에 있어 이번과 같은 부적절한 언행을 삼가도록 경고하고, 지사장으로부터 재발 방지 약속을 받는 정도가 가장 적절할 것이다.

과유불급(過猶不及)이다. 기업은 직장 내 괴롭힘 근절을 위해, 또 피해자 보호를 위해 철저한 노력을 기울여야 마땅하다. 그러나 그 노력 이전에 사려 깊고 냉철한 판단이 선행되어야 한다. 직원의 단순한 실수, 실례를 직장 내 괴롭힘으로 매도하거나, 성급하게 일벌백계하여 경직되고 냉소적인 기업문화를 조장할 위험을 경계해야 한다.

선 넘는 사람들

07

'직장 내 괴롭힘' 사건發 위기 조직적으로 대응하라

퍼스트무브 마케팅팀에서 저성과자로 분류되어 사직 권유를 받던 김 주임이 퇴근 후 자택에서 자살하는 불상사가 있었다.

사건 다음 날 아침 언론에는 단신 보도만 있었는데, 그 다음 날부터 퍼스트무브의 고질적인 꼰대 문화가 이번 자살 사건 배경이라고 지적하는 기사가 나기 시작했다. 사적 심부름, 폭언, 차별로 고통받는 관행이 뿌리 깊어 많은 직원들이 최근 집단 퇴사했다는 보도가 이어진 것이다.

노동조합과 유족은 자살 사건의 진상조사, 사장의 사과, 관련 임원 중징계를 공개 요구했다. 또 사내 블라인드에서도 퍼스트무브의 미흡한 대처와 잘못된 기업문화를 비난하는 글이 올라오기 시작했다.

신속한 사실조사 착수

우선 퍼스트무브는 사실조사에 신속히 착수하고 관련 당사자에게 그 사실을 알려야 한다. 위기관리의 첫 단추라고 해도 좋다.

최대한 신속하게 사실조사에 착수하는 것은 위기관리의 상식이다. 그러나 현실에서는 이런 유사한 위기를 맞은 기업이 신속한 사실조사 착수의 면에서 좋은 평가를 받는 일은 드물다.

급박하게 사안이 진행되어 부득이하게 대응 방향 결정이 늦어지기 때문이기도 하지만, 많은 경우 눈앞에 닥친 사건의 조용한 해결만을 염두에 두는 근시안적 접근 때문이다. 정보 부족, 상황 오판, 낙관적 편향 때문에 그러한 상황이 발생할 수 있다.

사례에서 유서가 없고 직원이 평소 우울증이 있는 등 사인이 불확실하다는 것을 이유로, 또 임직원들이 얘기하는 직장 내 괴롭힘 의혹은 루머일 뿐 신고가 없음을 이유로 퍼스트무브가 조사 착수를 미룬다고 해보자. 그러던 중 예상하지 못한 (그러나 충분히 예상 가능했던) 암울한 시나리오가 펼쳐지면 어떻게 될까?

예컨대 유족이 사직 문제로 상사와 갈등이 있음을 암시한 고인의 카톡 메시지를 언론에 공개하고, 무성의한 대응에 실망한 시민단체가 노동조합과 함께 퍼스트무브가 판매하는 명품 의류의 불매운동에 나선다면 어떨까.

퍼스트무브는 지금까지 무성의한 대응을 한 것이 아님을 구차하게 변명하고, 공정성에 대한 유족의 의심을 가라앉히기 위해 서둘러 등 떠밀리듯이 진상조사에 나서고, 상황을 주도하지 못하고 수습에 급급해야 하는 처지가 된다. 기업 위기가 눈덩이처럼 커진다.

사례에서 위 시나리오의 실현은 언제든 가능하다. 문제가 불거진 이상 자살 원인이나 직장 내 괴롭힘 주장의 진위가 공식 확인되지 않으면 상황은 종료되지 않는다. 결국 사실조사는 선택 가능한 방안 중 하나가 아니라, 처음부터 무조건 실행해야 하는 불가결한 선택지였다는 뜻이다.

위기관리에는 대범함이나 느긋함보다 과민함, 신속함이 필요하다. 조금 과한 것이 당장 손해일 것처럼 보여도 길게 보면 훨씬 도움이 된다.

퍼스트무브는 자살에 대한 단신 보도 직후 조사 준비에 착수하면서 동시에 그 사실을 사내·외에 알리고, 엄정한 책임 추궁의 원칙을 천명함이 적절하다. 그리고 조사 실행에 있어서는 공정성을 최우선으로 하여 조사 주체를 정하고, 매우 세심하게 절차를 구성해야 한다.

노동조합과 합의하에 사외이사나 외부 전문가로 구성된 독립적인 특별위원회를 만들고 그 최종 보고서를 공개하는 방안, 기업이 조사를 주도하면서 직원 대표자들이 참여하는 조사단에 정기 보고하고 조사 방향에 대한 의견을 반영하는 방안이 그러한 예가 될 수 있다.

대외적 의사소통: 임시협의체 구성

다음으로, 퍼스트무브는 임시협의체(TaskForce) 구성 등 조직적 대응을 통해 대외적 의사 소통상 실수를 최대한 줄여야 한다.

누구를 상대로, 어떤 내용으로, 언제 어떻게 대외 의사소통을 할 지는 사례에서 가장 중요한 활동이다. 직장 내 괴롭힘으로 급속히 악화된 여론과 기업 평판이 위기를 악화시키는 근본적 원인이기 때문이다.

그런데 이 활동은 전문성은 물론 최신 정보를 종합하여 법적 문제와 예상되는 부작용까지 고려할 수 있는 종합적 역량이 필요하다. 따라서 외부 대응이 시급하다고 인사·노무·법무 부서 등 어느 한 부서가 단독으로 행할 것이 아니다. 서로 지혜를 모아야 한다. 커뮤니케이션 담당 부서, 나아가 필요하다면 외부 전문가의 도움을 받는 것이 바람직하다.

이와 관련하여 퍼스트무브는 여론 대응이 본격 필요한 시점, 사례에서는 늦어도 후속 보도가 나온 직후부터는, 관련 부서 책임자 전원을 구성원으로 하는 임시협의체를 구성하여 실시간으로 정보를 공유해야 한다.

그리고 명예훼손, 개인정보 등 법적 이슈까지 검토하여 메시지를 사전에 정제하는 것이 필요하다. 외부 창구를 단일화해서 정제된 메시지가 적절한 시점에 적절한 대상에게 이루어지도록 하는 것도 필요하다.

특히 위기가 발발한 초기부터 이런 조직적 대응을 한다는 인식이 필요하다. 위기를 키우는 의사소통상의 실수가 나오기 쉬운 시기이기 때문이다.

△ 최종책임자인 사장이 스스로 나서 일부 문제의 언동까지 전면 부인하는 경우 △ 인터뷰 직원이나 불매운동을 실행하는 시민단체의 입장을 비난하는 인상을 주는 경우 △ 가해자로 지목된 임원들의 개인정보가 유출되는 경우 △ 악의적 왜곡에 대한 적시 반박이 이루어지지 않는 경우 등이 그러한 예이다.

대내적 의사소통: CEO의 메시지

마지막으로 퍼스트무브는 최종책임자인 CEO가 내부 구성원인 직원을 상대로 소통하는 방안을 고려해야 한다.[1] 사례처럼 직장 내 괴롭힘이 잘못된 기업문화에 원인이 있다고 제가 제기되는 경우, 그 잠재적 피해자인 내부 구성원(직원)들은 기업이 얼마나 진정성 있고 과감하게 문제를 개선해 나갈 것인지 관망하며 평가하려는 분위기가 조성된다. 이러한 직원들의 평가는 위기관리 성패에 영향을 준다.

따라서 퍼스트무브는 적시에 개선 의지를 알리고 새로운 정책과 제도를 마련하여 설명회·워크숍·교육 등을 적극적으로 진행해야 한다. 이런 활동에 진정성을 담보하려면, 최종책임자인 CEO의 메시지가 필요한 경우가 많은 것은 물론이다.

물론 최종책임자가 메시지를 낸다고 위기가 당장 극복되지는 않는다. 하지만 직원들에게 기업이 개선을 위해 진지하게 노력함을 알려, 위기 확대를 진정시키는 효과는 있다.

실제 내가 자문한 기업 중에는, 최종책임자가 초기에 사내 메일을 통해 △ 현 상황에 대한 사과 △ 진행 중인 조치 보고 △ 가해자에 대한 엄중조치 약속 △ 피해 보전 △ 당국 조사에 대한 적극 협조 △ 후속 컴플라이언스 조치 실행 의지를 알리고, 징계 실행 직후에도 워크숍 등에서 직원들과 소통한 사례가 많았다.

이때 메시지는 민감한 시기에 나오게 되므로 사실에 입각한 정제된 내용을 담아야 한다. 용어 선택과 표현 수위에서 진정성이 드러나도록 해야 한다. 그 결과, 아무리 짧더라도 법률·인사·커뮤니케이션 등 다양한 분야의 전문가 의견을 반영한 메시지가 시간을 들여 완성됨이 보통이고, 또 그래야 마땅하다.

주

1 「Case 15. 직원의 일탈 관련 회사 입장 표명」, 『누구도 피할 수 없는 평판 위기 넘는 법』 한국경제신문, 법무법인 원 위기관리 컨설팅팀·송동현, 2022

선 넘는 사람들

IV. 직장 내 성희롱

- 보안 유지 기본 중의 기본
- 애매한 경우 피해자에 유리하게?
- 무리한 주장 받아주기가 능사가 아니다
- 방어권 vs 진술자의 프라이버시
- 사표, 수리하면 끝이 아니다
- 사후 공개, 어느 정도가 적절한가?

01

보안 유지
기본 중의 기본

진 대리는 제일테크놀로지 리서치센터에 근무한다. 평소 싹싹한 성격으로 센터 내에서 인기가 많다. 센터에는 수십 명의 연구원이 있는데 진 대리는 그중에서 몇 안 되는 여성 연구원이다.

그러던 어느 날 진 대리에게 엉뚱한 소문이 들려왔다. 같이 프로젝트를 수행하는 윤 과장이 여기저기서 진 대리의 외모 품평을 하고 다닌다는 것이다. "진 대리는 가슴이 작아 내 스타일이 아닌데, 다리가 예쁘고 뒷태가 섹시하다", "진 대리 같이 입이 작은 여자가 밝힌다" 등이 진 대리가 확인한 윤 과장의 문제 발언이었다. 큰 충격을 받고 고민하던 진 대리는 인사팀에 윤 과장을 직장 내 성희롱으로 신고했다.

신고를 받은 인사팀은 진 대리를 1차 면담한 후, 윤 과장을 즉시 대기발령하고 윤 과장과 주변 연구원들에 대한 면담 조사를 실시했다. 면담 결과, 신고한 대로 윤 과장이 알려진 외모 품평 외에도 성희롱 발언을 여기저기서 하고 다닌 사실이 확인됐고 조사는 마무리 단계에 접어들었다.

그런데 조사를 마칠 무렵, 정기 팀장 회의를 마치고 열린 회식 자리에서 엉뚱한 사고가 터졌다. 조사를 총괄하던 인사팀 정 팀장이 "사실 윤 과장이 진 대리에게 평소 호감이 있고 친하게 지냈는데, 너무 편하게 생각한 나머지 동료들에게 넋을 놓고 엉뚱한 소리를 한 거였다. 윤 과장은 잘못을 뉘우치고 사과하고 싶다고 했는데, 진 대리가 한 칼에 거절하고 꼭 해고해달라고 하더라. 진 대리 성격이 보통이 아니다"라는 말을 한 것이다.

이 이야기는 윤 과장에게 전해졌고, 윤 과장이 다시 주변 연구원들에게 옮기는 과정에서 진 대리의 귀에 들어갔다.

격분한 진 대리는 최고경영책임자(CEO)인 경 사장에게 직접 메일을 보내, 인사팀 정 팀장에 대한 징계를 요구하고, 극심한 정신적 고통을 호소하였다.

직장 내 성희롱 사건을 조사하다 보면, 기업이 피해자 보호를 위

선 넘는 사람들

한 보안 유지에 실패하는 경우를 종종 접하게 된다.

사례처럼 정 팀장 같은 조사자가 조사 과정에서 알게 된 사실을 누설하는 경우가 대표적이다. 물론 이 외에도 원인과 양상은 다양하다. 회식 자리에서 일어난 성희롱 사건 당시 그 자리에 있던 직원들이 나눈 이야기를 옆에서 들은 누군가가 별생각 없이 '카더라 통신' 형식으로 여기저기 옮기기도 하고, 직장 내 성희롱 조사가 진행 중임을 눈치챈 직원이 자기가 아는 사실과 추측을 엮은 '뇌피셜' 정보를 퍼트리기도 한다.

그러나 어떤 이유에서건 직장 내 성희롱 사건에서 보안 유지에 실패하면, 대체로 그것은 단순한 해프닝으로 끝나지 않는다. 기업은 값비싼 대가를 치른다.

법적 책임 그리고 낙인 효과

우선 법적 책임이다. 남녀고용평등과 일·가정 양립 지원에 관한 법률은 직장 내 성희롱의 조사자, 조사 내용을 보고 받은 자, 조사 과정 참여자가 조사 과정에서 알게 된 비밀을 피해 직원 등의 의사에 반하여 누설하는 것을 금지하며(법 제14조 제7항), 이에 위반하는 경우 기업은 과태료를 부담한다.

누설한 직원과 기업에게 피해자가 입은 정신적 손해에 대해 손해배상을 하는 경우가 발생하기도 한다. 이에 관하여는 직장 내 성희롱에 관하여 리딩케이스라고 할 만한 대법원 판결*이 참고가 된다.

이 판결에서 쟁점은, 직장 내 성희롱 조사에 참여한 인사팀원이 술자리에서 동료 직원들에게 "성희롱은 남자들 본인도 알지 못하는 사이에 벌어지는 경우가 많고 주관적으로 해석될 수 있는 소지도 있기 때문에 남자가 불리하게 진행되는 경우가 대부분이다"고 발언하고, 다른 직원과 차량으로 이동하는 기회에 가해자를 비난하는 발언을 듣자 "피해자도 성격이 보통이 아니더라. 아마 일방적으로 당하고 있지는 않았을 것이다"고 말한 경우, 기업에게 사용자로서 손해배상 책임이 인정되는가였다.

결론적으로 대법원은 기업에 손해배상 책임이 있다고 하고, 위자료 300만 원을 선고한 하급심 판결을 확정했다.

위 두 발언은 모두 피해자의 사회적 가치 내지 평가를 침해할 우려가 있고, 설령 단순한 의견 표명이라고 할지라도 직장 내 성희롱 사건의 조사업무를 수행하여야 하는 사람이 지켜야 하는 의무를 위반한 행위라고 한 것이다.

여기서 잠깐, 위자료 300만 원이 너무 적다고 느껴지는가? 피해자

* 2017. 12. 22 선고 2016다202947 판결

입장에서는 분명히 그렇게 볼 수 있을 것이다. 법원이 직장 내 성희롱 사건에서 인정하는 위자료는 피해자 기대에 비해 턱없이 낮은 경우가 많다. 사례는 10년 전 있었던 직장 내 성희롱 사건에서의 비밀 누설인데, 요즘 유사한 사안이 발생한다면 위자료가 조금 더 높을 것 같지만, 그래도 아마 큰 차이는 없을 것이다. 즉, 피해자 입장에서 보면 여전히 매우 불만스러운 수준의 위자료가 인정될 것이다.

그런데 위자료가 적다고 해서, 기업에 초래된 어려움과 손실이 적은 것은 결코 아니다. 위자료와 별도로, 기업에 막대한 무형적 어려움이 초래되는 점을 간과해서는 안 된다.

직장 내 성희롱 사례에서 피해 직원은 처음부터 성희롱 발생 및 신고 사실, 내용, 본인 신원에 관해 보안 유지를 기업에 강력하게 요구하거나 당연한 것으로 간주한다. 따라서 기업이 보안 유지에 실패하면 대법원 판례에서도 잘 나타나 있듯이, 그에 관한 법적 분쟁 발생 가능성이 매우 높다.

그 경우 기업은 분쟁 대응에 많은 시간과 노력을 들이는 상황에 몰리고, 그 과정에서 대내외적으로 성인지 감수성이 부족한 기업이라는 낙인이 찍히게 된다. 기업에게는 위자료 등의 눈에 보이는 책임보다, 당장은 눈에 보이지 않아도 오래 이어지고 쉽게 지워버리기 어려운 낙인 효과가 훨씬 더 무서운 것이다.

전면적 대응

제일테크놀로지는 사안을 엄중하게 보고 즉각 전면적 대응조치에 나서야 한다. 정 팀장의 발언은 윤 과장이 그저 가벼운 실수로 문제의 발언을 한 것이고, 진 대리가 너무 과민한 반응을 보이고 있다는 취지의 내용이다. 이는 회식 자리에서 부주의하게 나온 이야기, 그리고 단순한 개인의 의견 표명이라고 덮어 줄 만한 가벼운 일이 아니다.

특히 정 팀장은 조사를 수행하는 인사팀 리더다. 인용한 대법원 판례의 사안에서는 인사 팀원으로 조사를 보조하던 직원의 누설행위에 따른 기업 책임이 문제 되었는데, 그보다 현재 제일테크놀로지의 책임이 훨씬 더 중하다.

우선 제일테크놀로지는 정 팀장을 조사에서 즉시 배제하는 것은 물론, 별도의 조사 및 징계절차를 개시해야 한다. 여기서 핵심은 직장 내 성희롱 사건의 조사와 처리가 지연되거나 지장이 초래되더라도, 보안 유지 실패의 책임 추궁이 먼저 이행되어야 한다는 것이다. 그렇지 않으면 진 대리 반발로 문제는 더욱 확대되고, 종국에는 조사 전반에 대해 신뢰를 잃게 된다.

윤 과장에게도 이어질 징계절차에서 정 팀장의 발언을 옮겨 2차 피해를 발생시킨 점을 별도 징계사유로 삼거나, 아니면 징계양정에서 고려하여 책임을 물어야 한다.

윤 과장의 말을 옮기고 다닌 직원들도 정도의 차이는 있지만 2차 피해에 가담한 점은 같다. 따라서 원칙적으로 조사를 통해 적절한 인사조치를 취해야 한다. 그렇게 해야 2차 피해, 보안 유지 실패의 잘못에 비례한 책임 규명이 이루어지고, 제일테크놀로지가 앞으로 보안 유지 실패를 용납하지 않을 것임을 효과적으로 보여줄 수 있다.

마지막으로, 진 대리에게는 정신적 충격을 최소화하기 위한 후속 조치에 대해 협의에 나서는 것이 필요하다. 그리고 정 팀장, 윤 과장 등에 대해서 취하였거나 취할 조치에 대하여 설명하고, 합리적 의견이 있다면 반영하기 위해 노력해야 한다.

예컨대, 사안에서 진 대리는 정 팀장과 윤 과장 외의 직원들에 대해서는 또 다른 2차 피해 발생을 우려해서 조사 범위를 제한하거나 조사를 중단할 것을 희망할 수도 있다. 이런 피해 당사자인 진 대리의 의사는 조사 방법과 시기를 정할 때 최우선 순위로 고려되어야 하므로 반드시 사전에 확인하고 반영해야 할 것이다.

예방 조치

단, 위 조치는 보안 유지 실패가 발생한 이후의 사후적 조치다. 향후 이번과 유사한 비밀누설을 방지하고 보안 유지를 위해 제일테크놀로지가 취할 만한 예방 조치도 필요하다. 그런 예방조치에는 어떤 것이 있을까?

앞으로는 가해자(사람) 등 모든 관련자를 대상으로, 조사 대상이 되는 직장 내 성희롱 관련 사실 일체에 대해 비밀을 유지하며, 위반 시 일체의 법적 책임을 진다는 확약서에 조사 면담 전에 서명을 받는 절차를 두어야 한다.

물론 서명된 확약서가 없더라도 법적으로 윤 과장 등에게 보안 유지의 의무는 인정된다. 그러나 확약서 서명을 받는 과정에서 보안 유지의 중요성을 다시 한번 강조하면, 실무상 비밀누설 예방에 상당히 효과적이다.

보안 유지가 특히 중요한 사안이라면, 면담 등을 통해 정보를 가장 많이 알게 될 조사 담당자에게도 확약서 서명을 받는 것을 고려해야 한다.

직장 내 성희롱 신고 후 유급휴가 부여나 분리조치와 같은 피해자 보호조치를 시행할 때는 그 조치가 직장 내 성희롱과 관련된 조치임이 드러나지 않도록 최대한 노력해야 한다. 예컨대, 피해 직원에게 가해자에 대한 대기발령 조치와 조금 시간을 두고 다른 적절한 프로젝트 수행이나 외부 출장을 명하는 방법도 있을 수 있다.

어떤 경우 건 구체적 방법, 시행 시기, 해당 조치를 취하는 이유를 외부에 알리는 방법은 피해 직원과 사전 협의를 한 후 정하는 것이 좋다. 보안 유지에 이해관계가 가장 큰 당사자는 피해 직원이므로 피해 직원의 의견 청취가 필요하다.

선 넘는 사람들

좀 더 근본적으로 보면 신속하게 조사가 끝나게끔 대상자와 범위를 최대한 한정하고, 효율적으로 조사를 실행하는 계획을 세워야 한다. 조사 기간이 길어질수록 보안 유지의 어려움이 커지기 마련이고, 직장 내 성희롱에 관한 노동조사는 다른 비위행위 노동조사보다 보안 유지 필요성이 크다.

속전속결 한다는 자세로 임해야 한다. 목격자, 관여자 등 참고 직원 면담 조사를 하루에 몰아 여러 조로 나누어 실행하는 방안, 필요하다면 면담보다 진술서 제출로 대체하는 방안 등이 가능하다.

02

애매한 경우
피해자에 유리하게?

제일테크놀로지 고객관리팀은 별도의 개인 오피스나 책상 간 칸막이가 없는 개방형 사무실에서 박 팀장(남)과 명 주임(여)을 포함한 총 10명의 직원이 근무 중이다.

명 주임은 경쟁업체에서 고객관리 업무를 처리한 경험을 인정받아 경력직으로 입사했는데, 입사 후 3개월쯤 된 어느 날 인사팀에 직장 내 성희롱 신고를 했다. 지목한 가해자는 박 팀장이었다. 몇 자리 건너 근무하고 있는 박 팀장이 입사 직후부터 지금까지 출입구 근처의 본인 자리를 지나다니면서, 혹은 업무지시를 핑계로 옆자리로 와서, 자신의 가슴을 종종 훔쳐본다는 것이다.

신고를 받고 인사팀의 정 팀장이 면담을 했다. 명 주임은 훔쳐보기가 일어난 시간과 상황에 관해 일관된 주장을 했고, 허위 신고라고 의심할 만한 사정은 확인되지 않았다.

그러나 문제는 박 팀장이 훔쳐보기를 강력히 부인할 뿐 아니라, 신고에 관한 보강 증거가 나오지 않은 점이다. 명 주임에게 옆자리에 근무하는 직원 등 신고사실을 확인할 만한 직원을 지목하게 하고 1대1 개별 면담을 해보았지만, 훔쳐보기를 확인하는 직원이 한 명도 나오지 않았다.
신고 이전에는 명 주임이 박 팀장의 훔쳐보기에 관해 다른 사람에게 불만 내지 고충을 토로한 적이 없고, 카카오톡, 이메일 등에서도 어떤 흔적도 발견할 수 없었다.

제일테크놀로지 인사팀은 신고에 따른 예정된 조사를 모두 끝냈다. 이제 향후 방향을 정할 시간이 왔다. 인사팀 회의를 거쳐 두 가지 방향이 정리됐다. 먼저 신고대로 박 팀장의 훔쳐보기 등을 인정하고 팀장 징계를 단행하는 1안, 그리고 징계 없이 명 주임의 2차 피해 방지 및 팀장이나 팀원의 배치전환 등 다른 인사상 필요한 조치를 강구하는 것이 2안이다.
최종적으로 정 팀장이 하나의 방안을 결정하기로 했다. 어떤 것을 선택하는 것이 현명할까?

1안: 피해자 진술을 존중한 사실 인정

먼저 박 팀장 징계를 단행하자는 1안을 보자. 명 주임의 신고대로 박 팀장이 훔쳐보기를 했다면, 이는 소위 시각적 성희롱으로 분류될 수 있는 문제 행위가 된다.

1안은 2018년 이래 대법원이 여러 차례 강조한 '성인지 감수성 원칙'상 신고 사실 확인에는 명 주임 진술을 최대한 존중함이 적절한 점, 명 주임 진술이 일관되고 구체적이고 상세한 점, 명 주임이 거짓말 할 동기가 발견되지 않는 점을 근거로 삼아 징계 단행을 주장하는 안이라고 정리할 수 있다.

실제 그간 자문 경험에 비춰보면, 아마 제일테크놀로지 같은 처지에 놓인 기업 중에는 이러한 상황에서 (필요하다면 추가 조사로 사실관계를 보강해서라도) 1안으로 기우는 경우가 적지 않을 것이다.

훔쳐보기를 인정했다가 나중에 사실이 아니라고 밝혀지는 경우 짊어질 리스크(박 팀장 징계취소)가 훔쳐보기를 인정하지 않았다가 사실로 인정됐을 때 짊어질 리스크(명 주임의 항의와 법적 조치, 직장 내 성희롱 대처에 느슨하다는 대내외적 비난 등)보다 작다고 보는 것이다.

피해자 존중 원칙이 점점 더 강조되는 사회 문화 환경 속에서 직장 내 성희롱은 피해자 진술만 있어도 기본적으로 인정하는 것이 인사 운영상 '안전'하다는 기본적 판단 내지 어림짐작(heuristic)을 하는 것이라고도 할 수 있다.

2안: 고도의 개연성 있는 입증의 원칙에 따른 사실 인정

1안의 장점을 이해하지만, 제일테크놀로지로부터 조언을 부탁 받는다면 나는 별 망설임 없이 1안이 아닌 2안, 즉 징계 없이 다른 인사 조치를 강구하는 방안을 조언할 것이다.

1안은 너무 쉽게 직장 내 성희롱을 인정하여 법리와 인사 운영 양 측면에서 모두 문제를 야기하기 때문이다.

그에 비하여 2안은 직장 내 성희롱 인정에 '고도의 개연성 있는 입증'이 필요하다는 확립된 법칙에 따른 자연스러운 결론이다. 뒤에서 더 상세하게 보겠지만, 2안이 성인지 감수성 원칙에 반하는 것도 아니다.

먼저 법리 측면이다. 박 팀장의 경우 모든 증거를 종합적으로 검토할 때, 훔쳐보기가 입증되었다고 보기 어렵다. 직장 내 성희롱을 인정하기 위하여 필요한 입증은 '고도의 개연성 있는 입증'이다.[*]

고도의 개연성 있는 입증은 형사판결 유죄 입증에 요구되는 입증, 즉 합리적 의심을 배제할 정도의 확신까지는 아니지만 소위 '증거의 우월성'(50%+α)보다는 더 높은 심증(80% 이상의 심증, 십중팔구의 심증이라고 하는 경우도 있다)이 필요한 입증이다. 상당히 엄격한 수준의 입증이라 할 수 있다.

[*] 대법원 2018. 4. 12 선고 2017두74702 판결

이러한 고도의 개연성 있는 입증의 의미에 비추어 박 팀장의 징계는 법정 다툼이 발생하면 입증 실패로 무효라 판단될 가능성이 상당할 것이다. 사무실이 개방된 구조를 갖추고 있고 10명만 근무하는 작은 규모임을 생각해 보자. 명 주임의 주장대로 3개월간 훔쳐보기가 있었다면 누군가 알아채거나 명 주임이 주변에 고충을 토로한 정황이 있어야 경험칙상 더 자연스럽지 않을까?

물론 실제로 훔쳐보기가 있었다면 이름 그대로 몰래 한 행위일 것이니 다른 사람이 쉽게 알 수 없었다고 반박할 수도 있는데, 그래도 최소한 이런 합리적 의심이 가능한 상황에서 80% 심증이 달성되었다고 보기는 어려울 것이다.

오해를 피하기 위해 적는다. 명 주임이 소위 피해자다움[1]이 없고, 박 팀장에게 불이익을 주기 위해 기타 어떤 불순한 의도로 직장 내 성희롱을 했기 때문에 입증이 실패했다는 것이 아니다.

사례에는 그런 사정을 유추하게 하는 사정이 없다. 명 주임은 진심으로 박 팀장이 훔쳐보기를 하고 있다고 의심하고 나아가 그렇게 확신하였다고 가정해도 좋을 것이다.

하지만 내가 지적하고 싶은 것은 증거 판단의 기준과 심증 정도다. 그러한 진정성 있는 의심과 확신이 명 주임에게 있다고 가정해도, 그 사실이 고도의 개연성 있는 입증으로 자동 연결되지 않는다는 것이다.

인사 운영 측면에서도 박 팀장의 징계는 바람직하지 않다. 직장 내 성희롱 사건은 날이 갈수록 증가하는 추세이므로 기업은 장기적·체계적·제도적 대응을 항상 염두에 둘 필요가 있다. 그리고 이러한 수준으로 이루어지는 대응은 모든 사건에 대해 법 원칙에 입각한 일관된 조치를 하는 것부터 시작한다.

그때그때 안전하고 임시방편적 방법에만 의존하면, 기업의 그런 들쑥날쑥한 태도를 악용하려는 악의적 피해자가 등장할 수도 있다. 애써 수행한 조사와 징계에 공정성 문제가 제기되거나, 억울하게 가해자로 지목된 직원과 이를 지켜보는 직원들에게 냉소주의를 불러 일으킬 수도 있는 것이다.

성인지 감수성 원칙의 이해

앞서 2안이 '성인지 감수성 원칙'에 반하는 것이 아니라고 이야기했다. 이 문제를 조금 더 살펴보기로 한다.

성인지 감수성 원칙은, 소속 학과 여학생들에 대한 성희롱을 이유로 대학교수를 해임한 사건을 다루면서 대법원이 최초로 선언한 이래* 성추행, 강간, 성희롱 등 성비위행위 사건에서 법원이 피해자 진술의 증명력을 판단하는 기준으로 활용되고 있다.

---

* 대법원 2018. 4. 12 선고 2017두74702 판결

성비위행위 피해자의 진술은 그 피해자가 처한 특별한 사정을 충분히 고려하여 증명력(신빙성)을 판단해야 하고, 그런 사정을 고려함이 없이 쉽게 진술을 배척해서는 안 된다는 정도로 요약된다.

이때 특별한 사정은 2차 피해에 대한 불안감과 두려움에서, 피해자가 ① 피해를 당한 후에도 가해자와 종전의 관계를 계속 유지하는 경우 ② 피해 사실을 즉시 신고하지 못하다가 다른 피해자 등 제3자가 문제를 제기하거나 신고를 권유한 것을 계기로 비로소 신고를 하는 경우 ③ 피해 사실을 신고한 후에도 수사기관이나 법원에서 그에 관한 진술에 소극적인 태도를 보이는 경우가 있을 수 있다는 점이 제시되었다.

이러한 성인지 감수성 원칙에 따라 피해자 진술의 증명력(신빙성)을 판단하면, 법원은 종전 이 원칙을 고려하지 않고 적용해 오던 경험칙을 반성적으로 고려하여, 피해자에게 불리한 판단을 내리지 않도록 경계하게 된다.

그 결과, 성비위행위를 피해자 진술에 근거해서 용이하게 인정하는 경향이 강화되는 것이 당연하며, 실제 위 대법원 판결 이후 성비위행위에 관한 하급심 판결 경향을 분석하면서 1년간 성인지 감수성 원칙을 적용한 하급심 판결이 57건에 달하는데, 그중 56건에서 피해자 진술을 인정했다고 분석한 기사도 나온 바 있다.[2]

이런 성인지 감수성 원칙의 활발한 적용에 대해서는 비판적인 견

선 넘는 사람들

해도 있다. 법상 정의된 원칙이 아니므로 그 의미가 애매하며, 오용될 가능성이 높고, 형사범죄에 있어 무죄추정 원칙에 반한다는 비판이 대표적이다.[3]

단, 성인지 감수성 원칙을 따르더라도 증거 법칙 예외가 인정되는 것은 아니다. 앞서 소개한 성인지 감수성 원칙을 설시한 최초의 대법원 판결에서도 성희롱 사실은 '특별한 사정이 없는 한 경험칙에 비추어 모든 증거를 종합적으로 검토하여 볼 때 어떤 사실이 있었다는 점을 시인할 수 있는 고도의 개연성'이 필요하다고 명시적으로 밝히고 있다.

이는 통상의 징계 사건에서 적용되는 것과 동일한 증거 법칙이다. 오경미 대법관 후보자도 2021. 9. 15. 국회인사청문특별위원회의 인사청문회에서 "성인지적 관점을 요구하는 것은 여성의 시각이 무죄추정의 원칙에 우선해야 한다는 것이 아니라 두 가지 다 공정한 재판을 위한 필수적인 요소"라고 밝히기도 했다.[4]

피해자 중심주의(victim-centered approach)라는 용어도 성인지 감수성과 유사한 맥락에서 사용되는데, 이는 피해자 절대주의가 아니며,[5] 권력관계를 원인으로 발생하는 범죄 등에 있어서 피해자의 욕구와 관심을 중심에 두고 사법절차 및 모든 사건 해결절차를 진행하자는 태도이지 범죄 발생 여부를 판단함에 있어서 피해자의 말을 가해자의 말보다 우선적으로 신뢰해야 한다는 뜻은 아니라고 한다.[6]

따라서 기업은 직장 내 성희롱 사건을 조사하고 조치함에 있어 성인지 감수성 원칙을 따르더라도 모든 증거를 종합적으로 검토한 결과, 고도의 개연성이 없다면 피해자 진술을 받아들이지 않을 수 있고 이러한 결론에는 아무런 모순이 없다는 점을 이해할 필요가 있다.

소위 '피해자다움'이 없다는 이유로 쉽게 피해자 진술을 배척해서는 안 되지만, 동시에 피해자를 무조건 믿어야 한다는 것도 아닌 것이다. 나아가 악의적 허위 주장을 한 것이 밝혀지면 피해자를 상대로 징계를 할 수도 있고, 억울한 가해자는 손해배상 등 대응 조치를 건의할 수 있다.

이런 이해를 바탕으로 사안을 보면, 앞서 결론은 명 주임이 박 팀장의 훔쳐보기에 대해 즉시 문제제기를 하지 않는 등 피해자다움이 없음을 이유로 하는 것이 아니다. 존재할 것을 기대할 만한 목격자나 박 팀장의 평소 행실과 같은 피해자 진술을 보강하는 직접·간접의 증거가 없어 경험칙상 고도의 개연성 있는 입증이 없다는 것에서 비롯하는 것이라 볼 수 있다.

즉, 제일테크놀로지가 박 팀장에 대해 직장 내 성희롱 입증이 부족하다는 이유로 징계를 진행하지 않더라도 성인지 감수성 원칙을 위반했다고 할 수 없는 것이다.

성희롱 제도의 오용과 남용

나는 기업의 인사·법무 임직원을 대상으로 직장 내 성희롱에 대해 강의를 할 기회가 자주 있다. 이때 웬만하면 담당자에게 부탁하여 강의에서 다루기를 희망하는 주제에 관해 사전 조사를 한다. 그 경우 조사 결과를 받아 보면 흥미로운 패턴이 나타난다. 거의 예외 없이, 직장 내 성희롱 피해자의 무리한 주장을 어떻게 다룰지에 대한 하소연성 질문이 쏟아진다는 점이다.

가령 지나친 장기간 업무 배제 내지 병가의 주장, 승진이나 평가상 불이익 배제의 서면 확약 요구, 비협조적 동료들에 대한 손해배상 등 과도한 법적 조치, 직장 내 성희롱으로 인정되기 애매한 행위에 대한 무차별 신고에 관한 질문이다.

이런 현상은 실무에서 실제 그런 주장이 많다는 점, 그런 주장을 받은 담당자가 직장 내 성희롱 피해자 보호와 피해자의 무리한 주장에 대한 적정한 대응의 필요성 사이에서 균형 잡기에 어려움을 겪는다는 점을 보여준다고 할 수 있다.

물론 위에서 소개한 질문들은 피해자의 직장 내 성희롱 제도의 오용과 남용에 관한 것일 뿐이다. 기업이 피해자 진술을 얼마나 신뢰할지를 판단할 때 적용할 성인지 감수성 원칙과 직접 관련은 없다. 그러나 기업이 성인지 감수성 원칙을 오해해서 피해자의 무리한 주장을 수용하는 식으로 직장 내 성희롱 제도를 운용하면, 위에서 예시한 성희롱 제도의 오용 또는 남용이 심해질 빌미를 주게 된다.

기업은 성인지 감수성 원칙에 기한 피해자 보호를 위하여 노력하면서도, 동시에 엄정한 사실 판단과 합리적 대응이 이루어지도록 신경을 써야 한다. 결국 균형 잡힌 태도가 중요한 것이다.

주

1 피해자다움이라는 용어는 여러 의미로 혼용되므로 세심하게 사용할 필요가 있는데, 여기서는 이상적인 피해자 내러티브(ideal victim narartives)라는 의미로 썼다. 단, 피해자다움의 의미는 보다 정교하게 이해되어야 한다는 주장이 있다. 『피해자다움이란 무엇인가(성범죄 재판에 대한 철학자의 성찰)』 필로소픽, 최성호, 2019는 성범죄의 피해자다움은 (이상적인 피해자 내러티브가 아니라) 행위 시점 이후 성범죄의 피해자로 추정되는 이가 수행하는 행위에 귀속되는 속성이라고 이해되어야 한다고 하고, 책 전반에서 그러한 이해에 따른 피해자다움의 의미를 자세히 논하고 있다.

2 〈성범죄에 '성인지 감수성' 적용 1년… 57건 중 56건 '유죄'〉 한경닷컴, 2019. 4. 10

3 「'성인지 감수성'에 관해 판시한 대법원의 성범죄 형사판결에 관한 소고-대법원 2018. 10. 25 선고 2018도7709 판결-」, 『형사판례연구 29권』 한국형사판례연구회, 우인성, 2021은 형사재판에서 성인지 감수성 원칙의 적용이 가진 문제를 망라하여 다루고 있는데, 직장 내 성희롱 사건에서 성인지 감수성 원칙을 적용할 때 생길 수 있는 문제에 관하여도 상당한 생각할 거리를 준다. 같은 취지의 비판을 상세히 제시하고 있는, 인터넷 검색으로 쉽게 접근이 가능한 칼럼으로는, 〈권순일이 끼친 해악: 최초의 '성인지 감수성' 판결〉 이선옥닷컴, 2021. 10. 8이 있다.

4 〈오경미 대법관 후보자 "성인지적 관점 견지, 무죄추정의 원칙에 우선하는 것은 아냐"〉 법률신문, 2021. 9. 15

5 〈피해자 중심주의를 다시 생각한다〉 한국일보, 2021. 2. 3

6 「미투운동이 극복해야 할 '피해자 중심주의'」, 『문학동네 2018년 여름 통권 95호』, 문학동네, 박경신, 2018

선 넘는 사람들

03

무리한 주장
받아주기가 능사가 아니다

제일테크놀로지 총무팀의 박 팀장이 인사팀으로부터 연락을 받았다. 박 팀장이 같은 팀의 남 대리에게 직장 내 성희롱을 했다는 것이다. 남 대리의 신고를 받고 인사팀의 조사가 시작되었다. 남 대리는 남성 직원이다. 즉, 남성 대리가 남성 팀장으로부터 직장 내 성희롱 피해자가 됐다는 신고였다.

남 대리는 사귀는 여자친구 사진을 컴퓨터 바탕화면으로 깔아두었는데, 이를 본 박 팀장이 "여자친구가 색을 밝히게 생겼다", "얼마 전 여행을 같이 갔는데 어땠냐", "짱깨처럼 생겼다"고 여러 차례에 걸쳐 막말을 한 것을 문제 삼았다.

인사팀 정 팀장은 조사 결과, 신고된 막말 중 일부는 사실이지만 일부는 사실이 아니라는 것을 확인했다. 그리고 징계위원회를 열어, 박 팀장을 3개월 감봉 조치를 했다. 그러나 남 대리는 너무 가벼운 징계가 내려졌다고 불만을 가지고 정 팀장에게 여러 차례 항의를 했다. 그리고는 급기야 변호사를 통해 내용증명을 보내왔다. 대표이사가 확인서에 서명할 것과, 1주일의 시한을 주면서 시한 내에 확인서 서명에 대한 입장을 내용증명으로 밝히라는 요구였다.

확인서에는 △ 남 대리가 신고한 막말이 전부 있었다는 점을 인정할 것 △ 박 팀장 문답서를 포함하여 모든 조사자료의 사본을 제공할 것 △ 신고에 따른 불이익이 없도록, 향후 본인에 대한 평가와 보직 결정을 하기 전에 본인의 의사를 반영할 것 △ 박 팀장의 막말로 정신적 고통을 겪고 있으니 안정을 위해 1개월 유급휴직을 보내줄 것이 요구사항으로 적혀 있었다.

그 외 내용증명 마지막에는 남 대리는 만약 자신의 요구에 응하지 않으면 당장 제일테크놀로지와 박 팀장을 상대로 법적 조치를 하겠다고도 적혀 있었다.

남 대리의 요구에는 기존 제일테크놀로지가 실행한 조사의 공정성과 박 팀장에 대한 인사조치(감봉)의 정당성을 부정하는 태도가 바탕에 깔려 있다. 따라서 제일테크놀로지가 전면 수용하는 것은 자기모순이다.

그런 확약서 요구에는 법적 근거도 없다. 직장 내 성희롱의 피해자임이 사실이라도 제일테크놀로지가 남 대리에게 어떠한 불리한 조치가 없다는 공식 약속을 서면으로 할 의무가 없는 것이다.

따라서 남 대리의 확인서상 요구를 그대로 받아들이거나, 특히 대표이사가 서명하는 것은 피해야 함은 분명하다. 여기까지는 별로 어렵지 않다. 그런데 그다음이 문제다.

무리한 요구 수용, 왜 문제인가

정 팀장은 직장 내 성희롱의 피해자 요구를 존중하는 뜻에서, 또 불필요한 다툼이 생기는 것을 피하기 위해, 절충을 시도할 필요가 없을지 고민한다. 조사 과정에서도 느꼈지만, 남 대리는 박 팀장을 향한 반감이 강하고 이상할 만큼 집요했다. 사내에서 먼저 불만을 해결하지 않고 대뜸 변호사를 통해 대표이사 앞으로 내용증명을 보낼 정도로 그 행동이 예측하기 어려운 면도 있었다. 이번에 요구한 내용이 잘 무마되지 않으면 앞으로 또 어떻게 나올지 모른다.

고민 끝에 정 팀장이 생각해 낸 대응 방안은 다음과 같다. ① 대표이사 대신 인사팀장인 본인이 징계 근거가 된 한도에서 막말이 있었음을 인정하는 확인서에 서명한다. ② 그 확인서에서 상대적으로 부담이 적은 요구, 예컨대 조사자료를 제공하고 직장 내 성희롱 관련 신고를 이유로 평가와 보직상 불이익을 주지 않는다는 점은 약속한다. ③ 나아가 이례적이긴 해도 1개월 유급휴직 역시 수용한다. 사실상 남 대리의 요구를 전면 수용하는 방안이다.

원래 박 팀장의 직장 내 성희롱 중 일부를 인정하고 징계를 한 입장이니, 이 정도면 기업이 기존 입장에서 후퇴한 것은 없고, 나름대로 회사가 성의를 보였는데 남 대리가 쉽게 법적 조치를 하지 않으리라는 것이 정 팀장의 희망 섞인 기대다.

남 대리처럼 무리한 주장을 하는 직원을 대하는 요령에 관해서는, 사실 유일한 정답은 없다. 무리한 주장을 하는 배경, 주장 내용, 직원 성향, 그때그때의 기업 사정을 고려해 유연하게 대응 방안을 정하면 된다.

그러나 원칙은 있다. 그런 직원에게 합리적 이유 없이 양보하면 기업의 선한 의도와 반대로 문제 해결이 더 어려워진다는 것이다.

그런 관점에서 정 팀장이 선택한 방안은 위 원칙을 제대로 고려하지 않고 있다. 당장의 분쟁 회피에만 치중해서 균형을 잃고 있는 것이다.

구체적으로 ①과 관련해 징계 절차상 사실인정은 기업이 가진 고유한 권한이고, 감봉 조치를 함으로써 이미 신고 사실 중 일부만 공식 인정을 한 것이다. 남 대리의 요구에 따라 서면으로 그 내용을 확인하는 것은 특별한 의미가 없을 뿐 아니라, 남 대리가 이를 어떻게

선 넘는 사람들

악용할지 알 수가 없다. 향후 인사제도 운영상에도 부정적 선례로 남는다.

②와 관련, 남 대리에게 직장 내 성희롱 신고를 이유로 평가와 보직상 불이익을 주지 않아야 하는 것은 법상 당연히 부여되는 의무다. 그 의무를 위반하면 제일테크놀로지는 엄격한 형사책임을 부담하니 굳이 확인서로 확인할 필요가 없다. 조사자료 등의 제공은 박 팀장과 진술에 응한 다른 직원들의 동의 없이 이루어지면, 오히려 분쟁을 키울 수 있다.

③의 유급휴직은, 만약 남 대리의 정신적 충격이 심하여 업무를 정상적으로 수행하기 어렵다거나, 기타 합리적 휴직 사유가 있다면 고려할 수는 있다. 그러나 부여하더라도 남 대리의 일방적 요구에 응하여 지금 실행할 것이 아니다. 의사 진단서 등 근거를 갖추도록 하고, 사규에 따른 신청이 있을 때 그에 맞춰 처리할 일이다.

면담-거부-통지

결국 사례에서는 소위 피해자 존중 원칙을 앞세우거나 다툼의 방지에 중점을 둘 것이 아니라 인사질서 유지 관점에서 대응해야 한다. 한 방법으로, 우선 정 팀장은 남 대리와 면담을 잡을 수 있다.

남 대리가 대표이사 앞으로 내용증명을 보내며 시한을 정한 내용증명 답변을 요구했다고 해서, 제일테크놀로지가 꼭 그 요구에 따라야 하는 것은 아니다. 변호사가 선임되었다고 해서 향후 모든 사항을 변호사를 통해 이야기해야 하는 것도 아니다. 그런 답변 방식은 면담에 비해 너무 공식적이고 자칫 대결 분위기를 조성할 수 있는 단점이 있다.

단, 면담은 녹취될 수 있으므로 이야기할 내용은 미리 잘 정리해 두고 정리한 내용 이외의 언급은 하지 않도록 유의한다. 면담에 혼자 들어가지 않고 향후 면담 내용을 확인해 줄 팀원과 같이 들어가는 것도 좋다.

면담에서는 선례가 없고 아무런 합리적 이유가 없다는 점을 들어, 남 대리가 제시한 확인서 서명이라는 '틀' 자체를 거부한다. 조사자료 제공, 팀원 평가, 유급휴직에 관한 요구도 앞서 든 이유로 거부한다.

대신 직장 내 성희롱 신고 이후 제일테크놀로지가 지금까지 취한 노력과 조치를 설명한다. 또 직장 내 성희롱 신고를 이유로 하는 불이익 처우는 법상 금지되어 있고 그렇게 할 리도 없음을 알린다. 사규에 따른 요건을 갖춘 유급휴직 신청이 있으면 공정하게 수리 여부를 정하겠다고 알려준다. 법과 규칙에 따른 처리 원칙을 통지하는 것이다.

이렇게 대응하면, 남 대리는 본인 요구가 거절되었음을 이유로 예고대로 노동청 진정, 제일테크놀로지와 박 팀장을 상대로 한 손해배상 청구 등 법적 조치를 취할 수도 있을 것이다. 그러나 그건 실제로 닥치면 그때 가서 최선의 대응을 하면 충분하다.

선 넘는 사람들

남 대리가 본인의 무리한 요구가 거절되었다는 이유로 법적 조치에 나선다면 법원이나 노동청은 당연히 그 진정성을 의심하게 된다. 따라서 제일테크놀로지가 남 대리가 법적 조치에 이른 경위를 법원과 노동청에 차분히 설명할 수만 있다면, 불리한 판단을 받을 가능성은 별로 없다.

위 사례는 가상 사례지만, 내가 자문한 실제 사안에서도 매우 유사한 경우가 있었다. 당시 직장 내 성희롱 피해자는 변호사를 통해 이미 중징계 된 가해자에 추가 인사조치를 요구하고 대표이사가 연말 평가, 보직 보장 등 본인 처우에 대하여 확약해 줄 것을 요구했다. 위 요구가 수용되지 않으면 법적 조치에 나서겠다는 뜻도 알려왔다.

인사 담당 임원은 오랜 숙고 끝에 피해자를 면담하여, 그 요구를 모두 거부하고, 대신 그날의 면담 내용과 기업의 법적 의무(직장 내 성희롱 신고자에 대한 불리한 처우 금지 등)를 정리해서 이메일로 보내주면서, 인사담당자로서 기업의 법적 의무는 최선을 다해 지키겠다고 했다.

다행히 이 사건은 피해자가 더 이상 요구를 반복하지 않았고, 추가 법적 조치도 취하지 않아 사안이 확대되지는 않았다. 기업은 실제로 이메일을 보낼 당시 피해자가 법적 조치를 감행한다면 이메일을 증거로 제출하여 피해자에 정식으로 대응할 예정이었다. 아마 피해자도 이메일에 드러난 기업의 단호한 입장으로부터 그런 의도를 충분히 읽었을 것이고, 그에 따른 상황 인식이 더 이상의 무리한 요구를 중단한 결정의 배경이 아니었을까 생각한다.

피해자 존중 원칙, 제대로 이해하자

앞서 내가 제안한 방안은 직장 내 성희롱 피해자(남 대리)의 요구를 결과적으로 거부한 것인데, 그렇다고 피해자 존중 원칙에 반한다고 할 수 없다고 했다. 이 문제를 조금 더 살펴보자.

기업은 직장 내 성희롱 등 비위가 발견되면 신고자, 비위 책임이 있다고 지목된 자, 피해자, 기타 관련된 임직원과 외부인을 대상으로 다양한 조사 활동을 한다. 진술 청취, 서류 조사, 포렌식, 대기발령 등 인사조치, 질의서 발송 등이 그러한 예다. 그리고 그 이후 법과 규정에 근거한 인사조치를 취하게 된다.

이 중 피해자와 관련해 기업은 조사 활동 전반에 걸쳐, 그리고 그 이후 후속 인사조치에서 피해자 보호를 염두에 두고, 보복이나 명예훼손 등 2차 피해가 발생하지 않도록 해야 한다. 피해자 진술은 성인지 감수성 원칙에 따라 기본적으로 존중 받아야 한다. 비록 법에 정의된 바는 없지만, 이것을 기업이 지켜야 할 피해자 존중 원칙이라고 할 수 있다.

직장 내 괴롭힘과 성희롱과 관련하여 기업의 피해자 보호조치 의무, 피해자 의사에 반하는 조치 금지를 규정한 근로기준법 등 관련 법률, 앞서 본 성희롱 피해 여부 결정에 성인지 감수성 원칙을 강조하는 대법원 판결은 이러한 피해자 존중 원칙이 구현된 것이라고 할 수 있다.

그러나 피해자 존중 원칙은 기업이 조사와 후속 조치에서 언제나 피해자 의사를 반영하고 피해자에 유리한 판단을 내려야 한다는 취지가 아니다.

이 원칙하에서도 기업은 공정한 조사와 인사질서 유지를 위해 피해자 요구와 달리 조사와 후속 조치를 진행할 수 있다. 고도의 개연성이 없다면 피해자 진술을 받아들이지 않을 수도 있다. 악의적 허위 주장을 하면 피해자를 상대로 한 징계 등 대응 조치를 건의할 수 있다.

기업은 피해자 존중 원칙을 유념하면서도, 그 원칙이 오용되어 스스로 인사권을 훼손하는 결과가 초래하지는 않는지 한편에서 항상 경계해야 한다.

이것은 앞서 성인지 감수성 원칙을 설명하면서 한번 언급했지만 여기서 다시 강조해 둔다. 기업의 직장 내 성희롱 대처에는 피해자 의사의 존중과 함께 공정한 인사권 행사도 중요하다. 양자의 균형적 고려가 필요한 것이다.

방어권 VS
진술자의 프라이버시

총무팀 박 팀장은, 조사 면담 과정과 징계위원회에 출석 후 남 대리의 여자친구 사진을 보고 "예쁘다"고 한 사실은 인정했다. 그러나 남 대리 신고 내용처럼 "짱깨"라는 용어를 쓰거나, "색을 밝히게 생겼다"고 한 바는 절대 없다고 주장한다.

하지만 인사팀은 당시 남 대리 옆자리에 있던 윤 과장으로부터, 박 팀장이 남 대리에게 해당 발언을 했다는 진술을 받고, 그 진술이 기재된 문답서를 챙겨 둔 상태였다. 단, 윤 과장이 익명을 요구하여 그 이름은 박 팀장에게 공개되지 않았다.

인사팀은 또 조사 과정에서, 총무팀의 여직원인 신 대리로부터 박 팀장이 "여직원임을 이유로 연장근로를 거부하는 신 대리 같은 직원은 나가야 한다", "거래처 술자리에서 신 대리가 너무 소극적이다. 거래처가 원한다면 러브샷이라도 해줘야 한다"는 발언도 수시로 했다는 주장을 듣고, 신 대리로부터 처벌을 원한다는 진술도 문답서로 받았다.

신 대리는 위 주장을 퇴사한 다른 직원으로부터 전해 들었고, 그 일시와 장소는 알 수 없다고 진술했다. 박 팀장 징계사유에는 위 발언도 포함이 되었다. 단, 신 대리 역시 익명을 요구하여 피해자로 특정되지는 않았다.

박 팀장은 감봉 3개월의 징계 결과를 통보받자, 향후 그 효력을 노동위원회에서 다툴 뜻을 밝히며, 정 팀장에게 남 대리의 신고를 뒷받침하는 직원(윤 과장)과 연장근로, 술자리 운운한 발언을 한 직원(신 대리)이 누구인지, 그리고 그 문답서 사본을 열람하게 해 달라고 요구하였다.

직장 내 성희롱 사건에서는 윤 과장이나 신 대리와 같은 신고자 그리고 피해자 및 목격자가 2차 피해를 우려하여, 혹은 박 팀장과 같이 가해자로 지목된 직원이 문제 삼을 것을 두려워하여 본인 실명과 그 진술 내용을 공개할 것을 거부하는 경우가 흔하다.

그 경우 제일테크놀로지는 조사와 징계 절차에서 박 팀장에게 그 거부의 취지를 존중하면서 매우 조심스럽게 조사 대상행위를 언급해야 한다.

'누군지 확인해 줄 수는 없지만' 박 팀장이 짱깨, 색을 밝히게 생겼다고 한 말을 들은 사람이 있다거나, 남 대리 외에도 박 팀장이 특정 여직원을 상대로 연장근로, 술자리 등 문제 발언을 하였다고 주장한 사람이 있다는 정도로만 언급하는 것이 적절하다.

이 경우 그러한 사실을 전면 부인하고 있고 이어진 징계에 반발하고 있는 박 팀장으로서는 윤 과장과 신 대리의 신원을 밝히고 그 진술 내용을 공개할 것을 요구하는 것이 보통이다. 그리고 이 요구는 일축하기 어렵다. 박 팀장으로서는 징계대상자로서 방어권을 행사하는 것이기 때문이다.

성비위행위자 방어권의 한계

징계대상자의 방어권을 명시적으로 직접 선언한 규정은 없다. 하지만 근로기준법상 해고 시 대상자에게 시기와 사유를 기재한 서면을 부여하도록 되어 있는 규정은 그러한 방어권이 인정됨을 전제한다. 판례에서도 징계대상자의 방어권이라는 표현이 사용된다.

박 팀장으로서는 누가 무슨 이야기를 했는지 정확하게 알아야 효과적으로 이러한 방어권을 적절히 행사해서 반박할 수 있을 것이다.

그러나 결론적으로 인사팀장인 정 팀장이 이 단계에서 박 팀장의 요청에 응하는 것은 적절하지 않다. 박 팀장의 방어권 보장도 중요하지만, 이 경우 방어권 보장을 앞세우면 윤 과장과 신 대리가 우려하는 대로 이들의 개인정보 침해와 2차 피해가 발생하는데, 이것은 법이 예정하는 결과가 아니기 때문이다.

직장 내 성희롱과 관련해서는 앞서 본 것처럼 남녀고용평등과 일·가정 양립 지원에 관한 법률상 피해 근로자의 의사에 반하는 조사자 등의 비밀누설 금지 의무도 명시적으로 규정되어 있다(제14조 제7항[1]). 물론 비밀누설 금지 의무는 절대적인 것이 아니다. 그래서 합리적 이유가 있다면, 예컨대 법원의 문서제출명령에 의하거나 기타 법령에 의하여 외부에 공개하는 것은 허용될 수 있을 것이다. 그러나 이는 어디까지나 예외일 뿐이다.

특히 입법으로 비밀누설 금지 의무가 인정된 이유가 가해자에 의한 2차 피해를 저지하기 위한 점을 고려하면, 가해자가 방어권 행사를 위해 정보 제공을 요구할 때 기업이 이에 쉽게 응한다는 것은 앞뒤가 맞지 않는다.

이러한 법적 문제를 떠나, 윤 과장 등의 신원과 진술 내용을 공개하는 것은 인사 정책상으로도 문제가 있다. 그런 공개 요구가 있을 때마다 쉽사리 이루어지면 앞으로 제일테크놀로지 내에서 유사한 직장 내 성희롱 등 비위행위가 있을 때 직원들이 신고나 조사 협조를 꺼릴 것은 당연하다.

덜컥 공개를 했다가 윤 과장과 신 대리로부터 항의를 받고 심한 경우 법적 조치를 당하게 되는 것도 제일테크놀로지가 감당하기 쉽지 않은 부담이다.

마지막으로, 정 팀장은 최근 성비위행위 피해자 실명 공개에 관해 부정적 입장을 표명한 대법원 판결도 참고할 수 있을 것이다.[*]

위 판결은 우선 직장 내 성희롱과 같은 성비위행위와 관련, 징계대상자가 가지는 방어권을 인정한다. 성비위행위의 경우 각 행위가 이루어진 상황에 따라 그 행위의 의미 및 피해자가 느끼는 수치심 등이 달라질 수 있으므로, 징계대상자의 방어권을 보장하기 위하여 각 행위의 일시, 장소, 상대방, 행위 유형 및 구체적 상황이 다른 행위들과 구별될 수 있도록 특정되어야 한다는 것이다.

그러나 곧이어 징계대상자의 방어권에 의해 피해자 실명 공개를 거부할 수 있는 조건을 밝히고, 특히 성비위행위 2차 피해는 특별한 고려 요소가 된다는 점을 밝히고 있다.

'각 징계혐의 사실이 서로 구별될 수 있을 정도로 특정되어 있고, 징계대상자가 징계사유의 구체적인 내용과 피해자를 충분히 알 수 있다고 인정되는 경우'에는 징계대상자에게 피해자의 '실명' 등 구체적인 인적 사항이 공개되지 않는다고 하더라도 방어권 행사에 실질적인 지장이 초래된다고 볼 수 없다는 것이다.

[*] 대법원 2022. 7. 14 선고 2022두33323 판결

특히 성희롱 피해자의 경우 2차 피해 등의 우려가 있어 실명 등 구체적 인적사항 공개에 더욱 신중을 기할 필요가 있다고 명시하고 있다.

성비위행위자의 방어권을 존중해야 하는 경우

이야기를 이어가 보자. 정 팀장은 앞에서 살펴본 대로 비밀누설 금지 의무, 인사 정책적 이유와 함께 위 대법원 판결을 제시하면서, 윤 과장과 신 대리에 관한 신원 공개와 문답서 사본 제공의 요구를 거절했다.

이에 박 팀장은 남 대리의 신고를 뒷받침한 윤 과장의 문답서 사본 제공 거부는 수용하면서, 신 대리의 경우 계속 신원 공개 입장을 고수했다. 대법원 판결이 말하는 '각 징계혐의 사실이 서로 구별될 수 있을 정도로 특정되어 있고 징계대상자가 징계사유의 구체적인 내용과 피해자를 충분히 알 수 있다고 인정되는 경우'가 아니라는 것이다.

이 경우 제일테크놀로지로서는 한 걸음 물러나서, 과연 애당초 징계사유를 제대로 잡은 것인지, 더 잘할 수 있는 방법은 없었는지는 생각해 볼 필요가 있다. 신 대리의 경우, 박 팀장의 주장이 상당히 일리가 있기 때문이다.

신 대리가 언급한 연장근로, 술자리 등에 관한 주장은 '각 징계혐의 사실이 서로 구별될 수 있을 정도로 특정되어 있고, 징계대상자가 징계사유의 구체적인 내용과 피해자를 충분히 알 수 있다고 인정되는 경우'인지 문제 될 가능성이 있다. 그 결과, 신 대리의 신원 등의 공개를 거절당한 박 팀장은 추후 분쟁 절차에서 방어권 침해를 문제 삼으면서 전체 징계의 무효를 주장할 수 있을 것이다.

더구나 신 대리는 남 대리와 달리 직장 내 성희롱의 피해자가 아니다. 남 대리에 비해 그 보호의 필요성과 정도가 적다고 볼 여지가 많다.

내가 생각하기에 이 문제는 첫 단추가 잘못 꿰인 것이다. 즉, 박 팀장의 공개 요구 이전에 선제적으로 징계대상 포함 단계에서 확실하게 방향을 정리하려는 노력이 있었다면 더 좋았을 것이다.

연장근로, 술자리 등을 박 팀장의 징계사유로 삼으려면 신 대리의 신원과 진술 내용의 공개가 불가피할 수 있다는 점에 대해 정 팀장은 신 대리에게 미리 양해를 받았어야 했다. 그리고 조사 과정에서 신 대리의 신원과 진술 내용을 공개하여 박 팀장의 방어권을 보장한 후 추후 절차를 진행하는 방안을 고려했어야 한다.

이때 신 대리가 신원과 진술 내용의 공개를 거부하는 경우에는 아예 처음부터 조사 및 징계 대상에서 제외하는 방안을 고려할 필요도 있었을 것이다. 나중에 신 대리의 의사에 반해서 신원과 진술이 공개

선 넘는 사람들

될 위험이 있을 뿐 아니라 신 대리의 진술 내용이 충분히 입증 가능한지부터 의심스러운 상황이기 때문이다.

그것이 추후 박 팀장의 징계가 무효가 될 위험, 신 대리의 신원이 공개됨으로써 2차 피해가 발생할 위험을 줄이는 현명한 처사였을 것이다. 그러나 이러니저러니 해도 이미 엎질러진 물이다. 제일테크놀로지는 어떻게 해야 하나?

징계를 스스로 취소한다는 것은 이례적인 데다가, 이런 방어권 침해를 이유로 징계를 취소해야 한다는 것은 좀 과하게 느껴질 수도 있을 것이다. 그래서 지금 되돌릴 수는 없고 박 팀장 징계를 그대로 유지해야 한다는 판단도 완전히 틀렸다 할 수는 없다.

그러나 좀 이례적일지라도, 제일테크놀로지는 감봉 3개월의 기존 징계를 취소하고, 다시 새로운 징계를 내려야 한다는 것이 내 생각이다. 그런 선제적 조치를 통해 징계 조치의 절차상 공정성 문제가 제기될 여지를 없애 두어야 향후 분쟁이 발생했을 때 박 팀장 징계 전부의 효력을 공격받는 위험을 없앨 수 있기 때문이다.

단, 이 과정에서 신 대리와 상의하는 것이 필요한 것은 물론이다. 신 대리가 마음을 바꿔 신원 및 진술 공개에 동의하고 연장 근로나 술자리와 관련된 주장 진위를 밝히는 것에 적극 협조할 수도 있기 때문이다.

상의 결과 여전히 신 대리가 그 공개에 동의하지 않는다면, 향후 소극적으로 대응한 결과 솜방망이 징계를 했다는 비난이 나올 경우를 대비하여 신 대리로부터 공개에 동의하지 않는다는 점을 서면으로 확인 받아두는 것도 고려해야 할 것이다.

인사·노무 담당자의 과제

이 부분은 쓰다 보니 성비위행위자인 징계대상자 방어권은 아직 실무에서 열띤 논의가 이루어지는 주제가 아닌데 그에 비해 상세한 부분까지 논의한 느낌도 있다.

그러나 나는 기업의 인사·노무 담당자들이 이제 성비위행위자인 징계대상자 방어권 행사를 어떻게 실무적으로 보장해 줄지 더 주의를 기울이고 신중한 대처를 시작할 시기가 왔다고 생각한다. 성비위행위에 관하여 징계대상자의 권리의식과 공정한 인사조치에 대한 요구가 날로 높아지고 있어서, 언제 어떤 형태로 분쟁이 발생할지 모르기 때문이다.

구체적으로 성비위행위자를 징계함에 있어서 진술자 특히 피해자의 프라이버시 보호를 최우선으로 하되, 프라이버시 보호를 이유로 성비위행위자인 징계대상자의 방어권을 일체 부정하기보다는 양자를 균형 있게 배려하는 방법을 찾기 위해 노력해야 할 것이다.

1 그대로 옮기면, "…직장 내 성희롱 발생 사실을 조사한 사람, 조사 내용을 보고 받은 사람 또는 그 밖에 조사 과정에 참여한 사람은 해당 조사 과정에서 알게 된 비밀을 피해 근로자의 의사에 반하여 다른 사람에게 누설하여서는 아니 된다."이다.

사표, 수리하면 끝이 아니다

제일테크놀로지 마케팅팀의 진 대리(여)는 프로젝트 종료를 축하하는 저녁 회식 자리에서 팀원들이 잠깐 자리를 비운 틈에 방 팀장(남)이 자신의 허리를 감싸는 신체접촉을 했다는 사실을 들어 회식 다음 날 곧장 강제추행으로 경찰에 신고했다.

경찰 신고 후 사내 신고를 겸한 정 팀장(인사팀장)과의 면담을 통해서는 "영업팀장에게 사과할 기회를 주었는데도 사과를 하지 않습니다. 도저히 용서할 수 없으니 엄중히 조치해 주시기 바랍니다"라고 심경을 밝혔다. 이후 진 대리는 연차를 쓰며 계속 출근 하지 않았고, 전화와 메시지 등 일체의 연락까지 끊었다.

사태의 심각함을 느낀 정 팀장은 우선 방 팀장을 불러 당시 경위를 추궁했다. 방 팀장은 술에 취해 회식 때 일을 정확하게 기억하지는 못하지만, 진 대리가 말하는 것과 같은 신체접촉은 절대 없었다고 부인한다. 진 대리와는 줄곧 맞은편에 앉아 있어서 아예 허리를 만지는 것이 불가능했다는 것이다.

동행 직원들 역시 신체접촉을 보지 못했다고 진술했다. 내용을 들어보니 방 팀장이나 동행 직원들이 거짓말을 하는 것 같지도 않았다. 우선 방 팀장을 대기발령 조치를 하고 조사를 더 이어가기로 했지만, 정 팀장은 상당히 난감했다.

정 팀장이 이렇게 향후 처리 방향을 고심하던 중, 돌발 변수가 생겼다. 대기발령 중이던 방 팀장이 "잘못을 인정하지 않지만, 물의를 일으킨 것도 팀장으로서 잘못을 통감합니다. 책임을 지고 징계 전 사직하겠습니다"라며 사직서를 제출한 것이다.

정 팀장은 사직을 즉시 수리하기로 하고 경영진에 승인을 요청했다. 승인이 필요한 근거로 ① 방 팀장은 신고사실을 부인하고, 경찰 조사가 진행 중이므로 독자적으로 사실관계를 판단함이 곤란하다는 점 ② 신고사실을 인정해도 진 대리가 만족할만한 중징계가 가능한지 불확실한 점 ③ 때를 놓치면 방 팀장이 사직 의사를 철회할 우려가 있는 점 ④ 방 팀장이 계속 재직하면 업무변경·업무장소 구분과 같은 까다로운 문제가 발생하고, 팀원 복귀 후 2차 피해 방지에도 어려움이 많다는 점을 들었다.

이처럼 직장 내 성희롱 가해자로 지목된 방 팀장의 사직을 수리하려는 정 팀장의 결정은 적절할까? 아니라면 어떤 문제가 있을까?

너무 이른 사직 수리의 문제점

우선 서둘러 사직을 수리하려는 정 팀장의 의도를 이해하지 못할 바는 아니다. 일반적으로 직장 내 성희롱 피해자는 가해자 퇴사가 이루어지면 징계까지 원하지 않는 경우도 적지 않다. 징계와 그 이후의 분쟁 과정에서 2차 피해가 발생할 것을 우려하기 때문이다. 정 팀장도 이 점을 고려했을 것이다.

그 외에 △ 신고 사실을 인정하고 징계한 뒤 경찰 조사 결과 무혐의 처리되면, 징계 조치 적법성에 대한 다툼이 일어날 위험이 커지는 점 △ 방 팀장이 부인하고 목격자 진술도 없는 일회성 성희롱을 이유로 중징계 처분을 하는 것은 반발을 살 우려가 있는 반면, 경징계를 하면 진 대리의 반발이 우려되는 점 △ 방 팀장이 계속 재직하면 어느 일방의 업무 조정이 불가피한데 소규모 기업일수록 그에 따른 인사 운영상 부담이 큰 점도 사직 수리 방안이 가진 긍정적 측면이다.

그러나 이처럼 나름 설득력 있는 근거에도 이 사례에서 사직 수리 결정은 심각한 결점이 있다. 진 대리와 사전에 적극 연락해 의견을 청취하고, 그 의견을 반영해 진행 방향을 재고하는 노력을 찾아볼 수 없기 때문이다.

남녀고용평등법상 직장 내 성희롱 발생 사실이 확인되면 기업은 징계 등 조치 전에 그 조치에 대해 피해자 의견을 들어야 한다(제14조 제5항). 사례에서 사직 수리 전에 팀원 의견을 청취하지 않은 사실을 정당화하려면 제일테크놀로지는 직장 내 성희롱 사실이 아직 확인되지 않았다는 입장을 취해야 할 것이다.

그러나 이런 입장은 아무래도 궁색하고, 특히 진 대리는 도저히 납득할 수 없을 것이다. 의견 청취 절차를 이행하는 것이 분쟁 소지를 없애는 안전한 길이다.

방 팀장이 사직하면 진 대리가 그 이상의 징계를 원하지 않을 것이라는 판단도 안이하다.

진 대리는 경찰 신고까지 한 상태이고, 방 팀장은 신고 사실을 인정하지 않는다. 이런 첨예한 입장 대립 상황에서 제일테크놀로지가 사직을 수리하고 사안을 종결하면, 실제 직장 내 성희롱 사실이 있었는지에 대해, 나아가 진 대리가 불순한 의도로 소위 '가짜 미투'를 한 것이 아닌지에 대해서까지 논란이 생길 염려가 있다.

편의적 사건 해결에 급급할 뿐, 조직 내 불건전한 회식 문화를 개선하려는 의지가 없다는 인식이 퍼지는 것도 문제다. 일체의 연락을 받지 않는다지만, 진 대리는 아마 기업의 대응을 유심히 살펴보고 있을 것이고 방 팀장의 사직수리 같은 중요 사항에 대해 메시지를 남기면 확인 및 답신할 것이라고 예상함이 상식적이다. 그리고 메시지 확인 사실은 수신확인기능으로 쉽게 알 수 있다. 그 기능을 활용하면 팀원 의사 확인은 아주 간단하다.

이런 손쉬운 조치도 하지 않고 사직을 수리한다면 기업이 피해자 존중의 원칙을 무시한다는 반발을 피하기 어려울 것이다. 사직 수리를 서두르는 입장 근저에 진 대리가 방 팀장 사직에 반대하면, 불가피하게 발생할 복잡한 문제를 피하고 싶은 편의적 의도가 없는지 한 번 돌아볼 필요도 있다.

그 외에도 △ 합리적 의심을 배제할 정도의 입증이 없음을 이유로 형사책임은 인정되지 않더라도, 그 사실만으로 방 팀장 징계가 무효가 되는 것은 아니다.* 기업은 경찰 조사 경과와 무관하게 징계 절차를 진행할 수 있다.[1] △ 진 대리가 신속히 경찰과 기업에 신고한 점이나 최근 성비위행위 사건에서 법원이 성인지 감수성 원칙을 강조하는 경향을 고려할 때,** 방 팀장이 부인하고 다른 목격자의 진술

---

* 대법원 2015. 3. 12 선고 2012다117492 판결

** 대법원 2017. 12. 22 선고 2016다202947 판결

선 넘는 사람들

이 없더라도 신고사실을 충분히 인정할 수 있는 점도 제일테크놀로지가 사직 수리 전 진 대리의 의견을 청취해야 한다는 입장의 근거가 된다.

피해자, 지켜보고 있다

내가 자문한 실제 사안에서 있었던 일이다. 출근과 의사소통을 모두 거부하던 성희롱 피해자에게 기업이 문자 메시지로 사직 수용 여부에 관한 의견을 물었다. 그러자 즉각 피해자로부터 "절대 사직을 수용할 수 없다. 반드시 해고해야 한다"는 답신이 왔다.

피해자는 신고 당시에는 가해자 해고에 관한 언급이 없었는데, 알고 보니 연락을 하지 않는 동안 형사고소를 본격 진행하면서 민사상 손해배상 청구까지 준비하고 있었고, 해고 사실을 유리하게 활용할 계획도 세워둔 상태였다. 기업이 피해자 의견 청취 없이 즉시 사직을 수리했다면 피해자는 기업을 상대로 법적 조치를 할 수도 있었을 것이다.

기업은 답신을 받고 사직 수리를 보류하였고 징계위원회를 열어 직장 내 성희롱 사실을 인정하고 가해자를 징계했다. 단, 수위에 있어서 해고는 과하다고 판단하여 정직 처분을 했다. 그리고 처분 직후 정직기간 종료 전 사직을 수리하는 정도로 마무리했다.

가해자 입장에서는 즉시 사직하려는 당초 의사와 다르게 처리된

셈인데, 사직은 수리를 하지 않는 이상 통고로 즉시 효력을 발생하지 않고 1개월 후 효력을 발생하는 점을 활용했다.(민법 제660조 제2항)

직장 내 성희롱 사건은 가해자의 사실 인정 여부, 조사대상자 수 등에 따라 종결에 시간이 걸릴 수 있는데, 그 경우 2차 피해, 업무 분위기 저해, 비밀누설 등으로 인한 추가 분쟁과 같은 부작용이 발생할 염려가 있다. 따라서 기업은 가해자 사직 수리를 통한 신속한 종결을 선호한다.

그러나 신속한 종결을 염두에 두더라도, 사직 수리 전 피해자 의견을 청취하고 합리적 한도에서 반영하기 위해 노력해야 하는 점은 기억해야 한다.

주

1 〈한겨레, 여성 강제추행 혐의 사원 해고〉 미디어오늘, 2017. 5. 13. 실제 한 국 내 언론사는 찜질방에서 강제추행을 한 혐의로 아직 기소만 이루어진 직원에 관하여, 언론사 구성원에게 요구되는 높은 수준의 도덕성과 책임, 중대한 불법행위를 회사에 보고하지 않은 점 등을 들어서 사직서 수리를 거부하고 징계해고한 사실이 있다. 피해자가 직원이 아닌 점에서 우리 사례와 다르지만, 회사가 사직 수리 거부 후 아직 판결 선고가 이루어지기 전 징계해고를 감행한 점에서 참고할 만하다.

선 넘는 사람들

06

사후 공개
어느 정도가 적절한가?

제일테크놀로지는 직장 내 성희롱 사건에 대해 조사를 마치고 방 팀장을 징계 절차에 회부하였다. 징계위원회는 방 팀장의 성희롱 사실을 인정하고 정직 조치를 하였다. 방 팀장은 정직 직후 사직했다. 그러나 경 사장의 설득까지 있었음에도 불구하고, 끝끝내 방 팀장은 진 대리의 사과요구를 거부했다.

방 팀장 사직 후 며칠이 지나자 경 사장은 정 팀장에게 메일을 보내, 향후 유사한 직장 내 성희롱 분쟁이 발생하지 않는 것에 필요한 모든 조치를 취하도록 지시했다.

〈이메일〉
보낸사람: 경 사장
받는사람: 정 팀장

제목: 직장 내 성희롱 분쟁 예방을 위한 지시사항

1. 제일테크놀로지의 무관용 의지를 알리기 위한 사장 명의의 경위 보고와 사과
2. 방 팀장의 실명을 넣어서 성희롱 사실을 있는 그대로 알리고 그 결과 취한 정직 조치를 공표

그 외 교육을 실시하는 등 모든 방안을 실행하여 추후 유사한 사고가 발생하지 않도록 대비하세요.

경 사장의 지시는 충분히 고려대상이 될 만한 직장 내 성희롱의 사후 조치다. 교육은 물론, 경위 보고와 사과, 징계 사실 공표 역시 (특히 직장 내 성희롱으로 사내에 상당한 동요가 있었다면) 실행을 고려할 만하다.

그런데 이 경우 제일테크놀로지는 직장 내 성희롱 사실을 어느 정도 상세하게 공개해야 할까?

특히 가해 직원 실명을 공개하는 것이 적절할까? 이것은 상세 공개로 인한 가해 직원의 프라이버시 침해나 피해 직원의 2차 피해와 같은 부작용의 문제다.

상세한 사실관계나 실명의 공개, 지양해야

조사 단계에서 철저하게 보안을 유지했더라도 직장 내 성희롱으로 징계를 한 이후의 단계에서는 제일테크놀로지처럼 직장 내 성희롱 내용을 상세히 알리고 가해 직원의 실명을 공개하는 것을 고려하는 경우가 종종 있다.

직장 내 성희롱의 해악에 대한 우리 사회의 인식이 제고되는 흐름에 발맞추어, 무관용 원칙 채택과 실행을 다시 한번 확인하려는 것이다. 때로 피해 직원이 가해 직원의 실명을 포함한 사실적 공표를 공개 사과와 함께 요청하기도 한다.

그러나 가해 직원이 자발적으로 공개 사과를 하고 상세한 공개를 제한 없이 용인하는 것과 같은 특별한 경우는 별론으로 하고, 원칙적으로 기업은 직장 내 성희롱 사실을 너무 상세하게 알리거나 가해 직원의 실명을 공개하지 않도록 유념하는 것이 좋다. 그로 인한 추가 분쟁과 법적 책임 위험을 고려해야 하기 때문이다.

직장 내 성희롱 사실에 대해 가해 직원의 실명과 함께 공개하는 것은 일단 가해 직원의 명예를 훼손하는 행위다. 직장 내 성희롱 사실이 허위인 경우는 말할 것도 없고, 설령 진실이라도 다르지 않다.

이 경우 기업은 그 공개가 '공공의 이익'을 위한 것임을 인정받아야 관여자가 형법상 명예훼손죄로 처벌되거나 손해배상 책임을 부담하는 상황을 면할 수 있다. 그런데 이때 '공공의 이익'은 매우 추상적 기준일 수밖에 없다 보니, 직장 내 성희롱의 상세한 공개가 공공의 이익을 위한 것이라고 인정될지 기업은 사전에 확신하기 어렵다.

실제 가해 직원 실명 공개가 공공의 이익을 위한 것이라 볼 수 없어서 위법하다고 본 판결은 여럿이 있다. 몇 가지 들면, 형법상 명예훼손죄가 인정된 사례로 특정 직원의 근무성적 불성실 등의 사유로 그 직원에 대하여 징계절차가 진행된다는 사실을 알리는 공문을 게시한 것이 있다. 이 사안에서 법원은 해당 실명 공개가 능률적 운영이라는 공공의 이익을 달성하려는 조치가 아니라고 하면서 관여 인사담당자의 명예훼손죄를 인정했다.[*]

손해배상책임이 인정된 사례도 있다. 등록금 미납으로 제적된 사실을 해당 대학원생 실명을 거론하며 공개한 사례다. 법원은 공개의 주된 목적인 예방효과는, 실명을 거론하면서 구체적으로 지적하지 않더라도 달성 가능하다고 하면서 관여 총장 등의 책임을 인정하였다.[**]

피해 직원의 실명 공개와 기업의 실명 공개는 구별해야

피해 직원이 직장 내 성희롱 사실과 함께 가해 직원 실명을 공개

[*] 대법원 2021. 8. 26 선고 2021도6416 판결
[**] 서울남부지방법원 2001. 5. 28 선고 2009가단44581 판결

한 것이 공공의 이익을 위한 것으로 적법하다는 대법원 판결이 내려진 경우도 있다. 비교적 최근이라 할 수 있는 2022년 1월에 내려진 판결인데, 피해 직원의 명예훼손죄를 인정한 원심판결을 파기한 것으로 보도자료까지 배포되면서 많은 관심을 모았다.[***]

사안은 직장 내 성희롱이 발생한 때로부터 약 1년 반이 지난 후 불만스러운 전보인사 발령이 내려진 것을 계기로 자진 퇴사하면서, 그 기회에 피해 직원이 수십 명 직원에게 이메일로 'HR팀장'을 가해자로 특정하여 직장 내 성희롱 사실을 알린 행위가 명예훼손죄가 되는지에 관한 것이다. 이메일에는 향후에는 기업에서 직장 내 성희롱이 근절되었으면 좋겠다는 의견도 표명되어 있었다.

대법원은 피해 직원의 손을 들어 주었다. 직장 내 성희롱 문제는 회사와 구성원 전체의 관심과 이익에 관한 것이며 순수한 사적 영역에 속하는 것이 아닌 점, 이메일에 기재된 직장 내 성희롱이 객관적으로 진실인 점, 수신인을 직원들로 한정하였고 인신공격적 표현이 없다는 점을 들어 실명 공표에 일부 전보 인사 불만이 동기가 된 점이 있어도 주된 목적은 공공의 이익에 있다는 것이다.

그런데 위 판결은 기업의 직장 내 성희롱 사실의 공개는 방식과 내용상 제한이 없다는 취지로 일반화하여 받아들여질 수는 없다. 무

[***] 대법원 2022. 1. 13 선고 2017도19516 판결

엇보다 동 판결은 기업이 아닌 피해 직원 본인의 직장 내 성희롱 사실의 공개를 대상으로 한다.

제일테크놀로지처럼 기업이 인사정책 수단으로 직장 내 성희롱 사실을 실명 공표하는 경우 직접 적용할 수 없다.

아래에서 다시 보겠지만, 기업이 예방 목적으로 직장 내 성희롱 사실을 공개하는 수단은 실명 공개 외에도 여러 방식이 있다. 이 경우 법원이 직장 내 성희롱 사실을 가해 직원의 실명까지 포함하여 가감 없이 공개를 한 기업에게 공공의 이익을 이유로 면죄부를 줄 것인지는 불분명한 것이다.

결국 위 판결 이후에도 기업이 유사한 수준의 상세한 공개를 하는 것에는 신중한 고려가 필요하다.

이런 법적 문제를 떠나서도, 인사정책상 기업의 직장 내 성희롱의 실명 공개는 다른 비위행위의 실명 공개에 비해서도 훨씬 민감하다. 다양한 분쟁의 위험을 발생시키는 이슈라는 점을 고려할 필요가 있다. 사안의 성격상 가해 직원과 피해 직원 모두에게 개인정보와 사생활 침해, 명예훼손, 2차 피해를 야기할 우려가 크기 때문이다.

예컨대, 사안에서 방 팀장은 직장 내 성희롱 사실을 부정하고 있다. 따라서 실명 공개가 이루어지면 더욱 강력하게 반발하면서 명예훼손 고소, 정직 조치 무효를 주장하는 법적 조치가 이어질 가능성이 많다. 그로 인해 분쟁이 장기화되고 주변에서 직장 내 성희롱이 계속 회자되는 것이 기업이나 피해 직원에게 바람직한 일일까?

이것은 쉽게 말하기 어려운 문제다. 실명 공개를 한다면 법적 검토 외에도 대내외적으로 확실한 명분이 있는지, 예상되는 전개와 그로 인한 부작용이 무엇인지 검토하여야 한다. 확실한 명분이 있고 부작용이 거의 없다고 보는 예외적 경우에만 실행하는 것이 좋다.

성희롱 재발 방지를 위한 대안적 조치

사례로 돌아가, 정 팀장이 직장 내 성희롱의 상세한 공개와 가해 직원인 방 팀장의 실명 공개를 하지 않기로 했다고 해보자. 그 경우 정 팀장은 다른 대안, 즉 유사한 직장 내 성희롱 재발을 방지하기 위해 효과적인 다른 조치를 찾아야 할 것이다. 어떤 방안이 있을까?

우선, 직장 내 성희롱 사건을 비실명으로 일반화, 범주화하여 직원을 대상으로 하는 교육 세션을 신속히 열고, 이때 최고경영책임자인 경 사장이 참여하여 강력한 근절 의지를 밝히는 정도로 간접 공개를 시도하는 방안을 고려할 만하다.

자체 교육도 가능하지만, 좀 더 심각하게 사안을 다룬다는 점을 피해 직원과 다른 직원들에게 알리려면 외부 전문가를 초빙하는 것도 가능하다.

몇 년 전 남성 임원이 상습적으로 여성 부하직원의 퇴근시간("여자라 너무 일찍 퇴근한다"), 보고 방법("더 부드럽게 보고해라")을 부적절하게 언급한 것을 직장 내 성희롱, 성차별로 신고하는 사건이 발생한 기업으로부터 시급히 전사 교육을 해달라는 의뢰를 받은 적이 있다. 그 기업은 여성 직원 수가 급속히 늘어나던 중이라, 사장은 향후 유사 문제가 재발할 가능성이 많다면서 걱정이 상당히 많았다.

담당자와 나는 협의를 통해 문제 행위를 다른 회사에서 일어난 사례로 변용하고 해당 부분을 강의 중간에 배치하여 교육 의도가 너무 표나지 않도록 했다. 그러면서 유사 사례를 몇 개 더 소개하여 다루는 시간은 비중을 높이고, 사장도 직접 교육에 참석해 이번 교육의 중요성을 강조하는 시간을 가지는 정도로 교육을 구성했다.

강의 후 연락해 보니, 담당자는 참여 직원들이 왜 이번 교육이 실행되는지 배경을 어렴풋이나마 짐작한 상태였고 변용된 사례도 해당 기업 업무환경에서 일어날 법한 일이었기에, 기업의 무관용 원칙 의지가 충분히 전달되었다는 평가를 전해 주었다. 또 다행히도 교육에 참여한 신고 직원과 신고 당한 임원 모두로부터 불만 제기가 없었다고 했다.

다음으로, 직장 내 성희롱 행위에 관해 비실명 처리는 물론 시기·장소·내용 등의 생략이나 변용을 하여 직접 공개하는 방안도 있다. 이 경우 절차적으로는 취업규칙 등 공개 절차에 관한 규정을 확인하고, 피해 직원인 진 대리에게 공개에 대해 동의를 받고(통상 가해 직원

동의도 받지만, 사안에서는 방 팀장이 공개 사과를 거절하고 퇴사한 상태이므로 동의할 것을 기대하기 어려울 것이다), 나아가 시기·방법·문구 등 전반에 관하여 사전 협의를 하면서 그 의견을 최대한 수렴하는 것이 좋다.

협의 과정에서 진 대리가 직장 내 성희롱 사실 공개에 대한 우려가 특히 크다는 점이 확인되면, 공표 시기는 행위 또는 징계 직후를 고집하기보다 누가 보아도 자연스러운 시기로 미룬다. 예컨대, 정기 사내·팀 워크숍, 정기 직장 내 성희롱 교육 등을 활용한다. 그 외 공개 형식으로는 노사협의회를 통하는 방식도 고려할 수 있을 것이다.

V. 배임적 행위

01

익명의 제보
어떻게 다루어야 하나

제일실업은 제조설비 패키지를 외국에서 수입하여 제조업체에 판매하는 회사다. 사업은 날로 발전하여 설립 당시 열 명 남짓하던 영업팀원이 수년 만에 수백 명에 이를 만큼 늘어났다. 그러던 어느 날 법무팀을 이끄는 정 팀장에게 심상치 않은 외부 계정 이메일이 하나 날아들었다.

〈외부 계정 이메일〉

보낸 사람: 부정타파

받는 사람: 제일실업 법무팀 정 팀장

제목: 제일실업을 진심으로 아끼는 사람입니다.

사정상 신원을 밝히지 못하는 점, 이해 바랍니다.

영업팀의 고참 직원 마 차장이 배임을 저지르고 있습니다. 패키지 구성 제품 중 주된 제품이 아닌 보조제품의 일부를 고객사의 감독 소홀을 악용해 오랫동안 몰래 빼돌려 왔습니다. 그렇게 빼돌린 제품은 외부업체 A사를 통해 시중에 판매했습니다. 그리고 그 대금을 A사와 나누어 가졌습니다.

이로 인해 다수의 고객사가 피해를 입고 있습니다. 최근 고객사 재배당으로 문제의 고객사를 맡은 새 팀원이 있는데, 향후 그 팀원이 억울하게 불이익을 볼 수 있을 것 같습니다. 회사가 이 일에 대해 더 신경 써야 합니다.

내용을 파악한 정 팀장은 본격 조사를 해보기로 했다. 이 제보가 단순한 음해가 아니라고 믿을 만한 정황이 있었기 때문이다.

제보자는 고객사 재배당 같은 최근 영업팀의 사정을 잘 알고 있다. 아마 현 영업팀원일 것이고 직접 알고 있는 비위사실을 신고했을 가능성이 높다. 가담자로 지목된 외부업체 A사의 대표는 마 차장과 옛 직장 동료 사이로 사내에 널리 알려진 인물이다. 둘 사이의 비위 커넥션은 충분히 성립 가능한 그림이다.

그런데 문제가 있었다. 누구를 처음에 조사할지 정하기가 어려웠다. 제보 메일에는 피해를 입은 고객사는 '다수 고객사', 빼돌린 제품

종류는 '주된 제품이 아닌 보조제품'이라고만 적혀 있다.

그런데 알고 보니 마 차장이 맡은 고객사는 수십 군데이며, 패키지의 보조제품도 가짓수가 많았다. 게다가 빼돌리기가 언제부터 시작되었는지에 대한 정보도 없다.

익명 제보자, 연결을 시도하라

위 제일실업 사례는 내가 자문한 배임적 행위가 문제 된 사건 중 익명 제보자가 있었던 몇 건의 사실관계를 섞어 만들었다. 당연히 제일실업도 가공의 이름이다.

세부 내용은 다르지만 각 사건에서는 익명 제보를 받은 후 모두 동일한 문제가 제기되었다. 익명 제보 내용만으로는 조사를 누구부터 시작할지 정하기가 어려운 것이다. 그런데 매번 도달한 결론은 같았다. 기업은 면담·서류 검토·포렌식 같은 본격적 조사에 앞서, 부족한대로 익명 제보자를 상대로 하는 정보 수집 조사부터 시작해 실마리를 풀어가는 것이 최선이라는 것이다.

위 사례에서는 익명 제보자가 이메일로 제보했으니, 제보자가 사용한 이메일 주소로 회신하면서 추가 정보를 요구하는 방식이 적절할 것이다.

익명 제보가 구체적이지 않은 이상, 익명 제보자와 추가 접촉을 하지 않고 배임의 전체 윤곽을 파악할 방안은 없다. 다른 대안이 없는 것이다.

제일실업은 현 상황에서 마 차장, A사 대표, 영업팀장과 동료 팀원 어느 누구도 면담을 하기 어렵다. 육하원칙으로 제품 빼돌리기 혐의를 제시하지 못하니 예리한 질문을 통한 추궁이 불가능하기 때문이다.

그렇다고 고객사들에 제보 사실을 알리면서 협조를 받는 것은 더욱 생각하기 어렵다. 신뢰성 문제, 손해배상 등의 문제가 야기되어 사실 확인을 제대로 시작하기도 전에 조사 초점이 흐려질 수 있기 때문이다.

그래서 유일한 돌파구는 익명 제보자에 있다. 기업이 간과하기 쉬운데, 이러한 접촉은 예상보다 훨씬 더 많은 추가 정보의 취득으로 이어질 확률이 높다. 시도 가치가 충분하다.

우선 제보자는 유용한 정보나 증거를 가지고 있을 확률이 높다. 사례라면 제보자는 △ 마 차장이 문제의 영업을 한 고객사와 그 담당자에 대한 정보 △ 제품 빼돌리기에 관해 제보자, 마 차장, 영업팀장 간의 주고받은 메시지 △ 마 차장의 허위 보고서 사본 따위의 정보나 증거를 가지고 있을 가능성이 높은 것이다.

'다수 고객사' 등의 애매한 표현을 쓴 것은 제일실업이 조사를 할지 확신하지 못하거나, 본인도 가담했거나 아니면 적극 협조로 신원이 공개되면 배신자로 따돌림 당할 것을 걱정하는 등으로 아직 정보 공개를 망설이는 마음의 표현일 수 있다.

그렇게 정보와 증거를 가지고 있는 익명 제보자는 기업으로부터 적절한 방식으로 요청받으면 협조에 나서는 경우가 많다. 익명이긴 하지만 마 차장 배임을 법무팀에 이메일 제보한 행위는 그리 쉽게 감행할 수 있는 일이 아니다. 제보를 계기로 조사가 진행되면 본인 신원이 드러날 위험은 피할 수 없다. 조사 결과 마 차장 외에 연루된 다른 직원들도 책임을 지고, 본인에게도 업무환경과 방식에 어떤 식으로건 변화가 생길 수 있다.

제보자는 이런 사정에도 불구하고 나름의 절박함, 정의감, 혹은 마 차장 등에 대한 강력한 반감에서 제보를 감행했던 것이다. 그런 제보자는 기회만 있으면 협조할 의사가 잠재해 있다고 보아야 한다.

익명 제보자와 커뮤니케이션상의 유의사항

단, 정 팀장이 제보자에게 회신 메일을 보내며 접촉을 시작하고, 또 그 이후 제보자 관련 사항을 처리하면서 몇 가지 알아둘 커뮤니케이션상 유의할 점이 있다.

첫째, 회신 메일 전반에 걸쳐 협조 요청의 기조를 유지한다. 익명 유지 의사를 최대한 존중할 뜻을 밝혀 불안감을 덜어주면서 자발적 정보 제공을 하는 경우 돌아갈 혜택을 제시하는 식이다.

이와 관련해서 △ 기업이 문제의 심각성을 인식하고 있음을 알리기 △ 철저한 조사와 비위에 상응하는 징계 의지를 밝히기 △ 어떠한 경우에도 제보자 의사에 반하는 신원 공개를 하지 않을 것이며, 신원 공개를 방지하기 위해 최선을 다하겠다고 약속하기 △ 제보자가 조사에 적극 협조하는 경우, 제보자에게 어떠한 책임도 묻지 않기로 약속하기 등의 메시지를 담는 것이 좋다.

위 내용 중 마지막의 어떠한 책임도 묻지 않겠다는 약속은 분명히 파격적이다. 그러나 제보 행위가 심각하다면 기업은 충분히 선택할 수 있는 방법이고, 제보자에게는 아주 중요한 메시지다.

둘째, 면담 외의 정보 공개 방법을 구체적으로 제안한다. 면담을 요구하더라도 처음 익명 제보를 하면서 조심스러운 입장을 취하던 제보자가 신원 공개가 뒤따르는 면담 요구에 응하기를 기대하기는 어렵다. 따라서 면담 없이 제보자가 정보 공개에 응할 다른 수단을 구체적으로 제시해야 한다.

내가 자주 활용하는 방법은 처음에는 면담을 아예 제안하지 않는 것이다. 먼저 제보를 검토하고 제보에 포함되지 않은 중요사항(사례의 경우라면 고객처와 담당자의 명단, 배임이 일어난 시기, 빼돌린 부품을 판매한 방법, 그 점을 확인하기 위한 증거 등)을 구체적으로 열거하고, 시한을 정하여 알려달라고 요청한다. 여기서는 시한을 정하는 것이 매우 중요하다.

이때 모든 사항에 대해 한 번에 완전한 답변이 오지는 않는다. 하

선 넘는 사람들

지만 시한을 지켜 답변을 받으면 그 자체가 커뮤니케이션이 계속 이어지며 긍정적 방향으로 발전될 계기가 된다. 그런 문답이 쌓여가는 과정에서 기업은 제보자와 신뢰를 쌓아간다.

실제로 시도해보면 익명의 제보자들이 시한을 지켜 답변할 확률은 상당히 높은 편이다. 아마 제보자 본인이 통제력을 잃지 않고 커뮤니케이션을 할 수 있고 익명 제보의 연장이라 생각해서 안심하는 심리가 있지 않은가 싶다. 그 경우 때로는 굳이 면담을 할 필요가 없게 되기도 한다.

자문 사례에서 실제 있었던 일이다. 임원이 고객에게 강요하다시피 금전을 빌린 후 갚지 않는다는 익명의 제보가 있어서 조사를 의뢰받았다. 먼저 첫 조치로 익명 제보자에게 제보만으로는 확인되지 않는 의문사항을 질문형식으로 작성하여 이메일로 보내고 회신을 요청했다. 그랬더니 제보자는 시한에 맞춰 수정 표시(redline)로 조사팀이 바라던 추가 정보를 보내왔다.

그런데 제보자 회신의 수정 표시에 우연히 커서를 대보니 '만든이'로 제보자의 영문 이름이 떴다. 덕분에 제보자가 여러 팀장 중 1인임을 알게 되었다. 제보자가 너무 안심한 바람에 생긴 일종의 해프닝이었다.

물론 조사팀은 끝까지 모르는 체하고 계속 이메일로 제보자에게 유익한 정보를 받아 조사를 마쳤다. 결국 직근 상사는 잘못을 인정하고 자진 사직했다. 제보자는 아무 일 없이 회사를 잘 다녔다.

셋째, 제보자와 적정 거리를 유지하기 위하여 노력한다. 기업이 열심히 노력한 결과 제보자가 사실 파악에 협조하고 나아가 신원을 밝히며 면담에 임할 수 있다. 그렇게 원하는 대로 사안이 흘러가면 기업은 방심하여 제보자를 마치 조사팀 일원처럼 생각하게 되는 경우를 종종 본다.

하지만 그래서는 안 된다. 기업은 제보자와 불가근불가원(不可近不可遠) 관계를 유지해야 한다.

예컨대 제보자는 배임 직원의 회유를 받아 진술을 번복하거나 철회할 수도 있다. 심경의 변화를 일으켜 본인 진술을 이용한 조사 자체를 반대할 수도 있다. 이때를 대비해 조사팀은 제보자 진술을 서면화하고 향후 분쟁 시 사용에 대해 명시적 동의를 받아야 한다.

제보자는 영웅 심리에서 혹은 배임 직원과 반목 때문에, 정보를 악용하여 조사를 방해할 수 있다. 조사 비밀을 실수로 유출하여 차질이 빚어지는 경우도 흔하다. 실제 제보자가 자신이 제보자라는 사실을 술자리에서 자랑삼아 이야기하는 바람에 급히 조사 순서를 바꾸는 등 엄청난 차질이 빚어진 적이 있었다.

제보자에게는 정보 공개 시 불이익을 강력하게 경고해야 한다. 또 면담 후 제보자와 너무 자주 접촉하거나 민감한 부분까지 정보를 공유하는 것은 삼가야 한다.

중요한 것은 끈기와 근성

익명 제보자와 접촉을 시도하면 예상보다는 연결될 가능성이 높지만 연결이 되지 않는 경우도 물론 있다. 그 경우에는 제보자 접촉이 무산되었다고 해서 당장 조사를 중단하지 말고 그 상황에서 가능한 수단을 찾아 실행해 보는 것이 중요하다.

향후 익명 제보자와 연결되어 조사를 시작할 가능성을 여전히 열어두면서 다른 조사의 단서를 찾아보는 것이다.

예컨대, 제일실업은 당장의 본격 조사는 유보하되, 영업팀을 포함한 전사 일반 업무감사를 하며 그 기회에 영업팀 패키지 판매와 관련된 운영상 문제를 집중적으로 들여다볼 수 있다. 또는 영업팀을 대상으로 비위 근절을 위한 캠페인과 특별 교육을 실행하고 팀원 전원에 대해 1대 1 고충상담을 하여 정보를 수집할 수 있다. 외부 조사 전문기관에 비위를 익명 신고할 수 있는 핫라인 제도를 시행하여 추가 제보의 길을 열어 둘 수도 있을 것이다.

익명 제보자가 접촉 요청에 응하지 않는 경우뿐만 아니라, 조사는 여러 이유로 막다른 골목에 부딪힐 때가 잦다. 그럴 때일수록 끈기와 근성을 발휘하여 버티는 것이 필요하다. 그렇게 버티다 보면 다시 앞길이 트이는 행운이 찾아온다. 될 조사는 되기 마련이다.

02

형사고소
반드시 해야 하나?

———

정 팀장은 익명의 제보자에게 간단한 의문사항을 적어서 답신을 요청하는 이메일을 보냈다. 얼마 후 다행히 제보자로부터 회신이 왔다. 이메일 회신에는 매우 중요한 추가 정보가 담겨 있었다. 예상을 뛰어넘는 성과였다.

〈외부 계정 이메일〉

보낸 사람: 부정타파

받는 사람: 제일실업 법무팀 정 팀장

제목: 답신 요청에 대한 회신

마 차장은 구매자의 확인 소홀을 악용하여, 지난 3년 동안 고객처인 X산업으로부터 10차례에 걸쳐 부품을 빼돌렸습니다. 총 20개로 구성된 패키지를 판매하면서 마지막 20번 악세사리 부품을 공급하지 않고 빼돌리는 방식입니다. 같은 패키지 제품을 판매한 다라제조에서도 마 차장이 빼돌리기를 했을 가능성이 높습니다. 단, 이에 대해 더 자세히 아는 바는 없습니다.

영업팀장은 1년 전 현장 조사 도중 마 차장의 빼돌리기를 알아챘는데도 이를 눈감아 주고 오히려 가담하기 시작했습니다. 현장조사 보고서상 모든 부품이 정상 공급되었다고 허위기재하고, 이를 위조한 X산업 담당자의 수령 확인서를 마 차장이 승인하는 대신, 마 차장에게 골프 향응과 해외여행비 명목의 돈을 받았습니다.

이 사실들은 최근 퇴사한 외부업체 A사의 직원으로부터 전해 들었습니다. 그 직원이 누구인지는 밝힐 수 없습니다.

내용을 확인한 정 팀장은 제보자로부터 더는 얻을 정보가 없다고 판단하고 법무팀 회의를 소집했다. 상황을 공유하고 자체 조사를 할지, 아니면 외부 전문가(로펌, 형사 전문 변호사, 노무법인, 회계법인)에 조사를 의뢰할지의 문제부터 논의할 참이었다.

그런데 회의에서 법무팀 고참 김 과장이 뜻밖의 제동을 걸었다.

아직 제보자가 누군지도 모르고, 외부업체인 A사 조사가 꼭 필요한 데도 강제로 조사할 방법이 없으며, 마 차장이나 영업팀장의 동의 없이 그 노트북과 메신저를 조사하기 곤란하여 조사 자체가 어렵다는 것이다.

그러면서 처음부터 마 차장과 영업팀장을 고소하자고 주장했다. 실제로 마 차장이 패키지 구성 제품 일부를 빼돌려 판매대금을 A사와 나누어 가진 것, 수령 확인서를 위조한 것은 형법상 업무상 배임죄* 및 사문서 위조죄**에 해당할 수 있다.

제보가 사실이라면 마 차장뿐만 아니라 영업팀장과 A사 대표도 고소 및 처벌이 가능하다. 또 강제조사권이 없는 제일실업의 조사가 쉽지 않은 것도 틀린 말이 아니다. 김 과장 말은 경청할 점이 분명히 있다.

설익은 형사고소, 지양해야 한다

그러나 결론을 말하자면 제일실업이 지금 형사고소를 하는 것은 시기상조다. 부작용과 위험이 너무 크기 때문이다. 우선 고소로 인해

---

* 형법 355조, 356조. 타인의 사무를 처리하는 자가 그 업무상의 임무를 위배하는 행위로써 재산상의 이익을 취득하거나 제3자로 하여금 이를 취득하게 하여 본인에게 손해를 가한 때 성립한다.

** 형법 213조. 행사할 목적으로 권리·의무 또는 사실 증명에 관한 타인의 문서를 위조한 때 성립한다.

당장 초래될 사내 분쟁 후폭풍이 우려스럽다.

고소는 마 차장과 영업팀장이 빼돌리기에 가담했을 것이라는 판단 하에 이루어지는 것이다. 이 경우 제일실업은 대기발령, 보직 변경, 휴직, 징계 등의 후속 조치를 하는 것이 논리적이고 일관성이 있다.

그런데 실제 그런 조치를 하면, 마 차장과 영업팀장은 수사기관에 결백을 주장하면서 인사조치 무효를 주장하고 제보자를 찾아 손해배상 소송을 제기하는 등 반발하여 분쟁이 발생할 것이 뻔하다.

물론 최선의 선택에 의해 불가피하게 생기는 분쟁이라면 제일실업은 이를 감수할 수도 있다. 그런데 이 경우 제일실업은 원래 예정하지 않은 상당한 위험을 부담하게 되는데, 고소에 그 위험을 감수할 만한 가치가 있는지 의문이다.

아직 조사를 시작하지 않은 제일실업은 후속 조치의 정당성을 입증하기 위해 마 차장 등의 비위행위 입증을 위한 자체 조사에 나서야 한다. 그런데 이는 고소를 하기로 결정할 때 자체적으로 수행하기 곤란한 사실확인을 수사기관의 힘을 빌려 하려고 했던 본래 의도와는 빗나간 결과이다.

처음부터 고소 없이 조사한 경우와 비교하면 기밀성 혜택도 없다. 오히려 마 차장 등이 결사적으로 반발하는 상황에서 조사해야 하는 더 불리한 상황이 된다. 특히 수사 결과, 마 차장 등이 무혐의 결론이 나면 정말 난처해진다.

고소 이후에는 사실 파악과 처분 주도권이 수사기관에 넘어간다. 그러면 제일실업은 수사기관의 처분에 따르는 수동적 입장이 되는데 이 부분도 문제다.

제일실업으로서는 마 차장 등의 빼돌리기는 아주 심각한 문제고, 최대한 신속히 확인되어 일벌백계의 조치가 내려져야 하는 상황이다. 그러나 수사기관은 그러한 제일실업 입장을 염두에 두기야 하겠지만, 어디까지나 법에 따라, 사안의 객관적 중요성과 수사기관 내부 조사 여력에 따라 조사하게 된다. 제일실업 입맛에 맞게 조사 속도와 방향을 조절하는 법은 없다.

처음 예상에 비해 수사기관의 조사범위가 확대되어 사업상 어려움이 발생할 수도 있다. 사건을 접수한 수사기관이 조사해 보니 다른 영업팀원들, 영업팀장 위의 임원, X산업 구매담당자도 연루되었다고 판단한다면? 또 다라제조에서도 마찬가지로 빼돌리기 문제가 있을 가능성이 높다고 본다면?

수사 대상자와 범위가 확대될 것이고, 필요하다면 제일실업 등에 압수수색이 내려질 수도 있다. 이는 사업 수행에 막대한 영향을 줄 것이다. 고소할 때는 이런 결과를 감수할 수 있는지 신중히 검토해야 하는데, 그런 불확실성을 감당하는 것은 대체로 현명한 일이 아니다.

마지막으로 사용자로서의 도의적 책임이다. 익명 제보는 신빙성이 상당하지만 확실한 증거는 없다. 이런 상황에서 마 차장과 영업팀장에게 방어와 해명의 기회를 주지도 않고 고소부터 하는 것은 법적 책임까지는 아니지만, 사용자로서 무책임하다는 도의적 비난은 무조건 면할 수 없다. 수사 결과 무혐의로 결론이 나더라도 수사 과정에서 초래될 마 차장 등의 긴장, 스트레스, 고통은 엄청날 것이다.

선조사, 후고소

지금 단계에서 제일실업은 김 과장 제안과 달리 고소보다는 스스로 조사에 나서서 최대한 사실관계 파악을 위하여 노력해 보는 것이 좋다. 그렇게 조사를 수행했음에도 진상이 규명되지 않고 마 차장과 영업팀장 등이 모든 사실을 완강히 부인하면서 조사에 협조하지 않으며, 고소로 인한 부작용도 감수할 만큼 사안이 중요하다고 판단하면 그때 고소를 고려하면 된다.

이처럼 조사가 여의찮아 고소를 하게 되더라도 그때까지의 조사가 아무 소용없는 것은 아니다. 조사 결과를 활용해서 고소 사실을 최대한 정확하고 상세하게, 그리고 증거와 함께 제시할 수 있기 때문이다. 그 경우 신속하고 효과적인 수사가 이루어질 가능성이 높아진다. 한마디로 말해 선조사(先調査), 후고소(後告訴)다. 이 순서를 꼭 기억하자.

03

조사계획 단계에서
유의할 점

정 팀장은 자체 조사를 시작하기로 하고, 최고경영책임자(CEO)인 왕 사장에게 그간 경과와 조사계획을 보고 했다.

〈조사 계획 보고서〉

1. 조사 기간
   4주 이내. 기간 내에 모든 사실관계 확인과 최종 보고를 마칠 예정
2. 조사 내용
   마 차장과 영업팀장의 비위행위 관련 모든 사실 관계 확인
3. 조사 방법
   면담 조사. 조사 기간 동안 두 사람을 계속 근무하게 하되 비밀유지 서약서 작성

왕 사장은 조사계획을 승인하면서 두 가지 지시를 덧붙였다. 첫째, 필요하다면 외부 전문가 조력을 받아도 좋으니 보고한 4주가 아니라 1주를 당겨서 3주 만에 조사를 마칠 것. 둘째, 책임자 처벌은 물론 영업팀원들의 업무감독 방식과 컴플라이언스 의식 제고를 위한 조치를 취할 생각이니 이 점도 염두에 두고 비위행위가 발생한 근인 및 방지대책까지 보고할 것.

위 일화에서는 본격 조사가 실행될 때 경험이 부족한 기업이 자주 범하기 쉬운 실수 두 가지가 보인다. 조사계획 단계에서 무리한 조사 기간을 정하는 것과 대기발령에 대한 전략적 판단 과정을 거치지 않은 것이 그것이다.

조사 기간, 넉넉하게 정해라

복수의 직원이 배임에 관여했다는 의심이 있는 위 사례에서, 법무팀 정 팀장이 보고한 조사 기간 4주는 충실한 조사를 전제하면 짧아도 너무 짧다. 하물며 그 기간을 1주 당겨서 3주 내에 끝내라는 왕 사장 지시는 도저히 지킬 수 없다고 단언할 수 있는 수준이다.

외부 전문가와 같이 일하면 시간이 단축될 것이라는 왕 사장의 전제도 틀렸다. 외부 인력이 들어오면 역할 분담을 정하고, 외부 전문가가 기업의 운영실태와 특수성을 이해하는 등 조정시간이 필요하므로 오히려 조사 기간이 더 길어진다.

결국 정 팀장과 왕 사장이 너무 서두른다고 할 수 있는데, 그 배경에는 조사가 늘어지면 영업팀 활동에 지장이 생긴다는 걱정과 집중 조사를 하면 기간을 단축할 수 있다는 인식이 있을 것이다.

특히 정 팀장은 전체 그림을 대강 파악하고 있으니 4주면 충분하다고 낙관했을 수도 있다. 빼돌리기 관련 서류 확인에 1주, 면담에 2주, 정리 및 보고에 1주, 이렇게 기간을 배정하고, 외부 전문가와 함께 집중 조사하면 어찌어찌 4주 만에 마무리가 가능하다는 식이다.

그러나 두 사람은 예측 불가능한 우발적인 사건이 발생할 가능성을 놓치고 있다. 조사 과정에서는 반드시 그렇다고 해도 과언이 아닐 만큼 그런 사건이 꼭 생긴다. 기업이 아무리 계획을 잘 세우더라도 통제할 수 없는 불확실성 리스크다. 이것은 우리의 편향 중 과도한 낙관주의의 한 유형인 계획 오류(planning fallacy), 즉 "특히 프로젝트 완수에 필요한 시간과 예산"을 추정하면서 지나치게 낙관적이 되는 것과 관련이 있다.[1]

예를 들어 마 차장이 1차 대면조사에서 자기뿐 아니라 다른 영업팀원들이 관여되어 있다고 폭로할 수도 있다. 포렌식을 통해 다라제조에 대해 더 큰 규모로 빼돌리기가 있었다고 밝혀지거나, 영업팀장이 변호사를 선임해서 대동할 것이니 대면조사 시기를 연기하자고 할 수도 있다.

조사 경험이 풍부한 담당자라면 이런 일들의 발생이 예사임은 모를 수 없다. 단, 그런 담당자도 낙관 편향에 사로잡히는 등으로 조사 기간을 너무 짧게 잡는 경우는 심심치 않게 생긴다.

서류 조사, 대면조사, 포렌식 등 조사를 구성하는 활동의 구체적 실행계획만 세워 봐도 막연히 짐작할 때보다 조사 시간이 훨씬 더 많이 필요함을 알 수 있다.

대면조사를 예로 들어보자. 마 차장과 영업팀장은 지금 징계나 고소 등 법적 조치의 잠재적 상대방이다. 이들의 대면조사는 쫓고 쫓기는 자들이 벌이는 치열한 두뇌 싸움이며, 한 번에 끝내기 어렵다.

최소한 조사를 개시할 때 큰 그림에 대해 자백을 받아내는 것에 한 번, 이후 방어의 기회를 주거나 세세히 확인할 사항을 챙기기 위해 마무리 단계에서 추가로 또 한 번의 대면조사가 필요하다.

그리고 각 대면조사는 준비부터 실행까지 실행할 일이 매우 많다. 사전 준비에는 빼돌리기 서류 조사, 포렌식, 다른 영업팀원들이나 A사 대표, 퇴사한 직원 등 관련자 면담이 포함된다. 그 과정을 거쳐 미리 질의사항을 정하고 조사팀에 회람하여 빠진 부분이 없는지 살펴보는 과정까지 거쳐야 효과적 대면조사 준비가 끝난 것이다.

당일 대면조사에서는 어떻게든 책임을 모면하려는 마 차장과 영업팀장의 문답이 하루 종일 이어질 수도 있다는 것을 각오해야 한다. 실제 중요한 면담은 그날 다 마치지 못해 일단 중단하고 다음 날 다시 하는 경우도 흔하다.

일정 관리상 어려움도 있다. 일과시간 중 문답을 끝내야 한다는 제약, 선행 조사에서 확인된 사항을 토대로 후행 조사 계획을 세워야 한다는 제약이 있어서 하루에 여러 명 순차 조사를 하기는 물리적으로 불가능하다.

A사 대표나 X산업 담당직원 대면조사는 조사가 공개된 경우의 부작용을 최소화 하고 기밀성 유지를 위해 모든 조사가 끝난 후 순서를 잡는 것이 보통이다. 이 경우 기간 단축을 위해 면담 순서를 조정할 수 없다.

CEO의 기대수준을 관리하라

이런 사정 때문에 정 팀장의 4주나 왕 사장의 3주는 처음부터 지킬 수 없는 비현실적인 조사 기간인 것이다. 내가 정 팀장 입장이라면 (좀 무능하게 보일 수 있어서 걱정은 하겠지만) 조사 기간을 2배 이상, 즉 8주 이상 걸린다고 보고하여 왕 사장 기대 수준을 관리하려 했을 것이다.

일단 과감하게 조사 기간을 정해 놓고 진행하고, 무리가 있다고 드러나면 조사 기간을 연장하면 되지 않느냐고 생각할 수 있는데, 그것은 좋은 방법이 아니다.

정 팀장이 스스로 보고해서 왕 사장 검토까지 받아 공식화된 기간을 연장하기는 현실적으로 쉽지 않다. 연장할 수 있더라도 연장하기

선 넘는 사람들

까지는 기간 준수를 위해 노력해야 하니 절차상 무리하게 된다.

이로 인해 분쟁이 생기거나 조사의 질을 떨어트리기가 예사다. 조사 기간은 처음부터 여유 있게, 현실적으로 수립한다는 자세가 필요하다.

대기발령의 전략적 실행이 필요하다

다음으로, 정 팀장은 너무 쉽게 마 차장과 영업팀장의 계속 근무를 전제로 조사 계획을 수립하였다. 조사 목적과 상황을 살피면서 대기발령을 실행할지, 한다면 언제, 누구를 대상으로 실행할지에 관하여 좀 더 신중하고 전략적인 판단을 하는 것이 나았을 것이다.

대기발령은 기업 조사에서 필요할 경우가 많은 편이다. 특히 사례처럼 영업팀장과 같은 리더가 관련된 배임에서는 더 그렇다. 리더를 대기발령 하지 않으면 입맞추기, 증거인멸, 보복, 사내 질서 문란을 막기 어렵기 때문이다.

법적으로 대기발령은 (예외도 있지만) 정당한 이유가 필요하거나, 엄격한 징계절차에 따르는 징계조치가 아니기 때문에, 기업은 상당한 재량을 누리면서 업무상 필요성에 근거해서 실행할 수 있다.*

특히 대기발령 기간에 정상 급여를 지급하면, 어떤 시기에 어떤 대

---

* 대법원 2002. 12. 26 선고 2000두8011 판결

상자를 범위로 시행하건 법적으로 문제 될 위험이 매우 낮다.

포렌식을 계획하는 경우에도 대기발령은 유용하다. 대기발령 기회에 간단한 면담을 하는 그때가 노트북 반납, 이메일 열람 동의 등에 관하여 자발적으로 동의를 받는 가장 좋은 기회이기 때문이다. 대기발령 시점부터 증거 수집에 동의하지 않는 경우는 드물다.

대기발령은 대내외적으로 기업의 강력한 조사 의지를 천명하는 효과도 있다. 이는 배임행위 조사에 반드시 필요한 다른 직원들의 추가 신고 등 협조를 이끌어 낼 수 있는 장점이 된다.

가끔은 익명의 제보자에게 기업의 강력한 조사 의지를 확신시키는 효과도, 대기발령의 실행 결정에 고려하는 경우도 있다.

정 팀장이 대기발령을 조치를 하지 않은 것은 그 자체로 무조건 잘못이라고 할 것까지는 아니다. 하지만 이런 제반 사정을 모두 고려할 때 취업규칙상 근거, 비위행위가 입증된 정도, 예상되는 반발 강도, 조사에 소요되는 예상 기간을 고려해서 시행 여부와 시기를 정하는 단계를 밟았다면 더 좋았을 것이다.

내가 제일실업을 자문하는 입장이라면, 나는 영업팀장과 마 차장을 조사하는 첫날 연달아 짧게 1차 면담을 하며 일단 2주 정도 대기발령을 명할 것이다. 노트북을 반납받고 포렌식 조사에 대한 동의를 받는 방안을 먼저 검토해 보다가 정 팀장에게 다음과 같이 조언할 것 같다. 어느 정도 비위행위 윤곽이 드러나 있으니 대기발령 실행 자체가 문제 될 정도는 아니다. 리더인 영업팀장의 증거인멸의 우려를 고려해야 한다고 말이다.

대기발령의 역기능에 유의하라

단, 대기발령이 언제나 도움이 되는 것만은 아니다. 오히려 독이 될 때도 있다. 예컨대 대기발령은 너무 광범위한 대상자를 상대로 이루어지면 안 된다. 그 경우 업무 공백으로 인해 기업의 정상적 업무 수행에 지장을 줄 염려가 있다.

다른 부작용으로 대기발령자의 반발도 있다. 너무 전격적으로 행하여지면 기업이 대기발령자가 비위행위를 범했다고 예단한다는 인상, 또 징계를 곧 실행할 것 같은 인상을 주어 대기발령자가 반발하고 비협조적으로 나올 수 있다.

사례에서 추가 조사 없이 덜컥 마 차장과 영업팀장을 대기발령부터 했는데 당초 예상한 혐의에 관한 증거가 추가로 나오지 않고, 뭔가 이상하다고 느낀 X산업이 대기발령 사유를 꼼꼼하게 문의한다고 해보자.

결과론이지만 이런 대기발령은 좀 더 기다렸다가 실행하거나 아예 실행하지 않는 것이 더 좋았다고 평가될 것이다.

이런 점까지 고려하면 정 팀장은 조사계획 단계에서 대기발령의 역기능도 잘 이해하고 사안에 맞게 대기발령 여부, 대상자, 시기를 신중하게 정해야 한다. 물론 쉽지는 않은 일이다.

주

1 『선택설계자들(어떻게 함정을 피하고 탁월한 결정을 내릴 것인가)(원제: You're about to make a terrible mistake!)』 인플루엔셜, 올리비에 시보니, 2021. 계획오류가 발생하는 원인을 계획을 수립할 때 우리는 계획이 실패할 수 있는 모든 이유를 상상하지 않으며, 우리는 계획을 수립할 때 '내부자의 시각'으로 바라본다. 이를테면 우리는 과거에 시행된 비슷한 사업을 살펴보지 않는다고 지적하고 있다.

04
외부인 조사의 어려움

정 팀장은 고객처인 X산업에 정기 점검차 방문이라고 설명하고 현장을 다녀왔다. 이후 조사팀은 마 차장을 1차 면담했다.

마 차장: "부품을 빼돌린 적 없습니다. 20번 부품은 A사가 시중 판매용으로 취급하는 제품도 아닙니다."

조사팀: "면담 전 X산업을 방문해 봤는데, 20번 부품이 제조 현장에서 찾아볼 수 없는 점을 확인했습니다."

마 차장: "왜 활용이 안 되는지는 모르겠네요. 어쨌든 저는 X산업 구매담당자에게 해당 부품을 전달했고 수령 확인서도 정식으로 받은 것입니다."

영업팀장은 면담에서 빼돌리기가 있었다는 사실 자체를 부정했다.

그러나 마 차장과 A사 대표가 주고받은 메일 중에 특이한 내용이 발견되었다. A사 대표가 마 차장에게 "드디어 성공. 보내드렸습니다"라고 보낸 메일이 발견된 것이다.

A사 대표가 부품을 팔고, 그 대금을 송금한 것이 아닐지 의심할 수밖에 없는 상황이다. 수령 확인서상 구매담당자의 서명이 매번 조금씩 다르고 또박또박 정자체로 쓴 것이 왠지 이상하다.

영업팀장의 노트북 포렌식을 해보니 마 차장과 골프 약속을 카톡으로 주고받은 흔적도 드러났는데, 그 횟수가 너무 잦고 어떤 때는 A사 대표가 같이 라운딩에 참여하기도 하였다.

아무 제약이 없다면, 조사팀은 완강히 혐의를 부정하는 A사 대표와 대면하여 수상쩍은 메일을 주고받은 배경이 무엇인지, 시중 판매를 하지는 않았는지, 그리고 너무 잦은 골프 모임에 대해 묻고 확인해야 한다. X산업의 구매담당자도 대면하여 수령 확인서에 관한 사실관계를 묻는 것이 자연스럽다.

조사팀 내부에서도 효과적 조사를 위해 이들과 면담 조사를 시도하고, 여의찮다면 서면 조사라도 반드시 해야 한다는 의견이 나오기 시작한다.

그런데 정 팀장은 망설인다. 이들의 조사는 사실관계 파악에 도움이 될 수 있고, 설령 성과가 없더라도 조사를 위해 필요한 것은 다 해 보았다고 하려면, 일단 시도하는 것이 맞을 것도 같다. 그러나 이들 은 제일실업 직원이 아니라 외부인이다. 그렇게 진행해도 될까? 다 른 부작용은 없을까?

외부인 조사 실행, 최대한 신중하게

이 경우 원칙은 외부인 조사는 신중하게 실행하고 가능한 외부인 조사 없이 조사를 진행하기 위해 노력해야 한다는 것이다. 구체적으 로 예상되는 부작용이 감당할 만하다고 판단한 경우 그리고 다른 방 법을 모두 실행한 후에도 필요한 경우에 한해, 정당한 절차에 유의하 면서 실행해야 한다.

이러한 원칙을 따라야 하는 이유는 우선 외부인은 조사 협조를 거 부하더라도 마땅한 대응 방안이 없어서 조사 실효성이 있을지 처음 부터 불분명하기 때문이다.

내부자인 마 차장은 제일실업 조사에 협조할 의무가 있고, 조사에 협조하지 않으면 그 자체로 징계사유가 될 수 있다. 그러나 X산업 구 매담당자와 A사 대표는 기업과 직접 고용관계가 없다. 제일실업의 조사 요구에 응할 의무가 없으므로 응하지 않더라도 불이익을 가할 방법이 없다.

외부인 조사는 이 외에도 고려해야 할 사항과 절차상 어려움이 내부인 조사에 비하여 훨씬 많다. 예컨대 X산업 구매담당자를 면담하고자 한다면 수령 확인서 서명은 사적으로 한 행위가 아니라 제일실업과의 거래관계에서 한 일이므로 X산업으로부터 사전 동의를 받는 것이 맞다.

X산업에 알리지 않고 직접 구매담당자에 면담을 요청해도 결국은 X산업 동의를 구해야 하는 상황이 될 것이다. 구매담당자는 X산업에 요청 받은 사실을 보고할 것이고 X산업은 일단 조사에 응하지 않도록 하고 경위를 알아볼 것이기 때문이다.

따라서 구매담당자를 조사할 경우, 사전에 이 조사가 필요한 이유를 X산업에 알려야 한다. 그리고 이때 여러 복잡한 문제가 발생한다. 그런 공개 요청이 적절한지(최소한 기밀 유지가 어려워진다), 어디까지 조사 배경에 대해 알려야 하는지, X산업이 협조 요청에 동의할지(구매담당자가 비위행위에 가담했다면 향후 거래관계 지속, 법적 책임에 영향이 있을 수 있다. 반대할 가능성이 크다), 조사를 의도한 방향으로 적시에 마칠 수 있을지(X산업과 공동으로 조사를 해야 할 수 있다) 등이다.

그리고 외부인 조사를 시작하는 순간, 조사 관여자가 많아지게 됨으로써 조사 운영의 복잡성이 증대하고 예상치 못한 방향으로 조사가 흘러갈 위험이 생긴다.

조사 개시 후 A사 대표의 빼돌리기 가담이 속 시원하게 밝혀지지 않았는데, 나중에 어떤 사정으로 A사와 계약 관계가 중단되었다고 해보자. A사 대표는 계약 중단에 반발하면서, 예전에 조사를 강요받은 점을 문제 삼고, 제일실업이 부당하게 지배적 지위를 남용해서 거래 중단을 하였다고 공정거래위원회에 신고할 수도 있다.

마지막으로 구매담당자의 빼돌리기 가담이 밝혀지는 경우도 문제다. 20번 부품 빼돌리기로 X산업이 제공받지 못해 발생한 손해를 누가 어떻게 부담해야 할까? 이는 명쾌한 해결이 어려운 문제로, 제일실업과 X산업 간 분쟁으로 비화되고 기존의 거래관계 유지에 악영향을 줄 수 있다.

제일실업은 마 차장이 권고사직에 동의하고 대신 빼돌리기에 따른 손해를 전보 받는 정도로 사안을 마무리 짓고 싶은데, X산업이 강경 입장을 취하면서 구매담당자와 마 차장을 형사고소하여 조사가 확대될 수도 있을 것이다.

차선책

앞에서 보듯이 제일실업은 외부인 조사를 실행하면 원하는 시기에 원하는 방법으로 조사를 끝낼 수 없을 것이다. 제일실업이 그런 통제력 감소 위험을 감수하고서 외부인 조사를 시도할 가치가 있는지는 선뜻 답하기 어려운 문제다.

이런 이유로 제일실업은 외부인 조사에 나서기 전에 다른 조사 방안을 모두 강구해야 하는 것이다. 그리고 그 방향으로 시선을 돌리면, 의외로 다른 조사 수단이 많다는 점을 알게 된다.

어쩌면 외부자 조사가 반드시 불가결하다는 견해는 직관적으로만 그럴듯할 뿐 실은 전혀 그렇지 않을 수도 있다.

예컨대 제일실업은 마 차장을 설득하여 결백하다면 휴대폰 포렌식에 동의하도록 요구해 볼 수 있다. 아니면 마 차장 주장대로 시중에 20번 부품이 매각되지 않는 것인지, 다른 업체를 통해 확인해 볼 수 있다. X산업 구매담당자의 다른 서명을 찾아보고 필적 감정을 시도해 볼 수도 있을 것이다. 영업팀원 전부를 1대1 면담하여 영업팀장, 마 차장과 A사 대표 및 X산업 구매담당자와의 결탁에 대해 알고 있는 바가 있는지 탐문해 볼 수도 있다. 제보자를 설득해서 제보자에게 비위 사실을 제보한 A사 퇴사 직원 접촉을 다시 시도해 볼 수도 있다. A사 퇴사 직원도 외부인인 것은 맞으나, 이때 해당 직원은 퇴사한 이상 A사 대표의 동의를 받아 조사해야 하는 것은 아니기 때문이다.

배임에 대한 조사에서 기업의 조사팀이 투지를 가지고 실제적 진실 규명을 위해 최선을 다하는 것은 필요하다. 그러나 그렇다고 해서 조사팀이 사실관계 규명에 너무 집착하여 주위를 돌아보지 못해서는 안 된다.

조사팀은 실효성이나 통제력 등 다른 요소를 고려하여 외부인 조사를 포기할 수도 있다는 종합적 시각, 외부인 조사 전에 다른 조사 방법을 택하는 현명한 태도를 갖출 필요가 있다.

보고서, 가벼울수록 좋다

우여곡절 끝에, 외부인 조사 없이 제일실업의 빼돌리기 조사가 마무리되고, 조사팀은 보고서 작성 단계에 접어들었다. 그간의 경과를 정리해보자.

[마 차장]

이메일 확인 조사 과정에서 마 차장이 X산업에 제공해야 할 20번 부품을 A사 대표를 통해 여러 차례 다른 영세 업체에 판매한 사실이 드러났다. 판매액 1,000만 원 대부분을 마 차장이 착복했다는 것이 조사팀 결론이다. 다만 다라제조에도 같은 부품의 빼돌리기가 있었다는 의혹은 확인되지 않았다.

[영업팀장]

조사팀은 영업팀장이 현장 조사 확인서를 허위 작성하고 수

령 확인서를 위조한 사실을 알면서도 수리한 점은 거의 확실
하다고 결론지었다.

단, 마 차장으로부터 골프 향응 등을 받았다는 점은 여전히
의심스럽지만 확인하지는 못했다. 이에 대한 마 차장의 확인
이 필요했지만, 마 차장은 영업팀장이 부품 판매에 관여하지
않았다는 입장을 끝까지 바꾸지 않았다.

유감스럽게도 마 차장과 영업팀장 모두 진심으로 반성하는 빛은
없었다. 마 차장의 변명은 X산업 구매담당자의 요청을 받아 부품을
환가 처분한 것이며, 대금은 전부 담당자에 전달했고 개인 착복은 없
었다는 것이었다.

영업팀장도 확인서가 제대로 처리되지 않은 것은 유감이지만, 확
인서 작성과 수리는 원체 형식적 절차라고 주장했다. 그러면서도 결
백 입증에 도움이 될 마 차장과 주고받은 카톡 및 텍스트 메시지를
공개하라는 요청은 사생활 침해 우려를 들어 거부했다.

이런 내용에 대해 중간보고를 받은 왕 사장은 평소의 완고한 성향
대로 두 사람에 대해 최대한 중한 징계를 해야 한다는 원칙을 강조했
다. 그리고 법무팀 정 팀장에게 이들에 대한 징계 절차와 수위에 관
해 자세하게 보고하라고 지시했다.

정 팀장은 왕 사장이 제시한 원칙도 그렇지만, 본인 스스로도 그

간 회사가 강조해 온 배임에 대한 무관용 원칙상 (나중에 법적 분쟁 결과 결론이 뒤집힐지언정) 마 차장과 영업팀장의 해고를 고려해야 한다는 생각이다.

그런데 상담을 받아보니 자문 노무사의 의견이 매우 보수적이었다. 마 차장의 경우 중징계가 가능하나 해고는 너무 중하여 무효로 판단될 가능성이 있다는 것과 영업팀장은 확인서 업무상 잘못을 이유로 경고를 할 수는 있겠지만, 빼돌리기 관여는 증거가 없으니 징계 사유로 삼을 수 없다는 것이다.

보고서는 간결해야 한다

이 상황에서 정 팀장이 징계에 대한 보고서를 작성할 때 유념할 사항은 무엇일까? 여러 가지가 있지만, 기본적으로 꼭 알아야 할 한 가지만 소개한다.

정 팀장은 있어야 할 내용만 담는다는 생각으로 간결한 보고서를 작성해야 한다. 두껍고 상세한 보고서가 아니다. 얇고 군더더기가 없는 보고서다.

보고서는 어떤 사항을 다루는지, 언제 누구에게 제공되어 읽히는지 한번 생각해 보자. 보고서는 사규위반, 민·형사상 불법행위 등 행위자와 기업에 책임을 야기할 수 있는 민감한 문제를 다룬다. 또 추후 조사대상자에 대한 조치와 형사 및 인사 책임을 추궁할지 등을 정하는 기준이 된다.

왕 사장 같은 인사권자 그리고 추후 열리게 될 징계위원회 위원 등에게 제공할 목적으로 작성되는 문서다.

이러한 보고서는 기본적으로 철저히 보안을 유지해야 한다. 실제 기업들은 보고서 보안에 신경을 많이 쓴다. 원래 공개가 예정된 서류가 아니고 공개 시 조사대상자의 명예훼손 문제, 개인정보 침해에 따른 법적 책임 공방 같은 부작용이 있기 때문이다.

또 징계대상자가 보고서를 통해 기업의 사실관계 파악 정도를 알게 되면, 이미 발각된 비위사실만 자백하거나 증거를 인멸할 우려도 있다.

그런데 현실에서는 여러 사정으로 보고서가 공개되는 경우가 상당히 흔하다는 것이 문제다. 보고서를 작성하는 조사팀은 의외로 이 점을 깊이 생각하지 않는 경우가 많다.

보고서는 법원으로부터 문서제출 명령을 받아서 또 노동청 노동위원회와 수사당국의 요구로 공개되는 경우가 있다. 직장 내 괴롭힘으로 인한 자살 등으로 사회적 문제가 되어 독립적 전문가로 특별조사위원회가 꾸려지는 등의 특수 상황에서는 처음부터 공개할 것이 예정된 경우까지 있다.

뒤의 관련된 글에서 자세히 보겠지만 조사대상자가 공개 요구를 하는 경우, 그에 응해 공개하는 경우도 있다.

이렇게 보고서는 추후 다양한 방식으로 상대방에게 공개될 수 있기에 처음부터 어느 누가 읽더라도 조사와 그 이후의 조치가 공정하고 합리적인 점을 동의할 정도로 작성해야 한다. 관련성 없는 사실관계를 포함하거나, 불확실한 사실을 단정적으로 표현하거나, 선입견이 있다고 오해를 받을 수 있는 주관적 판단을 넣는 것은 금기다.

가벼운 보고서

정 팀장은 위 금기를 유념하여 빼돌리기와 확인서 감독 소홀의 인정에 관련된 사실관계 및 그 근거만 담아야 한다. 관련성이 떨어지고 불확실한 정보는 과감하게 뺀다는 자세로 보고서 작성에 임해야 한다.

나는 이런 보고서를 가벼운 보고서라 부르고, 항상 가볍게 보고서를 작성하라고 조언한다. 얇은 보고서라고 할 수도 있지만 '가벼운'이라는 형용사가 보고서는 넣기보다는 빼기가 중요하다는 점을 잘 보여주므로 이 표현을 더 좋아한다.

정 팀장은 무엇을 빼야 하나? 익명 보고자의 신상에 관한 사항과 그 이후 접촉한 경위에 대해서는 자세히 넣을 필요가 없다. 외부인 조사를 하지 않은 점도 적을 필요가 없다. 마 차장이 담당한 또 다른 기업인 다라제조와의 관계에서도 같은 빼돌리기가 있었다는 의혹도 확인되지 않은 이상 굳이 넣을 필요가 없고, 넣더라도 간단하게 정리해야 한다. 추후 컴플라이언스 계획에 관한 사항도 이 보고서가 마 차장과 영업팀장에 대한 조치를 정하기 위한 것임을 고려하면 불필요하다.

그리고 가장 중요한 것, 징계 양정에 관한 사항은 무조건 빼야 한다. 자문 노무사의 보수적 의견은 물론 정 팀장의 강경한 의견도 들어가면 안 된다. 이 부분은 외부 공개될 때 부작용과 논란을 부를 소지가 특히 크기 때문이다.

자문 노무사의 보수적 의견이 보고서에 포함되어 징계위원들에게 제공되었음에도 불구하고 징계위원들이 해고를 결정했다고 해보자. 해고를 결정한 이유는 다양할 것이다. 무관용 원칙을 지키기 위해 해고가 가능하다는 다른 자문 노무사나 변호사 의견을 받아들여서, 또는 징계위원회에서 보인 두 사람의 뻔뻔하고 반성 없는 태도를 고려해서 등이 그런 이유의 예시다.

그런데 이 보고서가 노동위원회나 법원에서 해고 효력을 다투는 과정에서 마 차장과 영업팀장에게 완전히 공개된다면 어떻게 될까?

기업이 전문가의 의견을 무시하고 무리한 징계를 범했다는 주장이 당장 제기될 것이다. 여기에 정 팀장의 강경한 의견도 같이 보고서에 포함되어 있다면, 정 팀장이 선입견을 가지고 조사를 하였기에 확인 사실은 믿을 수 없다는 주장도 당연히 같이 제기된다.

실제와 동떨어진 아전인수격 주장이지만 이런 주장도 정식 반박하기는 생각보다 어렵고 최소한 많은 공력이 든다.

오해를 피하기 위해, 나는 조사팀이 징계양정에 관해 고민할 필요가 없다거나 인사권자 등에게 의견 표명을 해서는 안 된다고 하는 것이 아니다. 오히려 반대다. 조사팀은 어떤 징계양정이 적절한지 항상 고민하고 적절한 때가 오면 적극적으로 의견을 개진해야 한다.

조사팀은 직접 사안 조사를 통해 사실관계를 전체적으로 파악하고 있고 조사 과정에서 보인 태도, 몸짓 등 서면으로는 온전히 전하기 어려운 경험을 통해 얻은 판단을 기초로 조사대상자의 진정성, 향후 예상 반응에 대해 유용한 의견을 줄 수 있기 때문이다.

다만, 그런 판단을 외부 공개가 흔하게 일어나는 보고서에서는 빼라는 것이다. 징계양정 판단은 보고서와 별도로 보고하거나 정 팀장이 징계위원회에 출석해서 구두 보고하는 방식이 적절하다.

조사팀에게 보고서 작성은 사실 보통 고된 일이 아니다. 특히 외국기업 의뢰인을 위해 영문 보고서를 작성하는 일은 매우 번잡하고 시간이 많이 걸린다. 두꺼운 보고서라면 그 보고서의 요약(Executory Summary)을 따로 만들거나 파워포인트를 준비하기도 한다.

이러한 보고서 작성에 부담을 느끼는 조사팀, 인사담당자들에게 가벼운 보고서가 좋은 보고서라는 내 조언이 위안이 되면 좋겠다.

06

보고서 공개, 응해야 하나?

제일실업은 징계위원회를 열기로 하고 빼돌리기와 확인서 감독 소홀을 징계사유로 기재한 출석통지서를 마 차장과 영업팀장에게 보냈다.

> 〈 징계위원회 출석통지서 〉
>
> 1. 성명: 마 차장, 영업팀장
> 2. 징계사유: 20번 부품 빼돌리기, 확인서 감독 소홀

징계위원회의 출석통지서를 받은 마 차장과 영업팀장이 정 팀장에게 메일을 보내왔다. 변호사를 선임하여 대응하겠다는 것이다. 그러면서 징계위원회가 열리기 전에 보고서의 사본을 제공해 달라고 요구한다. 정 팀장은 이 요구에 응해야 할까?

보고서의 공개 의무, 없다. 그러나…

자문을 하다 보면 징계 대상자가 보고서 사본 제공을 요구하면 기업이 응할 의무가 있는지에 관한 질문을 종종 받는다. 결론부터 말하면 노동법상 그러한 의무는 없다. 따라서 취업규칙 등에 달리 정하고 있지 않다면 그 요구에 따를 의무는 없다.

의무 유무를 떠나 제보자나 조사에 협조한 직원들의 신원이 공개될 우려가 있고, 추후 이어질 수 있는 조사 전략이 유출될 우려도 있기 때문에 실무적으로 사본 제공 요구에 응하는 경우도 거의 없다.

사본 제공 후에는 사본 추가 유포를 막을 효과적 방법이 없으니 그 점만으로도 사본 제공은 삼가야 한다.

그러나 제일실업은 이 요구를 단순히 법적 의무가 없다고 거절하고 그것으로 할 일을 다 했다고 할 것은 아니다. 의무가 있는지 여부가 아닌 다른 관점에서 위 요구에 대한 대응방법을 검토할 필요가 있다.

두 사람의 요구에 따라 보고서 사본을 제공할 의무는 없지만, 사본 제공 외의 적절한 방법으로 정보를 제공하는 경우의 득과 실을 생각해 보자는 뜻이다.

사본 제공을 거절하면서 조사로 확인한 사실에 대해 아무런 정보도 알려주지 않으면 어떻게 될지 상상해보자. 마 차장과 영업팀장은 변호사의 조력을 받아 효과적으로 방어권을 행사하려면 제일실업이 어떤 근거로 징계를 하려는 것인지 자세히 파악해야 한다고 할 것이다. 징계위원회가 '답정녀'의 요식 절차가 아니라면 징계위원회 전에 그런 파악 기회를 주어야 한다고 강력하게 주장할 것이다.

이 주장은 일리가 있다. 그러니 끝까지 정보 제공 자체를 거부하면 두 사람은 자신들을 억울한 피해자로 포장하고, 그 이후 분쟁 절차에서도 그런 주장을 할 것이다. 적절한 정보 제공은 이러한 주장을 원천봉쇄하는 의미가 있다.

한편으로는 제일실업이 충실하게 조사를 했고 이를 통해 입증한 비위행위를 잘 알려주면, 마 차장과 영업팀장은 더 이상 버티기 어렵다고 판단하고 잘못을 인정할 수 있다. 경우에 따라 징계위원회 전 자진 퇴사하여 분쟁을 피할 수도 있다. 이것은 더 바랄 것이 없는 최선의 결론이다.

해고 분쟁에서 마 차장은 해고 무효를 인정받기 위해 X산업 구매 담당자가 부품 판매를 요청하였고 구매대금도 다 지급했다는 기존 입장을 밀어붙일 것이다. 이를 효과적으로 반박하면서 동시에 X산업과 원만한 사업관계를 유지하는 것은 신경이 많이 쓰이는 일이다. 자진 퇴사를 한다면 그런 부담스러운 과정을 전혀 겪지 않아도 된다.

마지막으로 보안 필요성도 조사가 한참 진행될 때에 비해서는 줄어든 상황이다. 징계위원회 소집통지에 징계사유를 대체적으로 기재하였기 때문이다.

그리고 법원, 노동위원회에서 분쟁이 일어나면 기업은 법원으로부터 문서제출 명령을 받거나 노동위원회 제출 요구에 따라 혹은 스스로의 판단으로 입증을 위해 보고서를 공개할 수도 있다. 그때까지 기다리기보다는 보고서에 담긴 정보를 먼저 공개하는 방법도 있을 수 있다.

역제안

이런 사정상 제일실업은 사본 제공은 거절하더라도 다른 방법으로 원하는 정보를 제공하겠다고 역제안하는 것을 생각해 볼 수 있다.

우선 생각할 수 있는 방법은 본인들 또는 변호사에게 시간을 정해 정 팀장 입회하에 보고서를 열람할 수 있도록 허용하는 것이다. 이 경우 열람을 제공하기 전에 체크해야 할 사항들이 있다.

제보자나 증언 공개를 거부한 직원의 익명성 보장조치, 빼돌리기에 대해 작성한 내용 중 불필요한 유보(…인 것 같다 등)가 붙은 부분에 대한 수정, 빼돌리기 행위 인정과 근거가 상호 대응하는지에 대한 확인, 대상자 동의를 받아 적법하게 면담과 증거 수집이 진행된 점이 분명히 기술되어 있는지 등을 챙긴다.

가벼운 보고서가 아니라서 빼야 할 정보가 많이 포함되어 있다면, 보고서 전체가 아니라 본인의 비위행위 입증에 관련된 부분만 발췌

한 요약본을 열람하게 하는 것도 고려할 수 있을 것이다.

이 열람 방법이 여의찮은 경우, 직접 만나서 또는 이메일로 공개를 요구하는 사항에 대해 출석요구서에 적힌 징계사유보다 좀 더 자세하게 그 사유를 설명해 주는 방법도 있다.

실무상 출석요구서에는 징계위원회에서 상세히 논의된다는 전제에서 간략하게만 사유를 적는 경우도 적지 않다. 따라서 위와 같은 설명 조치는 기업으로서는 충분히 방어권을 고려한 조치라고 평가할만하다.

유연한 접근

정리하면, 기업은 보고서 사본 제공 요청을 받게 되면 이에 따를 의무는 없지만, 적절한 정보 제공을 통해 방어권 행사를 보장하면서 불필요한 분쟁을 방지하는 방안을 고민해야 한다. 대상 직원들의 방어권 보장, 보안 유지 및 원활한 인사권 행사 모두가 중요하다. 이 모두를 충족하는 균형점을 유연하게 잘 찾아야 한다.

마무리
조건부 사직과 징계양정에서
유의할 점

지금까지 사례에서는 부품 빼돌리기를 한 직원을 마 차장 1인이라고 가정했는데, 조사 과정에서 영업팀 직원 황 과장이 추가로 부품 빼돌리기를 한 정황이 밝혀졌다고 해보자.

> 황 과장은 마바제조라는 고객사에 동일한 20번 부품을 빼돌려, 자기가 직접 다른 중소기업에 판매하는 방식으로 부품 빼돌리기를 했다. 그 금액은 마 차장의 1,000만 원보다 500만 원 더 많은 1,500만 원에 달한다. 마 차장과는 무관하게 별개로 일어난 일이다.

> 제일실업은 마 차장과 황 과장을 징계하기로 하고 일주일 전 징계위원회 출석요구서를 보냈다.

징계위원회가 열리기 3일 전에 마 차장은 돌연 즉시 사직하겠다는 의사를 밝혔다. 그러면서 조건을 붙였다. 첫째, 본인을 상대로 징계와 형사고소를 하지 않을 것. 둘째, 본인이 빼돌렸다고 의심받는 1,000만 원에 대한 반환을 요구하지 말 것.

마 차장은 여전히 부품 빼돌리기는 인정하지 않으나, 이번 조사를 계기로 제일실업에 실망하여 다른 직장을 구할 생각이라고 했다. 만약 조건을 하나라도 수용하지 않으면 자진 사직은 절대 없으며, 징계위원회가 징계하는 경우 명예 회복을 위해 끝까지 다툴 것이라고 했다.

그런데 황 과장은 마 차장과 다른 입장이었다. 첫 면담부터 본인의 잘못을 인정했다. 대신 정직 등 다른 조치는 좋지만 해고만은 너무 과하니 면할 수 있게 해달라는 입장이다. 부품 빼돌리기로 착복한 1,500만 원도 즉시 반환했다.

이러한 상황에서 제일실업은 마 차장의 조건부 사직 제안을 수용하는 것이 좋을까? 마 차장의 사직을 수용하지 않고 두 사람을 모두 징계한다면, 징계위원회에서 두 사람의 징계 수위를 어떻게 정하는 것이 적절할까?

조건부 사직의 장점

우선 마 차장의 조건부 사직 제안을 어떻게 다룰지부터 보자. 결론적으로 제일실업은 반드시 징계를 고집할 것은 아니고, 마 차장이 요구하는 조건부 사직 자체는 충분히 고려할 수 있다.

조건부 사직 자체를 고려해야 하는 가장 중요한 이유는, 제일실업은 무관용 원칙상 해고를 고려하고 있는 상황인데, 그 해고 유효 여부에 관한 분쟁이 발생하면 승소를 자신하기 어렵기 때문이다.

마 차장의 빼돌리기를 입증할 책임은 제일실업에 있고, 이때 요구되는 증명은 고도의 개연성 있는 증명으로, 매우 엄격한 기준이다. 제일실업이 통제하기 어렵다는 이유로 핵심 관계자인 A사 대표나 X 산업의 구매담당자를 조사하지 못한 상황에서 제일실업은 그러한 증명에 실패할 염려가 있다.

설령 증명에 성공하더라도 해고가 적정한 징계인지는 또 다른 문제다. 이미 자문 노무사는 (비록 너무 보수적이라는 의문도 들지만) 해고는 너무 과하다는 의견을 개진한 상황이다. 자진 사직을 수용하면 이런 위험이 단번에 사라진다.

마 차장의 조건부 사직을 받아들이면 해고 이후 법적 분쟁을 하는 경우의 막대한 시간, 노력, 비용의 낭비도 피할 수 있다. 정말 마 차장이 자기 말대로 끝까지 해고 효력을 다툰다면, 최종 판단이 내려질 때까지 지방노동위원회와 중앙노동위원회 2번, 그 이후 행정소송으로 3심까지 총 5번의 절차에 걸친 분쟁은 기본이고 모두 끝날 때까지 수년이 걸린다.

해고 효력을 다투는 법적 분쟁과 형사고소나 민사상 배상청구는 별도인데, 여기도 결론이 날 때까지 시간이 많이 걸리기는 마찬가지다. 고소장과 소송서류의 제출, 참고인 조사, 법원 출석 등 매우 번거로운 절차를 밟아야 한다.

그런 노력의 결과 반환받을 수 있는 금액은 잘해야 1,000만 원에 지연손해금 정도인데, 경제적 측면만 보면 그런 수고가 가치가 있는지 의문이다.

사직 조건, 적극적으로 협상하라

단, 마 차장이 제시한 조건은 제일실업의 수용 한계를 넘는다. 제일실업으로서는 마 차장 본인이 부품 빼돌리기를 간접적으로라도 인정하는 것을 최소한의 조건으로 삼아야 한다. 그 조건에서 양보한다면 무관용 원칙이라는 인사정책은 그저 공염불이고 보기 좋은 표어로 전락하기 때문이다.

마 차장에게 사직 조건에 대해 비밀 유지를 약속받으면 알려질 일도 없지 않느냐고 생각하는 것은 지나치게 안이하다. 조건부 사직에 합의하면 그 조건에 대한 비밀 유지 약속은 보통 잘 지켜지지 않는다.

특히 마 차장은 자기 잘못이 전혀 없다는 입장이다. 지금 제안대로 조건부 합의가 되면 그 입장을 고수할 것이므로, 그런 입장을 주변에 알리는 과정에서 사직 조건을 자연스럽게 공개할 유인이 있다. 그 경우, 공개 조사 직후부터 이 사안에 촉각을 세우고 있는 영업팀원들에게 알려지면서 부적절한 선례로 두고두고 제일실업의 영업 컴플라이언스에 부담이 된다.

원칙 없이 오로지 눈앞의 문제 해결만을 앞세우는 제일실업의 근시안적 인사조치에 많은 직원은 실망하고 냉소적으로 될 것이다. 또 황 과장을 징계해야 하는 상황에서 결과적으로 지나치게 마 차장에게 유리한, 형평에 어긋나는 조치가 되는 것도 문제다.

따라서 제일실업은 마 차장에게 조건부 사직 자체를 받아들이되, 조건을 수정하는 협상을 제안해야 한다. 이런 협상은 실제 상당히 효과가 있는 경우가 많아서, 마 차장은 조건이 하나라도 받아들여지지 않으면 자진 사직은 없다고는 하고 있지만, 그 입장을 바꿀 가능성이 크다.

생각해보면, 마 차장은 스스로 자기 약점을 보였다고도 할 수 있다. 스스로 정말 결백하다면 이렇게 이른 시기에 조건부 사직을 제안할까? 마 차장의 제안대로 조건부 사직이 이루어지더라도 공개 조사가 이미 이루어진 마당에 마 차장의 명예는 완전히 회복되지 않는다.

선 넘는 사람들

따라서 징계위원회의 결과도 기다리지 않고 마 차장이 이런 제안을 하는 것 자체가 실제로 부품 빼돌리기를 했다는 의심의 타당성을 더 높이는 것이다. 그런 상황이라면 마 차장이 지금 제안한 사직 조건을 반드시 고수하지는 않을 가능성이 크다.

설령 지금은 마 차장이 처음의 사직 조건을 고수해도 수정 제안은 의미가 있다. 마 차장 입장은 징계위원회 이후 사정 변경에 따라 얼마든지 바뀔 수 있고, 그 경우 다시 조건부 사직 협상이 시작될 수 있다. 수정 제안은 그때 제기될 협상에서 기준점이 되는 효과가 있다.

이때 수정 제안하는 조건으로는 여러 가지를 고려할 수 있다. 우선 △ 마 차장이 조사로 밝혀진 1,000만 원 부정이익 취득 사실을 인정하고, 다라제조에 대한 부품 빼돌리기를 포함하여 추가 비위는 없음을 확인할 것이 제일 기본이다.

다른 조건으로는 △ 제일실업이 비위행위를 사내 공표하는 것에 동의할 것(단, 익명으로 하기로 양보는 가능) △ 퇴사 이후에도 부품 빼돌리기와 관련된 본인 또는 다른 직원의 추가 비위행위를 밝히기 위한 조사가 있는 경우 적극 협조할 것 △ 부정이익 중 최소한 일부는 즉시 반환할 것(퇴직급여에서 지급하기로 합의할 수도 있다), △ 퇴사 경위에 관하여 비밀을 유지하고, 특히 본인이 결백하다는 등 허위의 주장을 하지 않을 것 △ 위 확인이나 약속을 전제로 징계, 형사고소, 배상청구를 하지 않기로 약속하지만, 위반 시 그 약속은 즉시 무효로 함에 동의할 것 등을 생각할 수 있다.

징계수위, 실질적 형평성이 중요하다

다음으로 마 차장과 황 과장을 동시에 징계하는 경우 징계 수위의 문제다. 이때는 실질적 형평성이 중요한데, 마 차장을 황 과장보다 중하게 징계함이 적절하다.

배임에 관여한 복수의 직원을 동시에 징계하는 경우, 향후 분쟁 대응에서 불필요한 논란을 피하고 대상자들의 수용성을 높이기 위해서는 징계 조치의 형평성을 인정받는 것이 아주 중요하다.

이때의 형평성은 형식적 형평성이 아니라 실질적 형평성이다. 실질적 형평성은 부정이익 액수 등 객관적 사정을 기계적으로 고려하는 것이 아니라, 당사자 태도와 비위행위 전후 사정 차이 같은 모든 관련 요소를 고려하여 같은 것을 같게, 그리고 다른 것을 다르게 취급하는 것이다.

그런 실질적 형평성 관점에 따르면, 사례에서 황 과장이 마 차장보다 부정 취득한 이익 규모는 500만 원 더 많지만 잘못을 인정하고 즉시 보상한 점은 반드시 유리하게 고려될 요소이다.

제일실업이 무관용 원칙을 적용한다는 취지에서 두 사람을 모두

선 넘는 사람들

일률적으로 해고하면, 그런 요소가 충분히 고려된 점을 입증하기 어렵다. 그 결과 분쟁 과정에서 최악의 경우 2건 해고 모두 무효가 될 염려도 있다.

특히 노동위원회 구제신청 단계에서는 두 사람이 공동으로 구제신청을 해서 동일 기일에 한꺼번에 심문 될 수 있는데, 이 경우 실질적 형평성이 없는 징계는 그 문제가 한눈에 보이고 더 도드라진다.

사례에서는 만약 마 차장을 해고한다면 황 과장은 정직 중 비교적 기간이 짧은 정도, 예컨대 정직 1개월 정도로 징계하면 큰 무리가 없을 것이다. 물론 이것은 일반론이고, 실제에서는 종래 제일실업이 동종 비위행위에서 내린 징계수위 등 여러 사정을 고려해서 조정해야 할 것이다.

위 해고(정직 1개월) 제안과 관련 제일실업이 명심할 사항이 있다. 해고와 정직은 비록 한 단계 차이지만 차이 두기 효과는 대단히 크다는 사실이다. 정직도 중징계라는 점은 해고와 같지만(정직부터 중징계, 그에 못 미치는 감봉, 경고 등은 경징계라는 것이 일반적 인식이다), 대상자에게 정직 기간 종료 후 복직을 통한 명예회복 기회가 있다.

그러나 해고는 다르다. 대상자가 기업을 즉시 떠나야 함은 물론(기업은 통상 해고예고수당을 지급하고 즉시 해고한다), 동종 업계에서 새로운 직장을 찾기가 어려워지며 사정에 따라 상여금 등 재직기간에 연동된 혜택이 박탈되기도 한다.

그래서 실무상 정직은 대상자가 승복하는 경우가 적지 않지만, 해고로 징계 수위가 올라가는 순간 노동위원회나 법원으로 분쟁으로 비화될 확률이 비약적으로 커진다. 이런 점까지 고려하여 세심하게 징계 수위를 정하는 것이 똑똑한 대응이다.

VI. 협박·공갈하는 직원

01

첫 번째 조치
대응팀 구성 그리고 조직적 대응 준비

박 실장은 건강음료 제조 판매업을 하는 제일음료의 창업주 황 사장을 10년간 밀착 보좌했다. 사장의 일정관리, 운전 등 수행 및 고객 응대가 주업무다. 그런데 성실한 근무태도를 높이 인정받던 박 실장의 고과 평가가 요즘 들어 많이 나빠졌다.

배우자가 시작한 프랜차이즈 매장의 관리 업무가 늘어나면서, 이 일이 거의 주된 업무가 되다시피 한 것이 화근이었다. 지각이 잦아지고 근무 시간 중 자리를 비워 황 사장의 연락을 놓치는 일이 많아졌다. 그러자 황 사장으로부터 자주 질책을 받았고, 직근 상사인 방 상무와 업무시간 관리를 둘러싼 갈등이 생겼다. 최근에는 방 상무로부터 근태 문제가 계속되면 징계받을 수도 있다는 공개 경고를 받았다.

경고를 받고 며칠이 지난 어느 날, 박 실장은 갑작스레 인사 담당 김 전무에게 면담 요청을 했다. 면담은 먼저 방 상무에 대한 불만으로 시작되었다. "예전부터 경쟁 관계에 있던 방 상무가 평소 나에게 좋지 않은 감정을 가지고 있다가 최근 들어 근거 없이 공개 경고를 하면서 나를 괴롭힌다. 조사하고 징계해야 한다"는 것이었다.

그러다 면담은 어느 순간부터인가 황 사장에 대한 비난으로 흘러갔다. 비난의 골자는 이랬다. "황 사장은 외부에서는 모범적 사업가로 존경받지만 사실은 위선자다. 황 사장의 가족이 운영하는 협력업체에 회사가 낮은 가격으로 제품을 공급해서 회사에 큰 손해를 끼치고 있다. 황 사장은 스트레스를 받으면 입에 담지 못할 폭언을 하며, 주말에 개인 용무로 지방까지 다녀오는 심부름을 시키고, 작년에는 약속한 상여금을 지급하지 않았다"는 것이다.

급기야 면담 말미 박 실장은 "만약 회사와 황 사장의 '합당한 조치'가 없으면 언론에 이 사실을 공개하고 형사 고발할 것이다"는 협박성 발언을 했다. 놀란 김 전무가 '합당한 조치'가 뭐냐고 묻자 "그건 김 전무가 알아서 판단하라. 내가 할 이야기는 아니다"고 답했다.
면담 직후에는 "조만간 사직할 것이고, 당분간 출근하지 않겠

습니다. 회사 입장을 조속히 알려주세요"라는 카톡 메시지를
김 전무에 남겼다.

위 사례처럼 기업과 경영자를 상대로 약점을 잡아 민·형사상 조치, 언론 공개, 당국 고발을 위협하면서 그 포기의 대가를 기대하는 직원을 종종 볼 수 있다. 특히 업무상 기밀 접근이 가능하거나, 경영진을 가까운 거리에서 보좌하는 직원이 관련된 경우가 많다.

직원의 협박·공갈: 전형적 모습

이들이 원하는 위협 포기의 대가는 사후적으로 보면 △ 계약 종료, 승진 배제, 급여 삭감, 징계 같은 인사상 불이익을 면하거나 △ 합의금을 받는 것이다. 그런데 처음에는 통상 그 의도를 잘 드러내지 않는다. 그래서 최초 위협 시점에서는 원하는 바를 명확하게 파악하기 어렵다.

합의금을 노골적으로 요구하지 않은 채 박 실장처럼 '합당한 조치'와 같이 애매하고 함축적인 표현으로 회사가 먼저 합의금 등을 제안하도록 유도하는 경우가 가장 전형적 모습이다.

이런 협박은 보통의 비위행위와 다르게 기업의 심각한 위기로 발전할 수 있다. 비위 폭로나 고발 등의 위협이 말로 그치지 않고 실행되면 기업은 사안에 따라 법적 책임을 부담해야 하며, 대응 과정에서

엄청난 시간과 노력을 들이게 된다. 언론보도로 평판이 회복 불가능하게 훼손될 수도 있다.

특히 사례의 제일음료처럼 소비자를 직접 상대하는 기업일 경우 또는 협박 대상이 된 경영자의 기여와 역할이 중요한 기업이라면 이런 평판 위험은 치명적이다. 따라서 직원의 협박과 위협 실행을 조속히 중단시키고 장기적으로 그 관계를 정리하는 것은 협박이 인식된 순간부터 시급하고 중요한 과제가 된다.

경적필패(輕敵必敗): 편향을 경계하라

사례에서 박 실장의 협박을 받은 제일음료는 이 상황을 어떻게든 타개해야 할 것이다. 제일음료가 취할 첫 번째 조치는 무엇인가?

기업 노동변호사라면 업무 특성상 이런 상황을 종종 접하게 되는데, 나는 그런 기업 노동변호사치고도 직원으로부터 협박을 당하는 기업과 경영진 자문에 유별나게 자주 관여한 편이다.

처음 맡은 협박 사건은 오랫동안 사장의 집안일 등 개인 업무를 돕던 직원이 자신에게 가한 막말을 녹취하여 언론에 공개하겠다면서 무마조로 거액을 요구한 사례였다. 그 이후에는 뒷자리에 앉은 사장의 욕설을 녹취한 운전기사, 사장이 스카우트하고 한직을 주며 개인 상담을 하던 직원, 업무 도중 알게 된 회사 기밀을 공개하겠다고 위협한 영업직원, 법상 신고 미이행을 문제 삼던 컴플라이언스 담당

직원 등 매우 다양한 유형의 협박 직원 대응을 다루었다.

여러 사건을 겪으면서 본 바로, 협박 직원 사건에는 몇 가지 특징
이 있다. 우선 어느 정도 해결 방향이 잡히기 전 초기 단계에서 입장
이 급변하며 예상 범위를 벗어난 모습을 보이는 경우가 흔했다. 일체
의 대화를 거부하고 변호사를 통한 대응을 예고했다가 갑자기 다음
날 기업 담당자와 면담을 요청하는 식이다. 그때마다 기업과 즉시 협
의하여 유연하게 입장을 바꾸면서 대응해야만 했다.

협박을 당한 사장 등 당사자나 대응책임이 있는 인사담당자들은
이와 유사한 경험을 한 적이 없다 보니 심적 압박이 심하다. 그래서
상황 변경이 있을 때마다 변호사에게 끊임없이 실시간 연락을 하면
서 조언·확인을 구하는 것도 특이한 점이다.

한번은 한참 협박 대응 문제를 자문하던 도중 건강상 문제로 어쩔
수 없이 수술을 받게 되었는데, 수술 직전까지 입원실 복도로 나와
시도 때도 없이 전화 상담을 하기도 했다. 이렇듯 협박 직원 사건은
보통 자문과는 비교가 안 되게 밀착하여 자문을 하게 되고, 그 과정
에서 자연스럽게 협박을 받을 때 기업 측에서 흔히 범하는 의사결정
상의 실수를 보게 된다.

그런 나의 경험을 근거로 판단해 보면, 제일음료와 같은 사안에서
기업이 초기 대응에서 가장 범하기 쉬운, 그래서 피하려고 노력해야

하는 실수가 있다. 담당자나 협박을 당하는 사장이 협박이 야기하는 위험과 협박 직원의 준비상태를 얕보고, 그런 판단에 근거하여 내부 검토 없이 독단적으로 대응하는 것이다.

아마도 협박에 나서는 직원이 평소 잘 아는 직원이고, 예전에는 전혀 그런 낌새를 보인 적이 없고, 그동안 엄격한 직장 내 위계 구조에 따른 지휘명령을 받아 오던 점 등이 이런 실수 발생에 복합적으로 영향을 주는 것으로 보인다.

그러나 협박 대응은 정면으로 적대적인 태도를 보이는 상대방을 다루는 일이다. 이렇게 하면 안 된다. 이 경우 경적필패(輕敵必敗)가 딱 들어맞는 사자성어가 된다. 기업 측은 최대한 편견 없이 협박의 동기와 협박 직원의 상태, 직원이 주장하는 사실이 얼마나 근거가 있는지를 냉철하게 파악해야 한다. 그리고 겸허해져야 한다.

우리는 모두 (특히 개인으로서는) 사실의 판단과 의사결정에 있어서 무의식적 편향(bias)에서 쉽게 벗어날 수 없다. 따라서 앞서 말한 것처럼 기업의 잠재적 위기인 직원 협박에 관해서는, 통상의 비위행위 대응과 다른 특별한 준비와 대책이 필요하다.

Kick-off meeting: 집단의 지혜를 구하라

제일음료는 협박 상황이 발생하면 첫 번째 조치로 대응팀을 꾸리고 팀원들 간의 첫 모임(kick-off meeting)을 조속히 가지는 것이 좋다.

황 사장, 방 상무와 김 전무 그리고 향후 박 실장과 협상을 담당할 실무자로 대응팀을 만든다. 그리고 초기에 한자리에 모여 박 실장의 준비상태와 심리를 박 실장의 입장에서 시뮬레이션 해보고 향후 대응팀을 통한 조직적 대응의 기조를 정해야 한다.

보안 유지가 중요하므로 아무나 대응팀에 넣을 수는 없지만, 정보 수집과 다양한 의견 수렴을 위해 도움이 될 만하다 싶은 사람은 원칙적으로 모두 구성원으로 참여시켜야 한다.

사내 변호사 등 법무 담당자와 외부의 법률 전문가 역시 대응팀 일원으로 첫 모임부터 참여하는 것이 바람직하다. 이들은 전문성과 경험 외에도 협박 직원에 대한 선입견과 부정적 감정에서 벗어나 외부인 관점에서 사안을 볼 수 있기 때문이다.

대응팀 첫 모임에서는 현명한 결정을 위한 준비로 의도적으로 조금 돌아가야 한다. 당장 대응책을 논하기보다는 전체 그림을 그려보는 것이 중요한 것이다.

예컨대 박 실장이 지금의 본인 행동을 어떻게 인식·평가하고 있을지에 대해 팀원들끼리 자유롭게 의견을 나누어 본다. 이 주제를 두고 의견을 나누다 보면 대응팀은 보통 같은 결론에 이른다. 박 실장이 준비 없이 충동적으로 협박에 나섰을 가능성은 낮다는 것이다.

대응팀이 그런 결론에 도달하는 이유는, 조금 떨어져 전체 그림에 주목해보면 자칫하면 형사 처벌될 수 있음을 박 실장 본인이 알면서도 협박을 실행했을 확률이 높다는 사실이 자연스레 드러나기 때문이다.

사례로 돌아가 보자. 박 실장이 (아마도 합의금 등을 받기 위해) 황 사장을 협박한 것은 사규위반, 비윤리적 행위에 그치지 않는다. 당장 형법상 공갈미수죄로 처벌될 수 있는 위험천만한 행동이다. 공갈죄의 구성요건, 즉 해악을 고지해서 의사결정 자유를 제한하는 등으로 재물을 교부 받거나 재산상 이익을 취득한다는 요건 중 해악의 고지가 실행되었기 때문이다.

박 실장이 설령 충동성이 강하거나 감정적으로 대응하는 경향이 있다고 할지라도, 정식 면담 기회에 사례와 같이 진지하게 협박 발언을 할 때는 정확한 죄명은 몰라도 본인이 형사 처벌될 수 있다는 것쯤은 안다고 가정해도 좋다. 이것은 전문적 법 지식이라기보다 일반 상식에 가깝기 때문이다.

운전기사가 합의금을 주지 않으면 유명 기업 오너의 갑질 횡포를 공개하겠다고 협박하다가, 이에 응하지 않은 기업의 고발로 결국 뜻을 이루지 못하고 종국에는 징역 10개월의 실형으로 형사 처벌된 일이 언론에 보도된 적이 있다.[1]

이런 뉴스 기사나 관련 판결은 '협박', '공갈', '직원' 등 관련 키워드로 몇 번 인터넷 검색만 하면 쉽게 찾을 수 있다. 박 실장 입장에서 이 정도는 미리 찾아보고 준비하지 않았을까?

이렇게 박 실장이 협박 실행에 따르는 본인의 위험을 안다는 결론

선 넘는 사람들

에 이르면, 박 실장은 그런 위험을 충분히 감수하게 할만한 나름의 강력한 근거를 가지고 있을 것이라는 판단도 어렵지 않게 할 수 있다.

예컨대 오랜 접촉을 통해 황 사장의 약점을 속속들이 알고 있고 확보한 녹취 등을 통해 입증할 수 있다는 확신, 제일음료측이 법적 책임과 운영상 어려움을 피하려 합의금 지급에 응하리라는 판단이 박 실장이 협박에 나선 배경이 되었을 가능성이 높다.

첫 모임에서 대응팀이 이 문제에 대해 서로 의견을 나누고 그 결과 현 상황을 전체적으로 조감할 수 있게 되는 것은 앞으로의 대응에 큰 도움이 된다. 대응팀으로 하여금 현 상황이 초래한 위기의 성격과 크기를 잘 이해하게 하고, 앞으로 박 실장이 취할 행동을 정확하게 예측할 수 있게 해주기 때문이다.

정리: 협업과 절차

정리해 보자. 제일음료는 첫 번째 조치로 대응팀을 꾸려 조속히 첫 모임을 소집한다. 첫 모임에서는 정보 수집과 의견 교환을 통해 박 실장 협박에 관해 파악된 진상을 토대로 전략을 세울 준비를 한다. 구체적 방향 결정은 그다음이다.

이를 통해 이런 상황에서 나올 수 있는 최악의 실수는 피할 수 있다. 설령 나쁜 결과가 나오더라도 가만히 있는 것보다 행동하는 것이 낮다는 행동 편향(action bias)[2]에 휘둘려, 협박 직원의 준비상태를 과소평가한 무모한 대응으로 상황을 걷잡을 수 없이 악화시키는 위험을 줄일 수 있는 것이다.

의사결정 과정상 필연적으로 초래되는 무의식적 편향을 협업(collaboration)과 절차(process)를 통해 최소화한다는 원칙[3]을 직원 협박의 상황에서 적용하는 것이라고 할 수도 있을 것이다.

주

1 〈'갑질횡포' 미끼로 합의금 요구한 회장 운전기사 실형 확정〉 아시아투데이, 2016. 9. 21.
2 「01. 행동편향」, 『감정 독재』 인물과사상사, 강준만, 2013
3 『선택설계자들(어떻게 함정을 피하고 탁월한 결정을 내릴 것인가)(원제: You're about to make a terrible mistake!)』 인플루엔셜, 올리비에 시보니, 2021. 여기서 올리비에 시보니는 자신의 편향과 그것을 줄이는 방법에 집착하는 것은 시간 낭비이며 조직의 의사결정을 개선하는 방법은 조직의 의사결정을 개선하는 것이라고 하고, 의사결정을 개선하는 두 가지 조건은 협업과 프로세스다. 협업을 통해 개인들은 다른 사람들의 편향을 바로잡을 수 있고, 프로세스를 통해 집단은 집단사고에 함몰되지 않는다고 적고 있다. 참으로 새겨들을 말이라 생각한다. 단, 개인의 편향과 줄이는 방법에 '집착'해서는 안 되지만 개인의 노력으로 어느 정도 편향은 개선될 수 있으므로 노력이 무용한 것은 아닐 것이다.

02

초기 대응 전략
벼랑 끝 전술과 무마 시도, 왜 문제인가

대응팀을 꾸리고 첫 모임을 통해 기본적인 상황 파악을 마쳤다면, 이제 초기 대응 전략을 세워 나가야 한다.

누가, 언제, 어떤 메시지로 박 실장과 커뮤니케이션을 할 것인지가 초기 대응 전략이 다룰 사항이다. 이를 위해서 중간 및 최종 목표를 어떻게 정할 것인지 그리고 그 목표를 달성하기 위해 어떤 커뮤니케이션 기조를 선택할 것인지도 검토되어야 한다.

우선 대응팀이 고려 대상에서 원칙적으로 제외해야 함에도 기업들이 종종 선택하는 잘못된 초기 대응 전략을 살펴보자. 그것은 ① 벼랑 끝 전술("즉시 협박을 중단, 포기하라. 그렇지 않으면 협박 실현의 위험을 감수하더라도 해고하고 강요 내지 공갈로 고소한다.")과 ② 무마 시도("오래 같이 한 사이로 터놓고 이야기해 보자")의 두 가지다.

벼랑 끝 전술: 불리한 싸움

대응팀이 벼랑 끝 전술을 선택한다면, 아마 아래 정도의 논리가 바탕에 깔려 있을 것이다.

① "박 실장의 '합당한 조치'는 아직 구체화되지 않았을 뿐 맥락상 합의금이나 방 상무 퇴사와 같은 부당한 조치를 의미한다. 박 실장은 언론공개, 형사고발을 위협하며 제일음료가 '합당한 조치'를 받아들일 것을 강요하고 있다."

② "이는 형법상 협박·공갈에 해당하는 심각한 위법행위다. 거부하기로 신속히 입장을 정리하고 대응에 나서자."

③ "회사의 신속하고 단호한 대응을 접하면, 박 실장은 본인 의도가 실현되기 어려울 것을 깨닫고 협박을 중단할 것이다."

그런데 이 논리는 얼핏 보기에는 그럴듯하지만, 사실 매우 허술하다. 먼저 ①의 박 실장이 부당한 조치를 강요하려는 의도가 있다는 부분이다. 이는 기껏해야 개연성 있는 추측일 뿐이다. 다른 가능성도 얼마든지 있다. 인사담당 김 전무가 면담에서 박 실장의 태도와 당시 면담의 분위기상 그렇게 의심하게 되었다는 정도일 뿐, 아직 박 실장은 그 의도를 명확히 드러냈다고 하기 어렵다.

이런 상황에서 ②와 같이 박 실장의 발언을 협박으로 단정한 채 강경조치에 나가는 것은 한마디로 무모하다. 제일음료는 협박·공갈을 입증할 근거 부족으로 박 실장에게 법적 책임을 지울 수 없으며,

그 점은 박 실장도 그렇게 판단할 가능성이 높다.

강경조치 예고의 억제효과는 법적 책임이 인정될 가능성에 비례할 수밖에 없는 점에서 예고 후 박 실장이 위협을 포기할 것이라는 기대는 그저 헛된 희망에 그칠 뿐이다.[1]

나아가, 설령 박 실장의 협박·공갈을 입증할 수 있다고 해도 여전히 문제는 남는다. 벼랑 끝 전술은 박 실장 반격에 취약하기 때문이다. 즉 ③에서 기대하는 것과 달리, 박 실장은 강경조치에 겁먹고 물러서기는커녕 대응팀이 예상한 범위를 벗어난 반격을 해 올 가능성이 있다.

앞 편에서도 말했지만, 박 실장은 본인이 협박·공갈로 형사 책임을 질 수 있다는 위험을 인식하면서도, 그 위험을 무릅쓰고 협박·공갈에 나섰을 것으로 보는 것이 합리적이다. 그렇다면 징계 조치나 고소 등 대응팀이 본인에게 취할 것으로 예상되는 강경 조치에 대해 이미 심적 시뮬레이션을 마쳤을 가능성이 높다.

그리고 아마도 그 과정에서 △ 방어 논리(예컨대, "합당한 조치라는 것은 진상의 확인과 황 사장의 사과일 뿐, 부당한 금전 요구가 아니다.") △ 추가 폭로("황 사장뿐만 아니라, 그 가족들도 개인적으로 가족행사 준비, 선물 구입과 전달, 학원 등록과 같은 심부름을 시키고 모욕감을 주는 말을 수시로 했다.") △ 추가 공개할 증거("운전석 뒷자리에서 황 사장이 전화로 한 이야기는 전부 녹취가 되었다.") △ 압박 수위를 고조시킬 방법("이미 여러 언론사와 접촉을 해서 만나기로 했다.")과 같은 2차 대응을 준비했을 것이다.

반면 대응팀은 아직 박 실장의 2차 대응 방향과 내용에 관해 아는
바가 없다. 당연히 2차 대응에 대한 효과적 대응책도 없다. 그렇다면
박 실장이 준비한 2차 대응을 해올 때 제일음료는 제대로 맞받아치
기 어려워진다. 후속 대응이 좋은 결과를 낳더라도 그것은 그저 운이
좋았을 뿐이다. 기업의 잠재 위기의 해결을 이렇듯 운에 맡기는 불합
리한 전술이 좋은 방안일 수 없다.

요약하면, 별 근거도 없이 박 실장이 심약하고 준비도 충분하지
않다고 은연중 가정하는 데서 비롯한 문제가 야기한 전술이 바로 벼
랑 끝 전술이라고 할 수 있다.

무마 시도: 다른 유형의 과도한 낙관

무마 시도도 벼랑 끝 전술보다 사정이 낫지 않다. 이 방안 역시 중
대한 약점을 여럿 가지고 있다.

먼저, 박 실장과의 대화 상대를 선정하는 것의 어려움이다. 무마
시도를 한다면 보통 협박 상대방인 황 사장이나 직접 원인을 제공한
방 상무가 박 실장의 대화 상대로 나서게 될 것이다. 이 경우 황 사장
등은 평소의 상사-부하 관계와 전혀 다른 적대적 관계 하에서 박 실

장과 커뮤니케이션을 하게 된다.

이때 적절한 커뮤니케이션 방식과 기술은 평상시와 완전히 다르다. 그래서 과거 박 실장과의 소통 경험은 현 상황에서 득이 아니라 오히려 걸림돌이 된다.

적대적 상대방과 협상을 하거나 분쟁 가능성까지 염두에 두고 커뮤니케이션을 할 때, 그 자리에서 결정해서는 안 되는 사항을 덜컥 결정해 버리면 안 된다. 또 곤란한 질문을 받았을 때 즉시 답변하는 것도 피해야 한다. 이것은 커뮤니케이션 경험과 기술이 필요한 일이다.

그러나 그런 경험과 기술이 있는지 검증되지 않은 황 사장 등은 나름의 전략적 판단으로 즉석에서 (협상을 조기에 마무리하려는 생각으로 또는 임시방편으로) 자기 잘못을 시인하거나, 잘못된 기억에 근거한 불리한 진술을 하여 그 수습을 어렵게 할 우려가 있다. 부하직원 박 실장의 억지 주장에 평정심을 유지하기 어려울 수도 있다. 그리고 이런 모든 커뮤니케이션은 박 실장이 고스란히 녹취하여 다시 협박의 수단으로 활용될 수 있다.

특히 황 사장 같이 비난받는 당사자이자 최종 의사결정권자가 박 실장을 상대하는 것은 커다란 전술적 부담이 따른다. 최종 의사결정권자가 협박·공갈 직원에게 인정한 사실이나 제시한 해결책은 그 직원에게는 철회 불가능한 것으로 받아들여지기 때문이다.

그 결과 제일음료는 보통의 협상을 이어갈 때 누릴 수 있는 전략적 이점(입장 정리를 최대한 유보하면서 상대방으로부터 정보를 얻고, 유연하게 강경책과 온건책을 섞는 전략적 애매함을 유지하는 것)을 누리기 어려워진다.

다음으로 절차 진행 속도의 조정도 문제다. 협박·공갈 직원과의 대립은 최초 협박 이후 추가 접촉, 주장 내용의 조정, 해결을 위한 협의 등 시간이 흘러갈수록 여러 계기를 거치면서 기업 측에 유리해지는 것이 보통이다.

협박·공갈 직원은 그런 계기가 닥칠 때마다 상황을 돌아보면서 자기가 마주하고 있는 위험과 협박을 중단함으로써 얻는 이익을 재평가할 기회를 가지게 되는데, 그때 애초에 보인 강경한 태도가 누그러질 수 있다. 그런데 의사결정권자들이 나서서 무마 시도를 하면 너무 급하게 사안이 전개되어 이런 좋은 기회를 활용하지 못한다.

마지막으로 무마 시도 역시 벼랑 끝 전술과 약간의 차이는 있지만, 실제와 동떨어진 과도한 낙관적 가정에 기반한 점에서 같다. 법적 위험을 알면서도 이를 무릅쓰고 협박·공갈에 나선 박 실장이 평소 갈등을 겪던 상사가 별다른 대가도 제시하지 않으면서 실행하는 무마 시도에 응할 확률이 얼마나 될지 냉정하게 생각해 볼 필요가 있다.

협박·공갈을 포기하면 황 사장 등이 자기를 용서해 줄 것이라거나 또 무마할 때 약속한 말들을 지킬 것이라고 믿을 리도 없을 것이다. 무마 시도는 박 실장을 너무 비현실적으로 순진한 사람으로 보는

선 넘는 사람들

것이다.

결국 협박 상황에서 결자해지(結者解之)식 신속한 일괄 해결을 노리는 무마 시도도 과도한 낙관에 근거한 여러 실행상 문제를 가진 방안이다.

냉정한 상황 판단 그리고 때를 기다리는 현명함

정리하자면, 벼랑 끝 전술과 무마 시도가 가진 문제들의 근본적 약점은 두 가지다. 기업 대응을 접한 협박·공갈 직원이 보일 태도에 관해 편의적·낙관적 예측을 하는 것, 그리고 아직 때가 오지 않았는데 최종 해결을 서두르는 조급증이 그것이다.

협박·공갈 직원 대응의 이상적 방안은 이런 편의적·낙관적 예측과 조급증에서 벗어난 것이어야 한다. 협박·공갈 직원의 준비상태와 심리, 관련 사실에 대해 최대한 증거에 기반한 잠정 결론을 내리고 커뮤니케이션을 진행하면서 수집되는 관련 정보에 따라 그 잠정 결론을 검증, 조정하는 단계를 선행해야 하는 것이다.

그리고 그 잠정 결론이 신뢰성이 높아져 진실일 가능성이 높아진 단계에 왔을 때 그 상황에 가장 적절한 목표를 정하고 실행해야 한다. 한 마디로 냉정한 상황 판단을 앞세우는 똑똑한 대응이라고 할 수 있다.

물론 현실에서 협박·공갈 대응에 영향을 주는 사정은 매우 다양하다. 그래서 시간상 제약이나 급박한 해결이 요구되는 경우가 있을 수 있다. 그때는 이상적 방안의 구성요소인 가정·검증·조정을 거치는 것은 불가능하고 중요한 맥만 잡고 차선책을 과감하게 시도해야 하는 경우도 있을 것이다.

단, 그런 비상한 조치가 요구되는 상황인지 판단에도 역시 결함이 있을 수 있다. 불확실성을 회피하고 조속히 결말을 짓고 싶어 하는 우리 마음에 깊숙이 자리 잡은 경향 때문이다.

협박·공갈 직원이 등장한 상황에서 초래되는 불확실성이 지속되면 초래할 조직 내 동요가 걱정되기 때문에, 기업은 끝까지 지켜보고 정법 대응을 하기보다는 신속히 확실한 결말을 지으려고 서두르게 된다. 그리고 그런 경향이 의사결정 과정 전반을 지배하면, 아직 정보를 수집하고 더 나은 해결책 실행 시점을 기다릴 수 있는데도 성급하게 해결을 시도하는 잘못을 범하게 된다. 초기 대응 전략에서 두 방안을 원칙적으로 배제하자고 주장하는 주된 이유다.

주

1 다른 사람의 생각을 어느 정도 확실성으로 우리는 이해할 수 있는 것일까? 이 부분은 박 실장의 협박·공갈 상황뿐만 아니라, 모든 커뮤니케이션에서 제기되는 문제이다. 우리는 이에 관한 생래적 과신의 편향을 경계해야 한다. 이와 관련, 『타인의 해석(원제: Talking to Strangers)』 김영사, 말콤 글래드웰, 2020에서 생각거리를 주는 글을 옮겨 본다. "우리는 몇 가지 단서를 설렁설렁 훑어보고는 다른 사람의 심중을 쉽게 들여다볼 수 있다고 여긴다. 낯선 이를 판단하는 기회를 덥석 잡아버린다. 물론 우리 자신한테는 절대 그렇게 하지 않는다. 우리 자신은 미묘하고 복잡하며 불가해하니까. 하지만 낯선 사람은 쉽게 이해할 수 있다고 생각한다. 만약 이 책에서 내가 당신에게 한 가지를 설득할 수 있다면, 이런 사실일 것이다. 낯선 사람은 쉽게 알 수 없다."

03

안정화 방안
갈등 관리와 정보 수집에 집중하라

앞 편에서 벼랑 끝 전략과 무마 시도가 가진 결함이 무엇인지, 그리고 그런 결함이 없는 이상적 초기 대응 전략을 시도해야 하는 이유가 무엇인지를 설명했다. 여기서는 그 이상적 전략에 대해 더 구체적으로 이야기해 보자.

단계적 접근의 중요성

박 실장의 협박·공갈에 임하는 대응팀의 최종 목표를 한마디로 정리하면, 박 실장의 협박·공갈로 초래된 혼란과 갈등의 발전적 해소다. 이때 발전적 해소의 모습은 하나가 아니라 여러 가지이다.

발전적 해소의 모습은 △ 설득 등을 통해 박 실장이 협박을 실행하지 않고 포기하도록 하는 것 △ 더 이상 협박을 이어가지 않고 퇴사를 하는 것과 같이, 긴장이 더 악화되지 않는 상태에서 상황이 잠정 종결되는 것(이것은 아직 분쟁의 불씨가 남아 있는 잠정적 상태인 점에서 앞의 포기와는 다르다) △ 박 실장이 퇴사하면서 합의금, 특별퇴직금 등의 금전 보상을 받되 더 이상 문제제기를 하지 않기로 합의하는 것 △ 박 실장의 요구를 거부하고 고소·징계와 같은 정면 대응을 불사하는 것(이 경우 박 실장도 고소, 손해배상, 언론 제보 등 맞대응을 할 수 있다) 등이 될 수 있다.

전쟁에 비유하면 이는 각각 **무장 해제**(武裝 解除), **일시 휴전**(一時 休戰), **종전 협정**(終戰 協定), **전승**(戰勝)이라고 할 수 있을 것이다.

대응팀은 관련 정보를 수집하고 상황을 평가하여 이들 중 하나의 상태를 목표로 정하게 된다. 무장 해제 목표를 정해 그 수단으로 무마 시도를 하거나, 일시 휴전을 기대하며 갈등을 관리하고 적절히 시간을 끌거나, 종전 협정을 위해 협상에 나서거나, 대화가 불가능하다는 판단하에 전승을 추구하는 기조에서 선제적 강경 대응을 실행하는 식이다.

물론 한번 정한 목표는 상황에 따라 바꿀 수 있고, 일시적으로 여러 가지 가능성을 모두 열어두고 진행하는 수도 있다. 그러나 어떤 경우든 일단 의식적으로 목표를 정해야 한다. 그래야 그에 맞는 구체적 대응과 실행에 나설 수 있다.

그런 목표 설정을 제대로 해내기 위해, 대응팀은 몇 가지 **선결 이슈를 정확히 이해해야** 한다.

선결 이슈에는 △ 박 실장이 말하는 황 사장의 폭언 등에 관한 주장이 어느 정도까지 진실인지 △ 박 실장이 언론 제보, 형사고소 등을 실행할 능력과 의사가 있는지 △ 그 실행을 위한 준비 수준이 어떠한지 △ 박 실장이 차분한 대화로 태도 전환이 가능한 안정된 심리 상황인지 △ 박 실장이 언급한 '합리적 처우'가 구체적으로 어떤 혜택·편의를 염두에 둔 것인지 등이 있다.

그러나 협박·공갈이 막 이루어진 단계에서, 대응팀은 이런 선결 이슈의 이해에 필요한 정보가 절대적으로 부족하다. 근태 관리에 불만인 박 실장이 인사담당 김 전무와 면담을 한번 하였고 그 자리에서 황 사장을 비난했다. 이때 '합리적 처우'가 언급되었고, 면담 직후 퇴사와 출근하지 않을 것을 알리면서 회사의 입장 표명을 요구하였다는 것이 알려진 사실의 전부다.

이렇게 불완전한 정보로 선결 이슈들에 대한 정확한 이해 달성은 불가능하다. 그리고 그런 정확하지 못한 이해를 기반으로 목표를 정하는 것은 무모한 도박이다. 이것이 벼랑 끝 전술과 무마 시도가 고스란히 드러내는 약점이기도 하다.

대응팀은 먼저 정보를 수집하여 선결 이슈들을 정확히 이해하고 그 이후 최종 목표가 될 발전적 해소의 방향을 정한 후 그 실현 수단

선 넘는 사람들

을 찾아야 한다. 조급증을 누르고 선결 이슈의 이해부터 단계적으로
해결하는 것이 이상적 초기 대응 전략의 모습이다.

안정화 방안: 갈등 관리 그리고 정보수집

이렇듯 이상적 초기 대응 전략의 기조는 단계적 접근이다. 그리고
갈등 관리와 정보 수집은 그런 이상적 초기 대응 전략의 한 예로서
아래에서 자세히 설명할 '안정화 방안'의 핵심 내용이 된다.

갈등 관리는 무엇보다 초기에 박 실장의 폭로, 법적 조치 등 불가
역적인 상황이 발생하지 않도록 관리하여, 시간적 여유를 확보하는
것을 말한다. 그다음이 정보 수집이다. 위 갈등 관리를 하는 동시에
박 실장의 의도와 계획, 향후 조치 등을 편견을 배제한 백지상태로
돌아가 파악하는 것이다.

이 두 가지가 핵심 내용이 되는 초기 대응 전략은, 상황을 안정(安
定)시켜 다음 실행을 준비하는 것이니, '안정화 방안'이라고 해보자.
안정화 방안은 비유하자면 선수비, 후공격에서 선수비 부분에 해당
한다.

이 '안정화 방안'은 내가 이상적 초기 대응 전략의 설명을 위하여
임의로 고안한 말이다. 협박·공갈 직원 문제를 여러 건 자문하면서
기업의 적절한 초기 대응 전략을 정식화할 수는 없을까 고민하다가

인질범, 자살시도자, 정신이상자처럼 위기에 처한 자(위기자)와의 협상, 즉, 위기 협상(Crisis Negotiation)의 초기 대응법에 대한 논의에서 힌트를 얻은 것이다.

이렇게 이름까지 붙여 의식적으로 실행하지는 않지만, 실제 상당수 기업이 자연스럽게 이 방안을 실행하여 효과를 거두고 있다. 또 올바른 대응법을 찾다 보면 대개 그렇게 수렴이 이루어지는 방안이기도 하다.

위기협상의 초기 대응법에 대해 보면 "자살 시도자가 위기 협상관이 현장에 도착할 때까지 자살을 망설이고 있다면, 그 자체만으로 상황이 절망적이지는 않다. 최소한 위기자가 자살에 대한 양가감정(죽고 싶은 동시에, 모순적이지만 죽고 싶지 않다는 감정)을 느끼고 있고, 확실한 결정을 내리지 못했다는 증거이기 때문이다. 협상관은 자살 시도자의 감정을 누그러뜨리고, 자살하는 것이 최선의 선택인지에 대해 의구심을 들게 만듦으로써 자살을 포기하게 하는 것에 목표를 둬야 한다"고 한다.[1]

이것은 아직 협박·공갈이 실행되지 않은 상황에서 요구되는 안정화 방안상의 갈등 관리와 궤를 같이한다. 격한 감정에 휩싸여 협박·공갈을 하는 직원의 상황 관리 문제를 다룰 때 직접 적용할 수 있다. 별다른 감정적 영향이 없어 보이는 상황에서도 협박·공갈 직원에게 양심의 가책, 두려움, 망설임과 같은 양가감정은 있을 것이니 여전히 적용 가능하다.

"위기 상황의 초기 단계에서는 경찰이나 위기자 모두 상대의 능력, 목적, 방법, 동기에 대한 정보가 부족하다. 서로 탐색하는 시간이 필요하고, 점차 위기 상황이 진행되면서 서로에 대한 정보가 수집 된다"는 언급도 유용한 참고가 된다.[2] 이는 안정화 방안 중 대응팀을 꾸려 협박·공갈 직원에 관한 정보 수집을 하는 활동에 대응된다.

협박·공갈 상황에 적용하면, 너무 서둘러 실행하거나 최종 해결책을 찾는 것에 초점을 두지 말고, 우선 시간을 벌고 그 시간을 활용하여 직원의 목적, 동기 등에 관한 정보를 수집하라는 뜻이 된다.

이렇듯 위기협상은 초기 단계에서 신속 해결이 가능하지만 인명사고 위험이 큰 진압 등 강제적 해결보다는, 적극적인 경청과 효과적 커뮤니케이션을 통해 위기자의 감정을 조정하고 상황을 안정화시키는 것을 우선한다. 그리고 안정화 이후 위기상황 정보를 취득하여 강제 해결이나 설득과 같은 해결책을 준비한다.

안정화 방안은 박 실장과 같은 협박·공갈 직원의 초기 대응과 관련하여 이러한 위기협상의 지혜를 빌린 것이다. 즉, 협박·공갈하는 직원의 양가감정 등을 활용해 안정적 관리를 통해 갈등과 긴장을 누그러뜨리며 적절한 의사소통 구조를 만들고, 효과적인 질문과 임시 협상을 통해 탐색하고 정보를 취득하는 것을 말한다.[3]

이것은 최종 해결을 위한 유일한 방안은 아닐지 몰라도 매우 유력한, 벼랑 끝 전술 등에 비해 상대적으로 훨씬 우수한 방안이다.

경청하기 그리고 질문하기

이제 대응팀이 안정화 방안을 실행하면서 취하는 구체적 조치를 경청하기와 질문하기의 2단계로 나누어 자세히 알아보자.

Step1. 경청하기

먼저, 대응팀은 박 실장의 사실 주장과 증거, 판단, 제안을 경청하기 위한 만남을 준비해야 한다.

박 실장은 '합당한 조치'에 대한 제일음료의 입장 표명을 기다리고 있다. 그래서 전격적으로 협박을 실행에 옮길 가능성은 낮다. 대응팀은 우선 박 실장의 생각과 주장을 경청하는 만남을 제안하여 대화 해결 분위기를 조성해야 한다.

만남을 통한 경청은 최악의 상황을 피할 길이 없는지, 서로 소통을 통해 확인하는 장이다. 이를 통하여 숙고와 선택을 위한 시간을 벌고 유의미한 정보를 수집할 수 있다. 향후 발전적 해소의 방향을 가늠하고, 비상상황을 대비할 수 있게 된다.

경청을 위한 조치

경청을 실행하는 조치를 순차 정리하면 다음과 같다.

① 박 실장에게 조속히 만남을 제안한다. 참여자 등 세부사항이 정리되지 않더라도 일단 제안하는 것이 포인트다.

② 내부 논의를 통해 참여자와 만남의 시간, 장소, 주제를 정하여 제안한다. 녹취 우려는 있지만, 박 실장의 감정상태와 의도를 파악하

려면 직접 만나는 것이 좋다. 만남을 조율하는 과정에서 박 실장으로 부터 일부 지엽적 요구, 예컨대 출근하지 않는 기간을 유급휴일로 처리해 달라는 요구가 있을 수 있는데, 이는 수용한다. 우호적이고 열린 마음으로 만남을 진행하려는 의지를 전달할 수 있다.

③ 대응팀 입장을 정리하기 위해 박 실장의 주장과 요구사항을 먼저 알아야 한다는 점을 이해시키고, 박 실장의 주장과 의견을 경청한다. 대화는 최대한 감정을 배제하고, 섣불리 박 실장을 자극하지 않도록 한다.

④ 첫 만남은 짧게 끝낸다. 첫 만남으로 어떤 결론을 내릴 수도 없고, 만남의 시간이 길어지면 예상치 못한 쟁점이 불거지면서 불필요한 갈등이 생긴다.

⑤ 만남이 끝날 때 아직 정리되지 않은 사항, 확인할 사항을 정리하면서 다음 만남을 약속한다. 구체적 일정을 정하지 못한다면 가까운 시일 내에 연락하기로 한다.

참여자 선정

이 모든 조치를 통틀어서 주도적 역할을 하는 플레이어는 만남에 나서는 참여자다. 대응팀의 참여자가 만남을 이끌어 가는 과정에서 목표 설정과 대응 방향 결정에 필요한 정보를 충분히 얻는지, 원만한 사태 해결을 위한 대화에 박 실장의 참여를 설득할 수 있는지가 초기 갈등 관리의 성패를 좌우하기 때문이다.

참여자는 선정할 때부터 박 실장의 관점에서 어떻게 보일지를 고려하여 신중하게 정해야 한다. 황 사장과 박 실장 모두와 소통이 가능하고, 제일음료에서 상당한 결정권이 있는 지위에 있고, 공감적 소통 능력을 갖춘 내부자가 최적임이다.

위 사안에서는 박 실장이 직·간접적으로 협박을 전달하는 상대방으로 정한 인사담당 김 전무가 우선 후보로 고려될 수 있을 것이다.

같은 부서에서 관계가 좋았던 다른 상사가 있다면 그 상사도 고려해 볼 수는 있는데, 대개 최선의 선택은 아니다. 그 상사와 박 실장사이에 제일음료가 모르는 갈등이 있을 수도 있고, 보안상 어려움도있다. 무마 시도를 하는 것이 아니니, 관계가 좋다는 것이 가장 중요한 요소도 아니다.

외부 변호사를 참여자로 정하는 것도 문제가 있다. 법적 조치가임박한 인상을 줄 염려가 있고, 박 실장이 변호사를 협상 결정권이없다고 인식하여 적극적 소통에 나서지 않을 수 있다.

참여자를 정하는 기준은, 협상이나 커뮤니케이션 스킬보다, 박 실장이 소통이 가능한 상대라고 인정하는지가 더 중요하다.

참여자의 행동 요령

첫 만남이 향후 전개 방향의 큰 갈림길이 되는 만큼, 참여자는 요령을 숙지하고 만남에 임해야 한다. 이때 메시지를 전달하는 것보다, 적극적으로 경청하는 것에 주력해야 하는 것을 확실히 인식하는 것이 중요하다. 안정화 방안의 목적은 최종 해결이 아니라, 갈등 관리 그리고 정보 수집인 점에서 당연하다.

따라서 박 실장이 대응팀의 입장 표명을 강력하게 요청해도 "내부 협의가 필요하다. 협의 후 알려주겠다"고 유보하고, "좋은 결과로 상황이 마무리되려면 직원도 합리적인 주장을 해야 한다"고 대응하는 것이 적절하다.

"이 문제는 대화로 해결될 여지가 많다는 것이 회사의 입장이다" 등과 같이 박 실장의 주장 내용과 태도에 따라서 유연한 해결이 가능하다는 것을 알리는 것도 좋을 것이다.

단, 참여자가 직원 비위만 맞출 필요는 없다. 기회가 올 때마다 직원에게 생길 수 있는 부정적 결과를 대화 흐름을 거스르지 않는 한도에서, 또 지나치게 갈등을 고조시키지 않는 한도에서 자연스럽게 알려주는 것이 좋다.

"협박이 실행되는 순간 부득이 협상에 임하기 어렵다."(나쁜 선례를 남길 수 없고, 배임 위험이 커진다) "권리 주장도 지나치면 공갈이고 공갈은 엄중 처벌된다"는 말이 그 예이다. 박 실장에게도 협박·공갈 상황을 조속히 종결해 불안감에서 벗어나려는 마음, 협박·공갈에 따를 법적 책임을 두려워하는 마음이 있기 마련이다. 따라서 위와 같이 진행되는 대화는 파국 방지에 도움이 된다.

특히 협박·공갈 직원은 누군가에게 성공 사례만 듣고, 기업 고소로 인해 협박·공갈 직원이 공갈죄 실형을 받은 사례는 모르거나 가벼운 처벌만 받는다고 오해하는 경우도 종종 있다. 이 경우 참여자는 해당 판결의 내용을 알려주거나 스스로 확인하도록 유도할 수도 있다.

오래전 자문했던 사례인데, 너무 강하게 나오면 공갈로 실형을 받을 수 있다고 이야기하니 협박·공갈 직원이 믿지를 않아서 준비해 간 판결문을 꺼내서 보여주자 태도가 상당히 누그러지더라는 말도 참여자에게 들은 적이 있다. 물론 만남 도중 판결문을 보여주는 것은 다소 생뚱맞고 상대방을 자극할 우려가 있으니(참고로 당시 사전 조율된 것이 아니었다) 일반화할 일은 아니다. 상황에 맞게, 상황을 있는 그대로 전달해 주는 참여자의 커뮤니케이션 기술도 중요하다는 정도로 새길 일화다.

Step 2. 질문하기

경청이 충분히 이루어졌다면, 효과적 질문을 하기 위해 노력한다. 경청과 질문은 시간적으로는 동시에 일어날 수 있다. 단, 중요도와 논리적 순서 면에서 경청이 충분히 이루어진 것을 전제로 질문 단계로 넘어가야 한다.

질문할 사항

질문을 할 때는 우선 박 실장이 명확하게 밝히지 않은 사실관계에 관한 부분과 그 전후 사정에 관한 사항을 물을 수 있다.

예컨대 △ 황 사장의 폭언 사실에 관해 육하원칙에 따른 설명 요구("황 사장님이 폭언을 언제 어디서 하셨다는 것인지요?" "말씀하신 외에 다른 사례는 없는지요?") 외에, △ 그런 폭언을 목격한 다른 직원이 있는지 △ 폭언 후 어떤 대응을 했는지("그런 사실은 주변에 알렸음직도 한데, 상의하거나 알린 적이 없나요?"), 혹은 하지 않았다면 왜 그랬는지 △ 증거가 있는지("혹시 폭언 사실이 녹취되어 있나요?") △ 증거를 확인해 줄 수 있는지를 묻는 것이다.

박 실장의 상황인식과 준비, 입장도 질문할 사항이다. 예컨대 △ '합당한 조치'가 무엇인지("긍정적으로 검토해 보고 싶지만, 어디서 시작할지 모르겠어요") △ 합당함의 기준이 무엇인지 △ 기업이 요구를 받아들이면 어떤 상응 조치를 취할지 △ 상응 조치의 약속이 이루어질 것을 어떻게 보장할지 △ 협의가 결렬되면 무엇을 어떻게 할 것인지 등이다.

모든 협박·공갈은 배경, 당사자의 성격, 준비 정도, 욕구, 요구, 요구의 객관적 타당성, 향후 전략 등이 서로 다르다. 그렇기에 적절한 대응 방법을 정하기 전에 반드시 위 사항에 대한 정보 내지 사실을 알기 위한 질문을 던져야 한다.

질문 없이 위 정보 내지 사실은 자명하게 드러나지 않는다. 질문은 일견 협박·공갈로 초래된 혼란과 갈등의 발전적 해소라는 최종 목표 달성의 순간을 앞당기는 것과 무관하거나 오히려 지연시키는 것처럼 보이지만, 실은 최소한의 시간을 통해 목표를 달성하기 위하여 필요한 정보 역량을 우회축적(迂廻蓄積)[4] 하는 과정이라고 할 수 있다.

특히 이 사안처럼 애매하게 '합당한 조치'만 요구하고 있다면, 질문으로 숨은 의도를 탐색해야 한다. 그런 탐색을 통해 박 실장이 합의금 등 지급에 대해 관심이 있다는 점을 드러내면 또다시 그 관심을 구체적으로 설명하도록 적절한 질문을 하여 요구를 표면으로 드러내도록 유도해야 한다.

이렇게 계속 질문을 하는 이유는 박 실장의 요구대로 합의금을 지급하기로 정했기 때문이 아니다. 박 실장이 협박에 나선 이유를 정확하게 파악하는데 도움이 되고, 그 외에도 여러 대응상 이점이 있기 때문이다.

예컨대 박 실장이 합의금 지급을 언급하고 이를 구체화하면서 여러 주장을 덧붙일수록 그 이후의 대화는 합의금 지급에 의한 해결을 중심으로 흘러간다. 협박·공갈이 실행될 가능성은 자연스레 낮아진다.

향후 협의가 결렬되어 언론전, 법적 분쟁으로 갔을 경우 직원이 합의금을 요구한 사실은 불리한 정황이 되므로, 합의금 지급 요구 이후 박 실장은 협박·공갈 실행에 부담을 느낄 수밖에 없다. 반면 대응팀은 대응 옵션의 선택 폭이 넓어져 전략상 유리해진다.

질문을 위한 준비

만남을 앞두고 대응팀은 실무적으로 철저히 질의할 사항을 준비해야 한다. 각 시나리오 별로 Talking Points 형식으로 광범위하게 질의 리스트를 만든다. 만남의 성격상 대응팀의 참여자가 Talking

선 넘는 사람들

Points를 들고 읽을 수는 없으니, 미리 대응팀 내에 협박·공갈 직원 역할을 할 팀원을 정해 시연(rehearsal)을 하면서 만남에서 전달할 메시지가 너무 적대적으로 들리지 않도록, 또 중요 사항을 빠트리지 않도록 신경을 쓰기도 한다.

어찌 보면 뻔한 이야기인데, 만남에서 적절한 질문을 해야 한다는 것과 시연 등 철저한 사전 준비에 대해 굳이 강조하는 데는 이유가 있다. 안정화 방안에서 질문은 효과적 대응을 위한 정보 취득에 절대적으로 필요하다. 그런데 협박·공갈 직원과 갈등이 드러나고 긴장이 고조된 비상 상황에서 이루어지는 만남에서는 참여자가 평정을 유지하기가 쉽지 않다. 자칫 상황에 휩쓸려 질문을 거르거나 빠트리는 일이 자주 일어난다.

협상가의 50%가 협상 중 상대의 욕구에 대해서 질문을 하지 않는데, 그 이유는 ① 질문을 하면 상대가 자신을 얕볼 것으로 생각해서 ② 스스로 상대가 원하는 것을 알고 있다고 착각해서 ③ 협상을 단순히 가격 싸움으로만 생각해서 논리의 중요성을 무시하기 때문에, 라고 한다.

하지만 이는 모두 잘못된 생각이니 "협상 테이블에서 할 말이 없으면 질문을 하라"고 한다.[5] 안정화 단계에서 박 실장과의 대화는 전형적 협상 상황은 아니지만, 한번 참고할 만한 조언이다.

주

1 『위기에서 사람을 살립니다』 글의온도, 이종화, 2021

2 『위기에서 사람을 살립니다』 글의온도, 이종화, 2021

3 본문에서 소개한 사항 외에도 인질범, 자살 시도자, 정신이상자처럼 위기에 처한 자(위기자)와의 협상, 즉 위기협상은 협박·공갈 직원과의 커뮤니케이션에 대해 유용한 생각거리를 제공한다. 위기협상의 특징은 위기자가 극단적인 감정 상태로 인하여 정상적인 사고를 하지 못하므로 논리에 근거한 설득과 권유는 통하지 않는다는 것이다. 협박·공갈 직원과 협상에서도 직원이 위기자 성향을 가지고 있거나, 위기상황에 처한 자일 수 있다. 특히 협상 초기 단계에서는 이러한 특징이 나타나는 경우가 많다. 오랜 기간 숙고한 치밀한 계획 없이, 어떤 계기로 순간적으로 감정이 폭발하면서 그동안의 불만과 결합하여 협박·공갈을 결행하는 경우가 대표적이다. 앞서 각주로 소개한 『위기에서 사람을 살립니다』 글의온도, 이종화, 2021에서는 위기협상에 관하여 상세하게 다루고 있다. 위기협상이 시작된 역사와 사례 등 흥미진진한 읽을거리가 많은 책인데, 안정화 방안과 관련하여 일부만 소개했지만 그 외에도 기업의 인사·법무 담당자가 잘 새기고 적용할 가치가 있는 부분이 많은 책이다. 관심 있는 분들의 일독을 권한다.

4 『삶의 정도』 위즈덤하우스, 윤석철, 2011에서는 어떤 목적(목적함수)을 최단 시간에 달성하려면 전기(前期)에 수단(수단 매체)을 형성·축적함으로써 그 축적된 수단을 발산시킬 후기(後期)를 준비하는 것이 필요하고, 전기에는 단기적 희생을 감내해야 한다는 우회축적 전략을 소개한다. 안정화 방안에서 질문을 통해 정보를 수집하는 것도 이러한 우회축적 전략의 일환이라 할 수 있다. 추후 그 수집한 정보를 활용해서 협박으로 초래된 혼란과 갈등의 발전적 해소라는 최종 목표에 가장 시간 효율적인 수단을 선택·실행할 단계를 시간을 투자하여 준비하는 활동이기 때문이다.

5 『협상의 10계명』 엘도라도, 전성철·최철규, 2009

마무리: 숙의된 결정

대응팀은 제일음료를 대표할 참여자로 김 전무를 선정하고, 박 실장과 첫 만남을 가졌다. 김 전무는 다행히 기대대로 원만한 성격과 뛰어난 커뮤니케이션 스킬을 발휘해서 박 실장과의 갈등을 잘 관리해 나갔다.

김 전무는 첫 만남과 며칠 후 이어진 두 번째 만남을 통해 박 실장과 준비된 질문을 포함하여 많은 대화를 나누었는데, 그 결과 처음보다 상황이 분명해졌다.

드러난 진실

우선 황 사장은 가끔 박 실장에게 반말을 하고, 모욕적으로 들릴 만한 언급을 한 사실이 확인되었다. 박 실장은 반말, 모욕이 있을 때마다 수첩에 꼼꼼하게 기록했고, 최근에는 녹취한 내용도 몇 건 있었다. 박 실장은 녹취파일을 전달하지는 않았지만, 두 번째 면담에서는 휴대폰에 저장된 녹취 파일의 일부를 김 전무에게 들려주기까지 했다.

또, 황 사장은 명절마다 멀리 지방에 사는 친구들에게 선물을 직접 전달하는 성의를 보인다면서 박 실장을 선물 전달할 사람으로 보냈고, 당일 회사 차량이 없어서 기차편으로 왕복 여행을 떠나는 박 실장에게 "차나 한 대 뽑아라. 그때 비용 좀 보태겠다"는 말을 한 적이 있었다.

박 실장은 황 사장이 개인 심부름을 시켰다는 점을 문제 삼았고, 차 뽑는 비용에 관한 언급을 상여금을 주겠다고 약속한 것이라고 주장했다. 황 사장은 지방 친구들은 업무상 관계가 있는 회사의 사장들이므로 개인 심부름이 아니며, 차 뽑는 비용 운운은 미안한 마음에 지나가듯이 한 말일 뿐인데 황당하다는 반응이다.

박 실장은 아직 황 사장 등을 상대로 형사고발을 준비한 바는 없고, 변호사와 상의한 바도 없다. 단, 인터넷 언론 기자에게 제일음료 소속 직원이라고 알리면서 황 사장의 비위를 알고 있는데 기사화 할 수 있는지 문의한 적이 한 번 있다.

지금은 제일음료와의 대화가 먼저라고 생각해서 일단 연락은 중단한 상황이지만, 박 실장 말에 의하면 기자는 상당한 관심을 보이면서 언제든지 만나자고 제안했다고 했다.

마지막으로 '합당한 조치'에 대해, 박 실장은 두 번째 면담 말미에 그것은 황 사장의 사과와 함께 금전 보상이라는 뜻을 비추었다. 제일음료의 키맨인 황 사장, 방 상무와의 관계가 틀어진 이상, 더 이상 제일음료에 다니기는 어려우니 퇴사할 생각이지만 그간의 부당한 처우를 생각할 때 사과와 금전 보상이 있었으면 좋겠다는 것이다.

금전 보상의 규모에 대해서는 아무 말 않다가, 두 번째 면담 이후 전화로 이야기하면서 프랜차이즈 매장을 하나 더 하려고 하는데, 그때 들 비용 5억 원 정도면 좋을 것이라는 뜻을 알려왔다.

선택의 시간

박 실장의 입장이 어느 정도 확인된 이상, 이제 제일음료는 안정화 단계를 지나 다음 단계인 발전적 해소의 목표를 정할 단계로 나아갈 준비가 됐다. **무장 해제**, **일시 휴전**, **종전 협정**, **전승** 중 목표를 정할 때가 된 것이다.

목표를 정하면, 그에 따라 취할 조치가 자연스레 정리될 것이다. 그래서 이 결정은 또 다른 큰 갈림길이다.

우선 '전승'을 선택하는 경우를 생각해 보자. 박 실장의 합의금 지급 요구를 거절하고, 역으로 박 실장의 협박·공갈 중단을 요구하면서 불응할 경우 대응조치를 경고한다. 박 실장이 형사고발이나 언론 폭로를 강행하면 그에 대해 맞고발, 해고 등 대응조치를 하는 방안이다.

그런데 이 방안은 문제가 있다. 박 실장의 주장 전부가 근거 없는 날조인 것이 아니고, 고충 토로와 내부고발 측면도 보이기 때문이다. 박 실장은 본인 요구가 수용되지 않으면 언론 제보를 할 가능성이 상당히 높고, 처음부터 언론 접촉까지 한 적극성을 고려하면 형사고발까지 할 가능성도 있다.

물론 전승을 추구한다는 것은 그런 경우를 각오하고 끝까지 강경 대응을 하여 박 실장의 요구를 거절한다는 것이다. 그러나 그 과정에서 막대한 시간과 노력이 드는 것은 각오해야 한다. 그리고 막대한 시간과 노력보다 더 두렵고 대책을 세우기 어려운 위험이 있다. 제일음료와 황 사장의 평판이 공격받을 때, 그 사안이 어떻게 전개될지 예상이 안 된다는 점이다.

직장 내 괴롭힘에 관한 우리 사회의 관심은 점점 높아지고 있다. 고위 임원에 의한 갑질이 문제 되면 대중의 상당한 관심을 보인다. 언론에서는 집중적으로 보도가 이루어지며 불매운동까지 벌어지는 세상이다. 지금까지 제일음료와 황 사장은 좋은 기업, 존경받는 기업인의 평판을 유지해 왔는데, 이번 일이 그 평판에 어떤 영향을 줄 것인가?

선 넘는 사람들

그렇다고 '종전 협정'을 선택하자니, 여기도 여러 약점이 보인다. 일단 박 실장의 요구는 황당하다. 5억 원이라니, 그런 거액은 박 실장의 주장이 다 맞더라도 과다하고, 제일음료가 지급하려 해도 명분이 없어서 지급하기 어렵다.

　협상을 통해 금액을 조정하더라도 적정 규모를 어떻게 정할지, 어떤 명목으로 지급할지 어려운 문제가 있다. 근본적으로는 과연 그런 합의가 효과적일지 의문이다. 제일음료로서는 합의를 한다면 향후 박 실장으로부터 비밀을 유지한다는 약속, 더 이상 분쟁을 확대하지 않는다는 약속을 받는 것이 반드시 필요하다.

　그러나 박 실장이 그런 약속을 하더라도 지킬 것인지, 이번에 보여준 뻔뻔함, 예측 불가능성을 고려할 때 신뢰가 가지 않는다.

　마지막으로 나머지 두 가지 선택지인 '무장 해제'나 '일시 휴전'은 무엇보다 현실성이 떨어진다. 박 실장의 준비상황, 주장, 요구조건을 보면 누가 설득하여 무마 시도를 하더라도 쉽사리 자기주장을 포기하지 않을 것이 거의 분명하다.

　요구조건을 밝힌 이상 그 상황을 대응하지 않을 수 없으니, 조건 없이 퇴사하는 것을 기대하면서 상황을 관리하기는 어렵다. 대응팀의 입장 표명이 지체되면, 박 실장은 기한을 정하여 입장 표명을 요구할 가능성이 높다.

숙의 그리고 불완전한 결정

이런 상황은 직원의 협박이 있을 때 기업들이 목표를 정하면서 상당히 자주 마주치는 상황이다. 물론 직원 위협 내용이 사실무근이거나, 사실이더라도 기업이 감당할 수 있는 정도의 위험이어서 망설임 없이 전승을 선택하게 되는 경우, 또 직원 요구가 합리적이므로 별 문제 없이 종전 협정을 하는 판단이 쉬운 경우도 없지는 않다.

그러나 이는 예외적이다. 대개는 어느 목표에도 상대적 약점, 아쉬움, 불확실성이 있다. 한마디로 완전하지 않다.

이런 상황에서 제일음료는 어떤 목표가 옳은지 평가·판단할 수 있는 절대 기준이 없다는 것, 즉 단 하나의 정답을 찾는 것은 핀트가 조금 어긋난 접근이라는 점을 이해한 바탕에서 목표 설정에 나서야 한다. 이런 경우는 원래 딱 떨어지는 **정답은 없는 것**이다. 어떤 경영자가 선택하더라도 그 방법밖에 없는, 선택에서 제외된 다른 목표를 모두 무효로 하는, 단 하나의 정답인 목표는 없는 것이다.

조금 더 생각해 보면 이러한 사실은 그리 놀랍거나 새로운 것도 아니다. 비단 협박·공갈 직원의 상황이 아니더라도 여러 가지 선택 가능한 옵션이 있고, 기업이 주어진 정보하에서 그 중 최선의 옵션을 고르는 상황은 부지기수로 널려 있다.

예컨대 기업의 경영 위기에서 정리해고 등 구조조정을 할지, 구조조정을 하더라도 명예퇴직, 임금삭감, 저성과자 해고, 정리해고 등 여러 수단 중에 어떤 수단을 채택할지의 경우에도 하나의 답은 없다.

　제일음료로서는 최선이 아니라 차선을 추구해야 한다. 일단 현실성이 떨어지는 목표를 소거하여 선택지를 좁히고(사례에서는 전승과 종전 합의로 좁힌다), 각 경우에 예상되는 전개(종전 합의를 추진할 때, 박 실장은 유연성을 보일 것인지), 최악의 경우 대응책(박 실장의 언론 고발에 대한 대응 방안이 있는지), 법적 함의(박 실장을 공갈로 고소하면 처벌될지), 종전 선례 등의 정보를 풍부하게 모아 장단점을 종합적으로 비교하여 상대적으로 나은 방안을 찾아야 한다.

　이를 바탕으로 상상을 한번 해보자. 목표는 전승과 종전 합의 중 하나로 하기로 좁혀지고, 대응팀은 한참 열띤 의견을 나누었다. 회의가 말미에 이르러 회의를 주재하던 황 사장이 이제 충분히 토의가 이루어졌으니 정리할 시간이 되었다고 선언한다. 그리고는 김 전무에게 고개를 돌려 묻는다. "전무님, 전무님께서 제 입장이라면 어떻게 하시겠습니까? 상황을 누구보다 잘 알고 계시니, 의견을 주시지요".

　정말 결정적인 질문이다. 이럴 때 김 전무 그리고 황 사장이 갖출 태도는 무엇일까? 김 전무는 우선, 과감하고 솔직하게 본인 판단에 기한 최선책을 근거와 함께 제시해야 한다. 물론 김 전무의 선택이 불완전할 수 있고, 선택된 경우 의도한 결과가 실현되지 않을 수도 있다. 그래도 이런 정답이 없는 상황에서 김 전무는 일반론에 숨거나, 본의 의견 제시를 유보해서는 안 된다.

김 전무는 박 실장의 면담 상대였고, 첫 만남과 두 번째 만남에서 참여자로서 박 실장에 관하여 가장 많은 정보를 가지고 있다. 황 사장의 처지와 고민도 처음부터 지켜보았다. 앞의 전개를 정확히 예상하기에 누구보다 유리한 입장에 있다.

그런 김 전무가 황 사장 옆에서 같은 눈높이에서 하는 솔직한 조언은 의사결정을 앞둔 황 사장에게 너무나 소중하다. 어쩌면 김 전무는 이 한마디의 조언을 위해 지금까지 대응팀과 같이 달려온 것일 수 있다.

다음으로 의사결정권자인 황 사장이다. 황 사장은 정답이 없다는 것, 눈앞에 선택지로 놓인 전승과 종전 협정 중 어느 방안도 약점이 있고 불확실하며, 조금은 편향되고 잘못된 평가에 기인하거나 불완전한 가정에 서 있음을 인정해야 한다.

황 사장을 포함하여 그 누구도 직원과 제반 상황을 완벽하게 알지 못한다. 결국 결정은 기업의 경영을 책임지는 황 사장이 내려야 하는 것이다. 김 전무의 솔직한 의견을 비판적으로 소화하고, 상대적으로 최선인 스스로 목표를 찾는다. 숙의(熟議)된 결정에 만족해야 하는 것이다.[1]

그리하여 결정이 내려지면, 대응팀은 이제 숙고에서 실행으로 사

선 넘는 사람들

고 모드 기어를 바꿔야 한다. 목표 결정에서 이제 목표 실현을 위한 수단으로 주의를 돌리고, 효율적 조치를 신속히 실행하면서 위험을 줄여나간다.

부인, 맞대응, 합리화, 변명, 인정, 시정조치, 사과와 재발방지 약속과 같은 다양한 수단이 선택지로 있을 것인데, 이것도 참으로 골치 아픈 일이기는 하지만 좋은 소식도 있다. 이제 가장 어려운 과제인 목표 설정은 잠정적이나마 끝났다. 후속 업무인 위 수단의 선택과 운용은 상대적으로 쉬울 것이다.

주

1 「학교에서 배운 답변 방식은 버려라」, 『결정, 흔들리지 않고 마음먹은대로(원 제: Making Smarter Decisions When You Don't Have All the Facts)』 에이 트 포인트, 애니 듀크, 2018은 이런 황 사장이 마주한 상황에서 의사결정 방 법에 관하여 영감을 준다. 뛰어난 포커 플레이어와 의사결정권자가 갖는 공통 점이 있다. 세상이 불확실하고 예측하기 힘든 곳이라는 사실을 편안히 받아들 인다는 점이다. 그런 사람들은 어떤 일이 벌어질지를 정확히 아는 것은 대체 로 불가능하다는 사실을 받아들인다고 하며, 이렇게 불확실성을 받아들일 때 더 나은 의사결정권자가 될 수 있는 까닭은 첫째, '확실하지 않다'는 그저 이 세상을 좀 더 정확하게 묘사한 말일 뿐이며 둘째, 확실하지 않다는 것을 받아 들이면 흑백논리의 함정에 빠질 가능성이 줄어들기 때문이라고 한다. 저자인 애니 듀크는 인지심리를 공부한 학자이자 성공한 프로페셔널 포커라는 흥미 로운 경력을 가지고 있다.

VII. 부적응·저성과 직원

01

퇴사 협상
왜 그리고 언제 필요한가

제일물산에 근무 중인 송 팀장은 승진 후 몇 년이 지났지만 담당하는 팀의 성과가 저조한 상태다. 지속적인 불명확한 지시와 잘못된 판단으로 팀원들로부터 신망을 잃어 리더십을 발휘하지 못하고 있다.

본부장이 피드백 절차를 통해 업무능력과 성과의 개선을 도모해 보았으나 여전히 송 팀장의 성과는 개선될 기미가 없다. 더구나 최근 들어 송 팀장은 업무 의욕을 완전히 잃고 근무태도마저 극도로 나쁜 상태다. 담당하는 일마다 일정이 지연되거나 실수가 생기고 있어 협업하는 다른 팀과 부서의 원망이 하늘을 찌른다.

제일물산 경영진은 전체 업무 능률을 위해 송 팀장에 대한 특단의 인사조치가 필요하다는 판단을 내렸다. 제일물산이 송 팀장을 상대로 취할 수 있는 조치에는 어떤 것이 있을까?

아마 제일물산의 인사·법무 담당자는 해고나 보직을 변경하는 전보, 연봉 감액(급여 조정) 등을 제일 먼저 떠올릴 것이다. 물론 송 팀장 입장에서는 이 조치가 어느 것이라도 달가울 리는 없다. 여러 할 말이 있을지 모른다. 하지만 업무 능률을 꾀해야 하고 치열한 경쟁 속에 사업을 수행해야 하는 제일물산에서는 정당한 이유가 있다는 전제에서 이런 조치를 고려하고 또 실행할 수밖에 없다.

저성과 해고: 엄격한 법원의 태도

그런데 문제는, 이런 인사조치가 법적으로 실행상 중대한 어려움이 있다는 것이다.

먼저 이 경우에 직관적으로 가장 먼저 떠오르는 해고를 보자. 송 팀장의 경우에 시행되는 해고를 소위 '저성과 해고'라고 하는데, 우리 사회에서 저성과 해고는 기업이 적법하게 실행하기 매우 까다롭다는 것은 공지의 사실이다.

2021년 대법원에서 대기업 제조사의 저성과 해고가 유효하다고 인정하는 판결이* 내려졌다. 그러자 노동계에서 상당한 화제를 모으

* 대법원 2021. 2. 25 선고 2018다253680 판결

며 많은 기사와 평석이 쏟아져 나왔다. 그런데 저성과 해고가 적법하다고 결론을 내린 이 판결을 읽으면서, 그리고 판결 직후 쏠리는 뜨거운 관심을 보면서, 나는 오히려 우리 사회에서 기업의 저성과 해고가 얼마나 어려운지 되새기게 되었다.

해당 판결이 다루는 사안은 3년간 성적 평가가 최하위권(하위 2% 미만)을 기록한 직원이 직무 재배치와 교육을 다시 장기간 받았는데도 성과가 개선되지 않고, 개선 의지도 보이지 않은 사안이다. 이것은 그냥 보통의 저성과가 아니라 극단적인 저성과다.

그런 극단적인 저성과에 대한 해고 조치의 효력이 대법원까지 치열하게 다투어지고, 또 판결이 나온 이후 이 정도로 우리 사회에서 주목받는 뉴스가 되는 현상이 무얼 의미하는 것일까.

분명한 것은 위 판결에 쏠린 이례적 관심은 저성과 해고의 유효성이 법원에서 인정된 사례가 손에 꼽을 만큼 적은 것에서 비롯된다는 사실이다. 이렇듯 법원이 저성과 해고의 유효성을 인정하는 것에 엄격하고 보수적이다 보니, 기업들도 웬만해서는 저성과 해고를 실행할 엄두를 내지 못한다.

전보: 운영상 그리고 법적인 제약

그러면 해고는 선택지에서 제외하고, 좀 더 실행하기 쉬워 보이는 전보 조치 방안을 살펴보자. 어쩌면 송 팀장은 지금 담당하는 업무보다 더 적성에 맞는 일이 있을지 모른다. 그렇다면 현재 소속 부서와 담당 업무를 다른 부서로 변경하고, 팀원으로 역할을 수행하도록 하는 것을 생각해 볼 수 있을 것이다.

그러나 이 경우 제일물산은 법적 문제를 논하기에 앞서, 인사상 난관을 먼저 해결해야 한다. 무엇보다 송 팀장의 경력에 맞는 자리를 찾아야 하는데 이것이 쉽지 않다. 어찌 찾더라도 적응을 위해 과도한 교육 훈련 시간과 비용 투자가 필요할 수 있다.

국내 사업 규모가 작고 T/O를 까다롭게 관리하는 외국계 회사에 특히 이런 어려움이 큰데, 그런 회사의 경우 전보 가능성은 아예 논의 대상으로 삼지 않는 경우도 많다.

법적으로도 어려움이 있다. 전보에 기업의 재량을 100% 인정하는 것이 아니라, 업무상 필요성과 생활상 불이익을 따져서 그 유효성을 판단해야 한다는 것이 법원의 입장이라. 이런 입장을 고려하면 송 팀장이 전보를 거부하면서 법적 분쟁으로 이어지고 종국적으로는 전보가 무효로 인정될 위험이 있다.

예컨대 조직개편을 이유로 팀장을 팀원으로 전보한 사안에서, 이때 전보의 업무상 필요성은 비대칭적 정보를 보유한 사용자가 쉽게 만들어 낼 수 있는 면이 있으므로 종전 관행과 비교하여 얼마나 이례적인지 등을 고려해서 유효성을 판단해야 한다고 하면서 전보가 위법하다고 한 판결이 있다.[*]

이 판결이 그런 위험을 단적으로 보여준다. 송 팀장의 전보가 외관상으로는 업무 효율성을 위한 부득이한 조치라 포장되어 있더라도, 문제가 되는 경우 법원은 실제로는 사직 강요의 수단이 아닌지 찬찬히 살펴볼 것이다.

그리고 설령 해당 전보 조치가 업무 효율성을 위한 조치라고 인정하더라도, 송 팀장이 부여받은 업무가 송 팀장의 경력 등에 비추어 적정한지, 즉 인원 선택이 합리적인지를 다시 살피고, 만약 인원 선택의 합리성이 없다면 전보를 무효로 판단할 수도 있다.**

연봉 감액: 운영상 부담

그럼 마지막으로, 연봉 감액은 어떨까? 연봉 감액은 실력 내지 성과에 상응하는 급여 지급이라는 명분이 있고, 실제 이런 경우 상당히 많이 사용된다.

그러나 이 방법은 연봉 기간 도중에는 일방적으로 실행할 수 없고 다음 연봉을 협상할 시기가 올 때까지 일단 기다려야 한다. 그리고 실무에서는 취업규칙 등에 아예 연봉 감액이 불가능하다고 규정되거나, 그런 규정은 없더라도 오랜 기간 관행적으로 연봉 감액을 실행

* 서울행정법원 제11부 2022. 4. 8 선고 2021구합52754 판결
** 대법원 2018. 10. 25 선고 2016두46412 판결

하지 않아 형평성 논란이 우려되는 경우가 있다. 제일물산에서도 같은 사정이 있다면 연봉 감액은 시도 자체가 쉽지 않다.

송 팀장이 연봉 감액에 반발할 경우 생길 법적 이슈를 제대로 다루는 일도 만만치 않다. 어느 정도까지 연봉을 감액할 수 있는지에 관해, 인사 재량권 행사의 한계상 무제한 감액할 수 있는 것은 아닐 것이다.

또 송 팀장의 업무나 책임의 축소 조정과 같이 수반되지 않으면, 당장 감액된 연봉을 적용하더라도 언제 감액의 적절성에 관한 다툼이 불거질지 알 수 없는 점도 신경이 쓰인다.

마지막으로 연봉을 매년 합의로 정하기로 되어 있을 때 송 팀장이 감액 제시된 연봉에 동의하지 않는 경우의 대응도 어렵다. 예컨대, 합의할 때까지 기업이 새로 제시한 감액 연봉을 기준으로 송 팀장에게 급여를 지급할 수 있을지가 문제 되는데, 이는 법적 고려사항이 많은 문제로서 임금 미지급 관련 분쟁으로 이어질 염려가 크다.

퇴사협상의 장점

이런 사정하에서 제일물산은 위 인사조치들을 고려하기에 앞서 협상을 통해 송 팀장이 퇴사위로금 등 일정한 혜택을 받고 자발적으로 합의퇴사하는 방안, 즉 퇴사 협상을 고려해야 한다. 퇴사 협상은 기업과 근로자의 상호 동의에 의한 퇴사이며, 퇴사 시 부여되는 일정한 혜택에 의해 동의가 자발적이라는 사실이 어느 정도는 담보된다. 그래서 분쟁 가능성을 줄이는 면에서 해고와 비할 바 없이 우수하다. 송 팀장 재직 계속을 전제로 하는 전보와 연봉 조정에 비해 인사 운영상 부담도 작다.

단, 어디까지나 퇴사 협상은 송 팀장의 자유롭고 자발적인 퇴사 동의가 필수 요건이다. 허울만 협상이고 실질이 퇴사를 강요하는 것이면 안 된다는 이야기다.

이를 간과하고 무리하게 퇴사 합의를 추진하면 설사 합의가 이루어져도 무효가 되고, 협상 과정에서 직장 내 괴롭힘 문제까지 불거질 수 있다. 따라서 제일물산은 송 팀장의 거부 의사가 명확하면 무리한 합의 강요가 되지 않도록 협상을 중단해야 한다.

이러한 퇴사 협상의 근본적 한계는 염두에 두고, 이어지는 편에서 제일물산이 송 팀장과 상호 윈윈(win-win)하는 퇴사 협상을 위해 유의하여야 할 사항을 소개한다.

시작 단계 시기 결정과
첫 제안 결정에 대하여

퇴사 협상을 시도하기로 했다면, 제일물산은 송 팀장에게 먼저 왜 합의퇴사가 필요한지 사정을 알리고, 퇴사 조건을 협의하는 절차를 시작해야 할 것이다. 이러한 퇴사 협상의 시작 단계에서 제일물산이 염두에 둘 사항을 몇 가지 소개한다.

협상 개시, 적기에 이루어져야 한다

제일물산은 퇴사 협상 논의를 시작할 시기 결정에 신중을 기해야 한다. 제일물산이 퇴사 협상을 하기로 결정했다고 해서, 그때 곧바로 논의를 시작할 수 있는 것은 아니다.

송 팀장이 퇴사를 전혀 고려하지 않고 있는데 기업이 느닷없이 퇴사를 권유하면서 협상을 제안하는 결과가 되는 것은 좋지 않다. 이 경우 타결은 커녕 협상이 계속 이어질 가능성도 매우 낮다. 송 팀장이 한 마디로 "그럴 생각 없습니다"고 거절하면 쉽게 다음 단계를 찾기 어려운 것이다.

그리고 그렇게 협상이 처음부터 추진력을 잃고 중단되면, 그저 협상 중단으로 그치는 것이 아니다. 후속 진행에도 부작용이 있다. 제일물산은 협상 진행이 여의찮으면 어쩔 수 없이 전보, 연봉 감액 등 차선책인 다른 인사조치를 추진할 공산이 크다. 그때 송 팀장은 앞에서 시도 후 중단된 퇴사 협상 시도 때문에 후속 인사조치까지 부정적인 시각을 가지게 될 가능성이 많다. 제일물산의 궁극적 의도는 본인의 퇴사이며 후속 인사조치가 실제로는 퇴사를 목적으로 하는 수단이라고 경계심을 품기 때문이다.

첫 협상 중단 이후 아직 준비가 덜 된 송 팀장을 무리하게 돌려 협상을 재개하는 과정에서 퇴사합의금 등 대가가 감당할 수 없게 올라갈 위험도 있다.

따라서 △ 마침 기업 전체 차원에서 실행되는 대대적 조직변경이나 희망퇴직이 있다면, 그 실행 기회에 진행하는 개별 면담 △ 역량 향상 계획(PIP, Performance Improvement Plan)을 실행하거나, 종전 그 실행 결과를 통지하는 개별 면담 △ 가장 가까운 시기에 시행 예정인 정기 평가 △ 연봉 협상 면담 등 송 팀장도 객관적으로 퇴사 협의를 할 만한 자연스러운 시점이라 받아들일 수 있고, 이상적으로는 실제 본인도 퇴사를 현실적 선택지 중 하나로 고민하기 시작한 시점이 퇴사 협상을 시작할 바른 시점이다.

그리고 그 시점이 정해지면, 서두르지 말고 차분하게 기다리면서 상황에 맞게 퇴사 사유를 언급하는 방법과 수위, 예상 질문에 대한 답변을 미리 준비해 두어야 한다.

합리적인 첫 제안을 하라

퇴사에 동의하는 경우 지급할 퇴직위로금 등 혜택에 관하여 협의가 시작되는데, 이때 첫 제안은 퇴사를 제안하는 기업이 먼저 하는 것이 논리적이다. 실제 대부분 그렇게 진행이 된다.

기업도 퇴사할 직원에게 어느 정도 혜택을 제시함이 적절한지 판단하기는 쉽지 않은 일이어서, 먼저 첫 제안을 하는 것에 부담을 가진다. 그러나 퇴사 협상의 상대방인 직원(사례의 송 팀장)은 본인이 받을 적절한 혜택 규모에 대해 충분히 생각하지 않았을 수 있고, 종래 기업의 퇴사 합의 사례를 잘 모르는 등 정보가 더욱 부족하다.

그래서 여러모로 기업보다 먼저 첫 제안을 하기가 어려운 입장이다. 기업이 먼저 어느 정도의 혜택을 원하는지 의견을 제시하도록 요청해도 기업 제안을 먼저 들어 보고 결정하겠다고 하면서 유보적 입장을 취하는 경우가 대부분이다.

이때 기업의 첫 제안이 퇴직위로금을 기준으로 할 때 어느 정도면 적절한지(예컨대, '6개월 치 연봉' 아니면 '1년 치 연봉')는 모든 기업에 딱 들어맞을 하나의 간단한 공식이 없다.

△ 종래 그 기업에서 희망퇴직, 권고사직의 경우에 지급한 퇴직위로금 △ 유사한 경우 동종 업계에서 지급되는 퇴직위로금 △ 비위행위의 유무, 재직기간, 직위와 같은 대상 직원에 특유한 사정 △ 퇴사 협상을 조속히 마무리할 기업의 필요성 등 고려할 요소가 매우 많다.

이것은 명예퇴직제하에서 일률적으로 복수의 퇴직 희망자에게 사전에 공개된 조건에 따라 지급되는 명예퇴직금과도 다르다. 모든 퇴직위로금은 개별적이다.

첫 제안에 관한 또 다른 측면은 뒤에 다시 다룰 기회가 있으니, 여기서는 그 결정 기준, 절차, 그리고 패키지 구성 방법에 대해 이야기해 본다.

① 결정 기준

송 팀장은 제일물산의 첫 제안을 들은 후 계속해서 진지하게 협상에 임할지, 임하기로 한다면 어떻게 본인의 희망을 개진할지의 고민을 구체화하기 시작할 것이다. 이와 관련, 제일물산이 가장 염두에 두어야 하는 사실은 송 팀장은 첫 제안 수준을 보고 기업이 퇴사 협상에 진지하게 임하는 정도를 가늠할 것이라는 점이다.

따라서 퇴사 협상을 성사시킬 의지가 있다면, 첫 제안을 하기 전에 협상에 관여하는 임직원들이 모여서 송 팀장이 첫 제안을 어떻게 받아들일지에 관하여 솔직한 의견을 나누는 것이 필요하다.

그 결과 도출되는 △ 송 팀장 주장에 합리적 근거가 있는 한도에서 다소 상향할 여지를 남기는 금액, 동시에 △ 송 팀장이 협상 테이블을 떠나지 않고 수정 제안을 해보려는 의지는 가질 정도의 금액으로 퇴직위로금 등 혜택이 제시되는 것이 이상적이다.

② 절차

집단의 지혜를 활용할 수 있는 절차를 두는 것이 필요하다. 첫 제안은 사전에 정해진 정답이 없고, 한 사람이 처리하기에는 고려 요소가 너무 많다. 예상되는 퇴사 예정 직원의 반응도 다양한 시각으로 검토해야 한다.

제일물산도 설령 경험이 풍부하고 전문성이 있다고 해도, 결정권자가 단독으로 제시할 퇴직위로금을 정하기보다는, 자유롭게 의사를 개진하는 분위기에서 인사팀 등 집단적 협의를 하는 것이 좋은 결정에 이를 가능성이 훨씬 높다.

이때 첫 제안에서 제시할 퇴직위로금의 규모를 협의하다 보면, 막바지에 소위 앵커 효과(anchor effect. 처음 제시한 금액이 기준점이 되어 최종 합의금이 정해지는 현상)를 생각하여 그때까지 논의되던 금액보다 조금 더 낮은 금액을 제시하자는 제안이 나올 때가 흔히 있다.

그런데 그런 제안은 일리는 있지만 쉽게 따르면 안 된다. 그로써 협상 타결이 지연되며(그로써 지연된 기간의 급여만큼 추가 지출이 증가한다), 그 낮은 금액을 기준점으로 최종 타결이 되더라도 송 팀장이 불공정하다는 인식을 가져 퇴사 협상 취지가 반감될 위험도 있기 때문이다.

그런 부정적 요소까지 함께 논의가 되어야 한다.

③ 패키지 구성 방법

첫 제안 조건에서 가장 중요한 것은 당연히 퇴직위로금 액수지만, 그 외 패키지에 다른 혜택을 제시할 수 있는지 찾아보아야 한다.

물론 전략적으로 처음에는 다른 혜택을 배제하고 퇴직위로금의 규모만 의제로 삼고, 협상을 진행하면서 다른 조건이나 다른 종류의 혜택을 추가할 수도 있다. 하지만 꺼내 놓을 수 있는 모든 의제(카드)를 협상 테이블에 올려놓고 첫 제안을 풍성하게 하는 것도 한 방법이다.

예컨대 퇴직위로금의 지급 시기, 지급 방법, 조건도 카드가 된다. 그 외에 △ 퇴사 전 유급 휴직기간(Garden Leave)의 부여 △ 법적 책임 추궁의 포기 △ 경업금지 약정 면제 △ 회사 차량 사용허가 △ 장기 재직 혜택 부여도 중요 카드가 될 수 있다. 이런 카드가 많을수록 다양한 조합을 통해 원만한 합의를 도출하기 쉽다.

한참 뜨는 테크놀로지 기업을 대리하여 퇴사 협상을 하면서 퇴사 예정 임원과 적정 위로금 규모를 논의할 때였다. 차이가 좁혀지지 않아서 머리도 식힐 겸 임원의 렌트카 옆에서 함께 자판기 커피를 마시며 렌트카를 소재로 잡담을 했다. 그런데 그때 임원이 렌트카에 각별한 애착이 있고, 위신상 퇴사 후 당분간 렌트카를 사용하고 싶어함을 알게 되었다. 이후 협상에서 렌트카를 퇴사 후 1년 더 사용하는 조건으로 위로금은 양보를 받아 손쉽게 합의했다. 기업은 렌터카를 즉시 돌려받을 필요가 없었고, 기간 연장으로 증가한 비용은 양보받은 위로금에 비하면 아주 소액이었다. 많은 것을 깨닫게 해 준 경험이었다.

답변 시한을 정하되, 유연성을 보여라

퇴사 협상의 과정에서 퇴사 예정 직원에게 의견을 구할 때는 답변 시한을 정하는 것이 좋다. 자문을 하다 보면, 퇴사 예정 직원에게 퇴사 의사를 묻거나 첫 제안을 하고 나서, 답변 시한을 정하는 절차를 빠트리는 경우를 의외로 자주 본다. 그러나 이것은 기초적 실수다. 답변 시한을 정해야 협상이 진척되고, 협상의 대상과 초점이 분명해져서 불필요하게 협상이 늘어지는 부작용을 피할 수 있다.

답변 시한을 정하는 것에는 협상 진척에 도움이 된다는 것 외에도 다른 이점이 많다. 양 당사자 모두에게 예측가능성과 안정성이 생기고, 최선의 해결을 위한 최소한의 대화를 이어갈 수 있고, 그 과정에서 긴장을 누그러뜨리고 서로 입장을 이해하여 급격한 관계 악화와 법적 분쟁을 피할 여지가 생긴다.

이때 중요한 결정을 앞두고 숙고할 시간이 필요한 점, 다른 동료나 가족, 그리고 변호사 등과 퇴사에 관한 협의를 하는 것이 당연한 점을 고려하여 퇴사 예정 직원에게 답변 시한을 너무 빡빡하지 않게 제시하는 것이 좋다. 예컨대 주말을 앞두고 금요일에 첫 제안을 하고, 시한을 그다음 수요일 정도로 정하는 식이다. 답변 시한을 한번 정한 후 연기요청도 있을 수 있는데, 이때도 흔쾌히 응하는 것이 좋다. 너무 공격적인 태도, 예컨대 빡빡하게 답변 시한을 정하고 연기요청에도 소극적으로 대응하는 것은 반발을 불러 대체로 결과가 좋지 않다.

또 그런 현실적 이유와는 별론으로 하더라도, 퇴사 협상은 기업을 위해 시간과 노력을 쏟는 직원의 퇴사 문제를 다루는 것이다. 과정 전반에 걸쳐 존중, 배려, 품격 유지가 중요하다.

모든 협상이 그렇듯이 이기고 지는 싸움이 아니다. 서로 주고받으면서 합리적 결론을 찾아가는 과정이 협상이다. 합의 시점을 앞당기려고 해도 애초에 걸릴 만큼은 시간이 걸린다. 일방적으로 밀어붙일 수는 없는 것임을 명심하자.

03

본격 협상 1
협상 참여자의 결정
그리고 첫 제안을 전후한 대응법

─────

제일물산은 퇴사 협상 시작 시점을 반기 평가를 위한 면담 시로 정했다. 그리고 예정대로 반기 평가 면담을 하면서 본부장이 송 팀장에게 제기되고 있는 성과와 동료 평가상의 여러 가지 문제를 최대한 부드럽게 설명해 주고, 퇴사 협상을 한번 해보면 어떨지를 제안했다. 당연히 퇴사를 강요하는 것은 아니라는 점을 알리고, 일주일 시한을 정해 답변을 달라고 했다.

송 팀장은 면담 전에는 본부장이 퇴사 협상을 제안할 것을 예상하지 못했지만, 반기 평가가 워낙 좋지 않았고, 향후 평가가 개선될 여지가 크지 않다는 점을 어느 정도 납득한 것으로 보였다. 면담 후 며칠이 지나 송 팀장은 본부장에게 일단 퇴사 협상에 임하겠다고 하면서 제일물산이 먼저 퇴사 조건을 제안해 달라는 뜻을 알려 왔다. 이제 첫 고비를 넘었다. 본격 협상의 시작이다.

이제 본격 협상 단계에 들어간 제일물산이 이 단계에서 유의할 사항은 여러 가지가 있는데, 모두 제대로 해내기란 참 쉽지 않다. 이런 퇴사 협상은 사안마다 쟁점, 양상, 해법이 다르다. 종전에 성공한 방법이 새로운 협상에는 효과를 발휘하지 않고, 오히려 걸림돌이 되는 경우까지 흔하다.

단, 본격 협상을 하는 과정에서 다루게 될 중요 이슈인 협상 참여자의 결정 방법, 그리고 퇴직위로금 첫 제안 직후의 처리와 관련하여 대체로 우수한 효과를 내는 방법과 기준은 있다. 이 부분을 한번 생각해 보기로 한다.

협상 참여자, 누가 적절할까?

송 팀장 퇴사 협상과 같은 성과 부진 직원과의 퇴사 협상에는 이와 관련된 고유한 실용 지식이 있다. ① 해고 등 일방적 조치를 최선의 대안(BATNA)[1]으로 활용하기 어려운 상황에서 협상이 이루어진다는 점 ② 사직 권유와 협상의 소통 전 과정에서 직장 내 괴롭힘 문제 제기의 위험을 유의해야 하는 점 ③ 퇴사 이유 설명 과정상 평가 적절성이 자주 문제 되므로 사전에 설명할 준비가 필요한 점 ④ 직원의 눈높이에서 합리적 제안을 선제적으로 해야 하는 점 ⑤ 직원의 입장 변화가 많고 그 진폭도 크기 때문에 적절한 조건에 합의한 순간 신속히 협상을 마무리해야 하는 점 등이다.

이러한 실용 지식은 자문 경험과 성찰을 통해 가장 효과적으로 체화할 수 있다.

협상 참여자의 역할은 협상 중 시시각각 변하는 상황에 맞춰 이런 실용 지식을 종합적으로 적용하고 순발력 있게 대응하면서, 올바른 판단을 쌓아가 결국에는 협상 타결을 이끌어내는 것이다. 이것은 행운만 바라면서 할 수 있는 일은 아니다.

이런 역할을 제대로 수행하려면 협상 참여자가 자신감 있고 소통 능력이 좋은 것도 필요하지만, 그런 기본 역량만으로는 부족하다. 협상 참여자는 위 실용 지식을 체화하고 변화무쌍한 협상 국면에서 순발력 있게 적용하는 능력까지 추가로 갖추어야 한다.

그런 점에서 협상 참여자는 풍부한 경험을 통해 이미 이런 실용적 지식을 가지고 있으며 커뮤니케이션 스킬이 뛰어난 인사담당자가 단독으로 맡거나, 아니면 그런 인사담당자와 함께 역시 경험이 풍부하고 노련한 법무담당자가 공동으로 맡는 것이 가장 이상적이다.

그런 적임자가 없거나, 있더라도 특수한 상황 예컨대 △ 고위 임원을 대상으로 하는 경우 △ 단순한 저성과가 아니라 심각한 비위행위와 법적 분쟁 소지가 있는 복잡한 사안인 경우 △ 수많은 직원을 상대로 공정성을 최우선으로 하여 협상을 진행해야 하는 경우에는 변호사 등 외부 전문가를 협상 참여자로 정할 수도 있다. 그러나 어디까지나 이런 경우는 예외적이다.

특히 사례의 본부장처럼 직근 상사가 협상 참여자로 나서는 것은 삼가야 한다. 반기 결산 평가를 하고 퇴사 협상을 시작하겠다는 제일물산의 결정을 알리면서 의견을 청취하는 것까지는 퇴사 협상이 시작되기 전 결정 통보의 성격이니 본부장이 담당해도 무방하다.

그러나 그 이후의 단계, 첫 제안 전달로부터 시작하는 본격 협상은 달리 보아야 하며, 일반적으로 이 사례에서 본부장은 좋은 퇴사 협상자 후보가 아니다. 본부장은 그간 업무를 지시하고 평가하는 입장이었으니, 성과가 좋지 않아 퇴사 협상을 하기까지 이른 송 팀장과는 숨은 감정 대립과 오해가 있을 가능성이 크다. 그 결과 협상 과정도 매끄럽지 않게 흘러갈 위험도 크기 마련이다.

실례로, 성과가 극도로 부진하며 팀에 적응을 못한 직원과 부서장이 퇴사 협상을 하다가 사달이 난 건의 후속 조치를 맡은 적이 있다. 사달의 원인을 들어보니 직원이 퇴사 조건을 이야기하던 도중, 부서장이 예전에 전체 메일로 자신을 공개 칭찬한 사실을 들면서 그런데도 왜 본인이 낮은 평가를 받았는지에 대해 강력하게 항의하여 언쟁이 벌어진 것이 시작이었다.

부서장 입장에서는 당시 너무 헤매는 직원이 안쓰러워 작은 기여를 애써 찾아 격려 차원에서 칭찬한 것에 불과해서 직원 항의가 억울했고, 언성을 높이는 직원 앞에서 평정을 유지하기 어려워 냉정하게 대응하지 못했다. 만약 한 발 떨어진 입장에 있는 경험 많은 인사담당자가 퇴사 협상자로 나섰다면, 직원이 그렇게 나올 때 공감을 표현하되 그 사실은 지금 중요하지 않음을 납득시키고 협상을 이어갈 수도 있지 않았을까?

퇴직위로금, 직원마다 다른 것이 정상이다

지금 우리는 송 팀장 1인만을 상대로 퇴사 협상을 진행하는 사안을 다루고 있는데, 사례를 약간 바꿔서 제일물산이 또 다른 성과 부진과 부적응이 문제가 되는 박 팀장도 동시에 퇴사 협상을 진행한다고 해보자. 이 경우 첫 제안을 할 때 송 팀장과 박 팀장의 퇴직위로금 등은 동등한 수준으로 제시되어야 할까?

기업은 이렇듯이 유사한 이유로 퇴사 협상이 시작된 복수의 직원에게 동시에, 혹은 시차를 두고 퇴사 협상을 할 수 있다. 이때 퇴사 예정 직원이 직급이나 연차가 비슷하면 동등한 수준의 퇴직위로금이 제안되도록 하고, 결과도 그렇게 되도록 신경 쓰는 것이 보통이다. 퇴직위로금의 규모는 기업 단위로 선례적 가치가 있고, 그렇게 하는 것이 공정하며 협상 성공에 도움이 된다고 여기기 때문이다.

실제로도 다른 직원에게 제안되는 퇴직위로금은 그 수준을 동일하게 하는 방향으로 영향을 줄 때가 있다. 퇴사 협상을 할 때 기업은 통상 제시받거나 최종 지급된 퇴직위로금 수준을 공개하지 않도록 직원에게 약속을 받지만, 그 약속은 잘 지켜지지 않고 직원들은 제시된 퇴직위로금 수준에 관한 정보를 공유하는 경우가 많다.

그 결과 다른 직원에게 제안한 퇴직위로금을 지렛대로 삼아 자기 위로금 규모를 키우려는 경우, 다른 직원이 합의한 퇴직위로금보다 자신이 합의한 퇴직위로금이 적다는 것을 알고 반발하는 경우 등이 어쩔 수 없이 나타난다.

기업이 다른 직원에게 제안하거나 지급한 퇴직위로금을 협상의 지렛대로 삼는 경우도 있다. 즉, 과다한 퇴직위로금을 주장하는 직원에게는 기업이 과거 다른 비슷한 처지에 있거나 지금 협상을 진행하는 직원에게 제안하고 또 합의한 퇴직위로금을 개략적으로 공개하며 공정성과 일관성을 강조하여 동의를 이끌어내기도 한다.

이런 사정을 고려할 때, 제일물산도 예전 다른 직원에게 지급한 퇴직위로금을 송 팀장과 박 팀장에게 처음 제안할 퇴직위로금 수준을 정함에 참고하거나 협상 근거로 활용하여, 결과적으로 잘못된 선례를 남기지 않도록 하는 등 일관성에 신경을 쓰는 것은 일리 있다.

송 팀장과 박 팀장의 퇴직위로금 제안과 지급을 같은 수준에서 맞추려는 것도 마찬가지로 이해가 되는 부분이다.

단, 이것이 철칙은 아니다. 오히려 직원마다 다른 것이 정상이다. 즉, 다른 직원에게 제안하거나 지급하는 퇴직위로금은 어디까지나 참고일 뿐이다. 퇴직위로금 결정에 고려할 중요한 요소는 직원마다 모두 다르기 때문이다.

자문 경험상으로도 다른 직원에게 제안하거나 지급한 퇴직위로금을 참고하여 자신의 퇴직위로금을 상향 주장하더라도 그것이 결정적으로 강력한 주장은 되지 않고, 왜 두 경우가 다른지(회사 재직기간이 다르거나 팀장 역할을 수행한 기간이 다른 점 등)로 설득이 가능한 경우가 많았다. 그리고 퇴사 협상이 진행될수록 동등한 수준의 위로금 제안과 지급은 덜 중요해진다.

대대적 조직개편 계기에 10여 명의 저성과자 직원과 퇴사협상을 시작한 기업을 자문한 적이 있다. 이때 처음 제안한 퇴직위로금은 다른 직원에 제안할 퇴직위로금, 종전 유사한 사례에서 지급한 퇴직위로금의 선례뿐 아니라 동일 업종 다른 기업의 희망 퇴직금, 재직기간, 그동안의 기여도, 재취업 가능성, 퇴사 합의 후 부여하는 유급휴직 기간 등을 고려하여 수개월 치 급여부터 1년 연봉 이상까지 모두 다르게 정했다.

특히 개별 협상 과정에서 합리적 수준의 합의가 이루어지면 일관성을 과감히 희생하고 신속하게 합의하는 방식으로 진행했다. 다수 직원이 대상이 된 퇴사 협상은 조기 종결이 중요하며, 이를 위해 조속한 합의가 중요하기 때문이다. 이런 맥락적 요소도 퇴직위로금 제안 및 지급 규모에 고려해야 하므로 다른 직원의 퇴직위로금은 그야말로 참고에 불과한 것이다.

역제안을 하도록 요구하라

제일물산의 참여자로 정해진 인사담당 박 전무가 종전 사례, 재직 기간 등 제반 사정을 고려하여 6개월 급여에 상당하는 퇴직위로금을 송 팀장에게 첫 제안으로 제시했다. 그런데 송 팀장이 "금액이 너무 적다", "도저히 받아들일 수 없다. 새로 제안해 달라"라고 요구하면서, 만약 성의 있는 제안이 나오지 않으면 퇴사 협상을 중단하겠다는 의사를 비친다고 해보자.

실제로 기업의 첫 제안을 인정하지 않고 퇴사 예정 직원이 무조건 새롭게 제안을 하라고 요구하는 경우는 종종 있다. 이런 경우 박 전무는 어떻게 대응해야 하나?

이렇듯 퇴사 협상에서 첫 제안을 받으면 직원은 보통 당장 수용하지 않는다. 그 대신 본인에게 더 유리한 조건을 유도하기 위해 다양한 방식으로 입장을 밝힌다. 이때 협상 참여자는 냉정하고 신중하게 대응해야 한다. 이때가 퇴사 협상의 큰 방향이 정해지는 갈림길이기 때문이다.

협상 참여자의 대응 여하에 따라 협상은 생산적으로 발전할 수도 있고, 정체되거나 파행으로 치달을 수도 있다.

원칙적으로 박 전무는 위 송 팀장의 요구에 쉽게 응하여 곧바로 새로운 제안을 해서는 안 된다. 첫 제안을 정하는 회의에서 6개월에서 1년 급여 사이의 퇴직위로금이 논의된 상태이고, 일부 양보는 있을 수 있다고 생각했으니 9개월 급여 정도를 제안하자는 식의 안이한 판단을 해서는 안 되는 것이다.

대신 첫 제안과 격차가 있어도 괜찮으니, 우선 본인이 생각한 합리적 위로금 규모와 그 근거를 역제안해 달라고 차분하게 요구해야한다.

첫 제안은 6개월 치 급여 이상의 위로금은 보장한 것과 마찬가지이고(기업이 첫 제안을 낮추는 것은 협상 중단 선언과 마찬가지이기 때문이다), 오랜 내부 검토와 협의 끝에 나온 고심의 산물이다. 그렇게 공들인 첫 제안을 쉽게 철회하는 것은 오히려 협상에 대한 제일물산의 진정성을 의심하게 하는 것이다.

송 팀장에게 합리적인 역제안을 해달라고 요구하는 것은 누가 봐도 타당하다. 수정 제안은 협상 의도가 있다면 송 팀장에게도 이롭다.

너무 과한 역제안, 이유와 근거를 물어라

퇴사 예정 직원이 너무 과한 역제안을 하는 경우도 있다. 한번은 의뢰인인 외국계 기업과 오래 재직했던 비서 사이의 퇴사 협상을 자문하게 되었는데, 그 비서는 재직기간이 얼마 되지 않았음에도 첫 제안에서 기업으로부터 1년 연봉 상당의 괜찮은 퇴직위로금을 제시받은 상태였다. 그런데도 비서는 그 후 오랫동안 답을 하지 않고 뜸을 들이다 역제안을 해왔는데, 그 금액이 자그마치 정년까지 약 25년간 급여 전부와 퇴직금이었다.

자문하던 나도 놀랐지만, 그 내용을 들은 외국에 있던 HR담당자
도 마찬가지였다. 전화로 협상 결과를 전했더니, 한동안 아무런 말을
하지 않다가 "그 정도 받으면 나도 지금 퇴사하고 싶다!"는 농담이
돌아왔다.

그런데 필자는 이후에도 다른 기업의 자문을 하며 똑같은 상황을
숱하게 겪었다. 최근 정년을 5년 남긴 직원의 퇴사 협상에서도 똑같
은 역제안이 있었고, 담당자는 똑같은 농담을 했다.

우리 사례에서도 송 팀장이 정년까지 제일물산에게 10년간 급여
전액과 정년퇴직을 전제로 하는 퇴직금을 요구한다고 해보자. 이럴
때 참여자인 박 전무는 어떻게 대응해야 하나?

먼저 박 전무는 이런 과도한 역제안에 대해 첫 제안보다 조금 더 상
향된 수정 제안을 할 수 있다. 합리적이라고 보기는 어렵지만, 송 팀
장은 자기 제안을 밝힌 것이니 무작정 새로운 제안을 하라고 요구한
것과는 다르다. 원활한 협상 진행을 위해 위 수정 제안을 할 수 있다.

그러나 그렇게 하기 전 박 전무가 거쳐야 할 단계가 있다. 송 팀장
에게 역제안 이유와 근거의 설명을 요구하고, 잘못된 정보가 있다면
수정해 주면서 스스로 합리적으로 제안을 조정하도록 유도하는 것
이다.

과한 역제안을 한 송 팀장의 진의는 무엇일까? 여러 생각할 수 있는 시나리오가 있다. 정말 그 정도 퇴직위로금을 받아야 한다고 생각하는 것일 수도 있지만, 첫 제안에서 제시된 퇴직위로금 수준이 기대에 못 미치니 그 조건이라면 퇴사는 없다는 점을 알리려는 것일 수 있다.

적정한 퇴사위로금에 대한 정보가 부족하고 제일물산 첫 제안이 공정한 것인지 의심스러운 상태에서 절대 손해 보지 않는 제안을 먼저 해 두자는 것일 수도 있다. 정식 역제안을 하기 전 제일물산의 진의를 떠보려는 것일 수도 있다. 누군가 일단 그렇게 처음에는 막무가내로 버티면 무조건 유리하더라고 조언했을 수도 있다.

이렇게 여러 가능한 시나리오를 펼쳐 놓고 생각해 보면, 박 전무가 즉시 상향된 수정 제안을 하는 것은 적절하지 않다는 것을 알 수 있다. 제대로 된 답변을 하려면 여러 경우 중 어떤 경우인지 확인해야 하므로, 담당자는 송 팀장에게 역제안 이유와 근거를 물어야 한다. 그 과정에서 근거 부족과 모순이 자연스럽게 드러나면서 스스로 역제안을 철회하고 합리적 제안을 할 수도 있다.

그 정도까지 좋은 결과는 없더라도 위 이유와 근거를 묻는 과정을 통해 최소한 박 전무는 송 팀장이 처한 상황, 의도, 관심사와 목적을 더 잘 알게 된다.

협상은 첫 제안과 역제안 이후에도 이어지는데, 이러한 정보는 장기적으로 협상 성공에 도움이 된다. 수정 제안을 할지, 아니면 달리 대응을 할지는 그런 정보를 얻은 이후 결정하면 족하다.

주

1 협상 용어로서, Best Alternative To Negotiated Agreement의 두문자(머리글자)이다. 「제7계명 배트나를 최대한 개선하고 활용하라」, 『협상의 10계명』 엘도라도, 전성철·최철규, 2009에서 BATNA의 개념 설명(협상이 결렬되었을 때 대신 취할 수 있는 최상의 대안)과 여러 가지 예시가 이해하기 쉽게 설명되어 있다.

04

본격 협상 2
이례적 상황의 대처

여러 차례 상담을 통해 제일물산과 송 팀장 사이에 퇴직위로금 조건이 합의되면서 송 팀장이 퇴사한다는 공감대가 더 확실하게 형성되었다.

협상을 위한 첫 면담에서는 인사담당 박 전무가 6개월 치 급여를 퇴직위로금으로 제안하고, 이에 대해 송 팀장은 2년 치 급여를 역제안하여 큰 입장 차이가 있었다. 하지만 두 번째 면담에서 송 팀장은 종전 선례에 기반한 제일물산 제안의 합리성을 이해하는 모습을 보였고 "다시 생각해 보자"는 선에서 면담이 부드럽게 마무리되었다.

대화를 통해 최종안을 찾아가는 좋은 흐름이 이어짐에 따라 박 전무는 이제 타결만 남았다고 조금 마음을 놓는다.

그러나 모든 협상이 그렇듯 퇴사 협상도 끝날 때까지 끝난 것이 아니다. 이처럼 좋은 흐름에서 예상치 못한 방향으로 협상 상황이 악화되거나, 정확한 대응법이 무엇인지 판단하기 어려운 애매모호한 상황이 흔히 나타난다. 아래에서 이런 문제적 상황에서의 올바른 대처법을 한번 알아보자.

변호사 선임, 협상 타결의 계기로

사례에서, 세 번째 면담을 하루 앞두고 갑자기 송 팀장이 박 전무에게 연락을 해왔다.

"아무래도 불안하다. 앞으로는 변호사를 통해 협의해 달라"는 것이다. 이어 전화를 걸어 온 송 팀장의 변호사는, 송 팀장은 협상 결렬 시 전보 조치(팀장 지위 박탈, 교육 후 부서 이동)가 실행될 것을 우려하고 있는데, 그런 전보 조치는 사실상 징계로서 무효이니 고려해서는 안 된다는 점과 현재 논의되는 퇴직위로금 수준은 본인이 아는 다른 기업 사례에 비해 턱없이 낮다고 지적했다. 그러면서 사직 권유를 철회하거나, 퇴사를 원하면 처음 팀장이 제시한 2년 치 급여를 퇴직위로금으로 지급하라고 요구한다.

뭔가 꼬이는 흐름인데, 박 전무는 어떻게 대응해야 할까?

우선 박 전무는, 퇴사 협상 중인 송 팀장이 변호사를 선임한 것은 협상 타결의 긍정적 요소이며 상호 합의를 앞당길 수 있는 좋은 계기가 될 수 있다는 인식을 가져야 한다. 박 전무는 송 팀장의 변호사와 커뮤니케이션을 강화하면서 더 전향적으로 협상에 나설 방법을 찾으면 되는 것이다.

물론 현실에서는 위 조언과 반대의 상황이 벌어지는 경우가 더 많다. 분쟁 상황도 아닌데 갑자기 변호사가 등장하는 것이 너무 과도하고, 또 이례적이라고 생각하여 부정적으로 받아들이는 것이다. 변호사의 등장을 분쟁 가능성 증가로 연결하면서, 변호사 없이 대화하자고 퇴사 예정 직원을 설득하는 경우도 있다.

그러나 송 팀장이 변호사를 통해 강경한 주장을 하면서도 협상 테이블에 머무는 것은 최소한 아직은 주고받음을 통해 교착 상태를 해소할 의지가 있다는 뜻이다. 송 팀장의 변호사와 적극적으로 커뮤니케이션을 하면서 의견을 주고받고, 그 과정에서 분출되는 갈등은 협상 타결 동력으로 전환시키는 방법을 충분히 모색해 나갈 수 있다.

사례에서는 오히려 제일물산도 변호사를 선임하여 송 팀장 변호사와 소통하도록 하는 방안도 고려할 만하다. 우선, 전보 효력을 거론한 이상 제일물산도 변호사를 통해 전문적으로 대응하는 것은 명분이 있으며 자연스럽다. 그리고 양 당사자 모두 변호사가 선임되면 커뮤니케이션 방법에도 이점이 생긴다. "만약 00원으로 퇴직위로금 수준을 높인다면 즉시 퇴사를 받아들일 수 있는지?" "만약 00원 위로금에 합의하면 새로운 직장을 찾을 때까지 0개월 유급휴직을 부여할 수 있는지?"와 같이, '만약 화법'을 통해 서로 위로금에 관한 진의를 부담 없이 전달하며 타결을 앞당길 수 있게 되기 때문이다.

선 넘는 사람들

마지막으로 송 팀장의 변호사는 아마 퇴직 협상 경험이 송 팀장보다 풍부할 것이다. 따라서 더 이성적, 객관적으로 상황을 파악할 것이라고 기대할 수 있는 점도 긍정적 요소다. 즉, 송 팀장 변호사는 제일물산 변호사가 합리적 기준을 제시하면, 겉으로 강력하게 송 팀장 입장을 옹호해도, 내부적으로는 송 팀장에게 과도한 기대를 낮출 것을 자문할 가능성이 있다.

　　물론 변호사를 선임한 이상, 송 팀장은 최종 퇴직위로금 수준에 대해 처음보다 더 기대가 클 것이다. 따라서 제일물산은 변호사가 선임되지 않은 경우에 비해서는 더 높은 퇴직위로금을 지급해야 할 가능성도 생각해야 한다.

　　그러나 어찌 되었건 변호사 선임은 송 팀장의 권리다. 어차피 존중할 수밖에 없다면 피할 것이 아니라, 앞서 본 장점을 제대로 활용하겠다는 자세가 중요하다.

　　같은 맥락에서, 송 팀장이 퇴사 협상을 위한 소통에 서툴거나 잘못된 정보로 억지를 부린다면 오히려 기업이 선제적으로 변호사의 도움을 받도록 권유하거나, 이미 선임된 이후도 그런 사정이 지속되면 송 팀장의 변호사에게 합리적 조언을 해달라고 호소하는 것도 한 방편이다.

퇴사가 기정사실화되었다면, 최종 제안을 한다

송 팀장은 최초 주장한 퇴직위로금 수준(2년 치 급여)을 두 번째 면담에서 18개월 치 급여로 낮추고, 세 번째 면담에서는 다시 15개월 치 급여로 낮춘다. 그러면서 "15개월 치 급여는 최저한이다. 받아들이지 않으면 더 이상 협상은 없다. 내일까지 입장을 알려달라"고 최후통첩을 했다고 해보자.

종전의 유사 사안에서 제일물산이 지급한 퇴사위로금은 사안마다 조금씩 다르기는 했지만 1년 치 급여가 최대한이었다. 이번에도 첫 제안 전에 인사팀 내부 회의 과정에서 송 팀장에게 1년 치 급여 이상 위로금을 지급할 수 없다는 방침이 정해진 상태이다. 박 전무는 어떻게 대응해야 할까?

① 현재 상황의 평가

우선 박 전무는 퇴사 협상의 현재 상황을 정확히 평가하는 것이 필요하다. 이와 관련, 성급한 일반화는 피해야 하지만, 통상 위에 묘사한 정도의 상황은 송 팀장이 본인의 퇴사를 부득이한 현실로 받아들였고, 더 적극적으로 퇴사 협상에 임할 것으로 예상되는 단계라 볼 수 있다. 따라서 제일물산은 드디어 최종 제안을 할 시기가 왔다고 판단할 만하다.

협상 기간 동안 송 팀장의 목표, 전략, 자세는 불변 고정이 아니며 협상 진전과 함께 단계적으로 변화한다. 그 마지막 단계는 퇴사 후 상황에 대한 시뮬레이션이 끝나고 자신에 대한 객관적 평가가 어느 정도 이루어짐에 따라, 퇴사는 기정사실로 받아들이고 최선의 퇴사 조건 합의에 전념하는 시점이다.

이 단계에서는 협상 중단 선택지(가령 "퇴사 요구는 중단하고, 지금 업무를 수행하면서 재직할 수 있도록 해달라")는 자연스레 협상 테이블에서 사라지거나, 사례처럼 외관상 테이블에 남아 있는 것처럼 보이더라도 그 실질은 퇴사조건 관철 의지를 강조하려는 수단에 불과할 가능성이 높다.

참고로 지금 상황을 그렇게 판단하는 것은 실험과 검증을 통해 옳고 그름을 가릴 수 있는 객관적·과학적 사실은 아니다. 내가 직접 수많은 케이스를 직접 자문한 경험과 간접적으로 다른 자문 사례를 관찰한 바에 기초한 주관적·임상적 판단일 따름이다.

단, 비록 그런 한계가 있지만 송 팀장이 제시하는 퇴사 조건 조정 횟수와 조정 폭을 보면 이제 협상은 마지막 단계에 접어들었을 확률이 높다고 비교적 자신 있게 말할 수 있다. 사례에서는 처음 제안(2년치 급여)이 두 번 낮아지면서 하향 조정 폭이 점차 줄어들었다(처음에는 6개월, 두 번째는 3개월). 이 경우 두 번째 제안부터는 마지막 단계로 접어드는 것이 통상적인 패턴이다.

두 번째 제안은 수용 가능한 최저 조건일 수도 있지만, 그보다 약간 높을 수도 있다. 기업의 최종 제안이 두 번째 제안보다 낮더라도, 또 내부 조정을 위하여 통지 시한을 지키지 못하더라도 퇴사 협상은 타결될 가능성이 매우 높다.

이런 패턴을 발견하게 된 이후부터 나는 퇴사 협상을 자문하는 과정에서 혹시 이런 패턴에 벗어나는 협상 전개가 없는지 유심히 관찰하곤 한다. 그런데 그런 경우는 거의 없다.

아마 그 이유는 두 번째 제안을 하기로 결심하고 실행하는 과정에서 퇴사 예정 직원에게 회사와의 관계를 보는 관점에 근본적 변화(헤어질 결심이 확고해지는 것이라고 표현할 수도 있겠다)가 일어나는 것이거나, 아니면 그런 심리적 변화가 원인이 되어 두 번째 제안을 하게 되는 것 중 하나에 있다고 짐작하고 있다. 어찌 되었건 퇴사 협상자의 두 번째 제안 이후에는 퇴사 협상이 타결될 확률은 극적으로 높아진다는 것은 전제해도 좋다.

② 숙의를 거친 최종 제안

그렇다면 박 전무는 지금 단계에서 송 팀장과의 퇴사 협상이 장기간 계속될 것을 예상한 대응보다는 모든 상황을 고려해 최종 제안을 하고 신속한 타결을 시도해야 한다. 무게가 실린 최종 제안이니 시간이 걸리더라도 (그래서 송 팀장이 정한 통지 시한을 못 지키더라도) 내부 숙의로 입장을 재정리하는 것이 우선이다.

이와 관련하여 숙의한 결과 여전히 1년 치 급여 이상 위로금으로 줄 수 없다는 결론이 내려지면, 이유 설명과 함께 1년 치 급여를 최종 제안할 수 있다. 송 팀장이 거절해도 시간을 두고 설득한다.

아니면 신속한 타결을 위해 △ 1년 치 급여를 제안하되 부가 혜택(예컨대 새로운 직장을 찾기 위한 1개월의 유급휴가)을 제안하거나 △ 총 15개월 치 급여를 지급하되 그중 3개월 치 급여는 후임자 승계를 위한 고문 계약을 통해 고문비 형식으로 지급하는 등 두 번째 제안보다 조금 개선된 최종 제안을 할 수도 있다.

이 단계에서 최종 제안은 합의서 형식으로 하는 것도 고려할 수 있다. 마지막 단계이기 때문이다. 퇴사 협상 초기에 그런 합의서를 보내면 기업이 서두르고 밀어붙이는 인상을 주고 세부 협의에 발목이 잡혀 협상이 지지부진해질 우려가 있다.

그러나 마지막 단계에서는 그런 부작용이 없다. 오히려 퇴사가 기정사실화된 바탕하에 최종 제안을 논의하는 단계임이 공식화된다. 그리고 △ 세액공제 △ 잔여 연차 처리 △ 경업금지·비밀유지 약정 등 중요성은 낮지만 반드시 정리할 사항도 자연스레 논의할 수 있다. 최후 절충에서 주고받음을 통해 모든 조건을 일거에 정리할 수 있는 장점도 있다.

퇴사 협상 중단, 긴 호흡으로 기다려라

박 전무는 인사팀 회의를 다시 소집해서 마지막으로 의견을 수렴해 보았다. 하지만 인사팀에서는 여러 사정상 송 팀장에게 15개월 치 퇴사위로금을 지급하는 것은 수용하기는 어렵다는 결론에 이르렀다. 무엇보다 얼마 전 유사한 협상을 통해 퇴사한 다른 팀장에게 지급한 퇴사위로금과 균형이 너무 맞지 않는다는 점이 걸림돌이 되었다.

박 전무는 송 팀장을 만났다. 1년 치 급여를 그대로 유지하되, 부가 혜택으로 새로운 직장을 찾기 위한 1개월의 유급휴가를 최종 제안했다. 그러나 송 팀장은 이 제안을 받아들이지 않았다. 실망감을 표현하며 퇴사 협상의 결렬을 선언했다. 이제 제일물산은 어떻게 해야 하는가?

이때 경계해야 하는 것은 송 팀장에게 퇴사 합의를 너무 강하게 요청하거나, 조기 합의를 위해 당장 최종 제안을 15개월로 상향 조정해서 변경하는 것이다.

퇴사 협상은 상호 존중을 바탕으로 퇴사 예상 직원의 자유의사에 따르는 것이 철칙이다. 강요는 그런 철칙에 반하고, 직원의 퇴사 강요를 통한 직장 내 괴롭힘이 있었다는 주장이나 기타 여러 부작용을 수반하게 된다.

선 넘는 사람들

신속한 상향 조정과 관련해서는 실질적으로는 2개월 급여 차이에 불과한 상황에서 바로 눈앞에 다가온 협상 타결을 뒤로 미루는 것은 쉽지 않은 결정이므로, 실리 면에서 그 결정이 이해가 안 되는 것은 아니다. 특히 퇴사 협상이 결렬되면 송 팀장의 전보나 연봉 조정 등과 같이 인사 운영상 부담이 되는 조치를 실행할 수밖에 없는 점에서도 더욱 그러하다.

그러나 냉정하게 생각하자. 이 문제는 송 팀장이 15개월 급여 지급을 고수할 것을 예상하고서도 신중하게 논의한 사안이 아닌가? 지금 상황은 그 예상이 실현된 것에 불과한데, 갑자기 최종 제안을 변경하는 것은 너무 편의적이다.

제일물산은 일단 퇴사 협상을 미루고, 앞날을 기약하면서 이젠 다른 방안을 추진하는 것이 더 순리에 따른 대응이다. 특히 송 팀장이 퇴직위로금을 받고 퇴사하는 것에 동의했고, 두 차례 본인 제안을 하향 조정하면서 협상에 진지하게 임했다는 점에서는 퇴사 협상이 성과가 없었던 것은 아니다.

이 경우 추후 적절한 기회에 얼마든지 퇴사 협상이 재개될 가능성이 있다. 꼭 협상 타결만이 퇴사 협상의 성공이라는 생각을 버리고, 긴 호흡으로 대하는 것이 필요하다.

05

사후 검토
운(運)의 기여를 인정해야

———

사례를 조금 바꿔 보자. 박 전무가 15개월 치 급여라는 송 팀장의 두 번째 제안을 받은 후, 내부 인사팀의 숙의를 거쳐 1년 치 급여와 새로운 직장을 찾기 위한 1개월 유급휴가를 송 팀장에게 최종 제안한 것까지는 같다.

그런데 여기서부터 다른 시나리오가 펼쳐진다. 송 팀장은 위 제안을 썩 만족스럽게 생각하지 않았지만, 고민 끝에 원만하게 최종 합의가 이루어졌다. 단, 원래 사규상 반납하기로 된 리더십 과정의 교육비는 반납을 면제해 달라고 하여, 제일물산은 이에 동의하고 퇴사 합의서에 서로 서명했다. 퇴사 협상은 타결되었다.

여기서 질문이다. 이때 퇴사 협상 성공의 요인은 무엇일까? 앞으로 다른 퇴사 협상에서 참고할 교훈은 무엇인가?

사후 검토의 불완전성, 운의 중요성

이런 사후 검토는 반드시 필요하다. 위 사례는 성공한 경우지만, 혹시 실패했다고 해도 마찬가지다. 오히려 실패한 경우 사후 검토는 더 중요하다. 앞서도 이야기했지만, 퇴사 협상에는 경험을 통해 얻어지는 특유한 실용 지식이 있다. 그런 실용 지식은 사후 검토를 통해 체화해야 한다.

이런 사후 검토에 대해 한 가지 말하고 싶은 것은, 사후 검토에 따른 결론은 불완전한 결론이고, 하나의 가설임을 인정해야 한다는 것이다. 퇴사 협상의 결과에는 인사담당자가 통제할 수 없는 운(運)이 강하게 작용하기 때문이다.

퇴사 협상은 상호작용으로 이루어진다. 배경, 맥락, 대상자 성향과 인격 등에 따라 사안마다 고려사항이 모두 다르다. 그 사항을 다 알고 통제하면서 미래의 협상 성공을 확실히 이끌어내기는 불가능하다.

이 점을 간과하고 사후 검토에서 결과를 눈에 보이는 요소로만 설명하면, 사후 확신 편향에 따라 그릇된 이해에 도달하게 된다. 이는 향후 퇴사 협상에 필요한 실용 지식을 쌓기에 도움이 되기는커녕 선입견, 편견의 독으로 작용할 위험이 크다. 성공 앞에서 겸허하게, 실패 앞에서 당당하게 운의 기여를 인정할 수 있어야 한다.

운의 기여를 받아들이는 올바른 방식에 대해서는, 나에게 큰 울림을 준 글이 있다. 명장(名將)과 범용(凡庸)한 장수의 차이에 대한 것인데, 옮기면 다음과 같다.

"자욱이 낀 전장의 안개 속에서 전력을 다한 뒤 마지막에 우연의 힘을 빌려 승리를 거머쥔 결과 한층 확실하고 불확실성이 적은 승리 방식을 추구하게 되는 것이다. 이것이 명장의 사고법이다. 반대로 범용한 장수는 안개 속에서 저돌적으로 싸운 끝에 우연히 손에 넣은 승리를 자신의 힘으로 쟁취한 것으로 착각하며, 그 뒤에도 짙은 안개 속에서 싸우고 또 싸우다가 언젠가는 패망하는 날을 맞는다."[1]

한마디로 명장은 오히려 스스로의 약함을, 즉 운의 기여를 인정하는 사고를 하기에 강한 자가 되고 승리한다. 역설적 진리다.

유연한 마음, 겸허한 자세

오래전이지만 지금도 생생하게 기억나는 외국기업 한국지사의 사례다. 지사장 바로 밑 전무가 부하직원들의 신망을 잃고 성과가 저조하여 지사장이 퇴사 협상에 나섰다. 지사장은 전무의 강한 성격과 누구의 말도 듣지 않는 성향, 지사장에 대한 개인적 불만을 생각할 때 협상이 쉽지 않을 것을 걱정하면서 만반의 준비를 했다.

아니나 다를까 전무는 첫 면담에서 강력하게 반발하면서 향후 협상이 가시밭길일 것을 예견하게 했다.

그런데 두 번째 면담에서 갑자기 본인의 부족함과 과오를 인정하고 눈물을 흘리고, 첫 제안보다 약간 높은 위로금만 받고 일사천리로 퇴사에 동의하였다. 나와 지사장 모두 전혀 예상하지 못한 전개였다.

과연 전무 마음속에서 무슨 일이 일어났을까? 지사장이 정법으로 대응하여 여러 선택지를 제안하고 인간적으로 접근한 것이 주효했을까? 아니면 전무가 말 그대로 스스로를 다시 보게 된 것일까? 새로운 취업 자리가 나와서 그만두는 것이 좋다고 판단했을까?

나와 지사장 모두 궁금했지만 물어보기는 곤란해서 전무에게 직접 진실을 듣지는 못했다.

그때도 그렇게 생각했지만, 지금 생각해 보아도 그 협상은 운이 좋았다고 할 수밖에 없다. 이런 경우 사후 검토를 하면서 정법 대응, 인간적 접근, 상황 변화와 같은 것을 원인이라고 단정해 버리면 사후 검토의 취지에 전혀 맞지 않는다.

퇴사 협상의 담당자는 협상 법칙을 따르면서 그때그때 최선을 다해야 하지만, 결과는 본인 실력과 노력만이 아닌 운에 많이 좌우된다는 점을 자각해야 한다. 운이 좌우하는 분야에서 거둔 성공조차 담당자 자신의 재능과 실력에 의한 결과였다고 보는 자기중심적 귀인 편향(self serving attribution bias)을 경계해야 한다.[2]

이런 자각은 절대 무기력하거나 무책임한 태도가 아니다. 오히려 사후 검토를 할 때 진정한 성공과 실패 원인을 더 잘 파악할 수 있게 해주고, 널리 필요한 다른 사람의 정보와 조언에 귀를 기울이게 해준다. 실패에도 당당하게 해준다.

운에만 맡기지 않되 운의 작용을 인정하는 유연한 마음, 겸허한 자세는 퇴사 협상을 잘하려면 꼭 체득해야 하는 자세다.

주

1 『확률적 사고의 힘(원제: 확률론적 사고)』 에프엔미디어, 나부치 나오야, 2022
2 「운을 인정하지 않는 사람들」, 『마이클 모부신 운과 실력의 성공 방정식(원제: The Success Equation)』 에프엔미디어, 마이클 모부신, 2019에서 저자는 자기중심적 귀인 편향(self serving attribution bias)으로 무작위적인 결과가 예상되는 상황에도 초반부의 성공은 스스로를 재능이 있다고 착각하게 한다거나, 다른 사람의 성공을 대하는 경우 발생하는 기본적 귀인 오류(fundamental attribution error)로 인하여 실은 업황이나 거시경제 상황이 CEO 효과를 압도하고 기업의 성공은 수많은 사람의 노력과 환경이 만들어 낸 합작품임에도, 사람들이 집단으로 이룬 성과에 대한 찬사를 어느 한 개인(CEO)에게 돌리게 된다는 등 협상의 성공 원인 분석에도 유추할 수 있는 흥미로운 논의를 소개하고 있다.

VIII. 소중한 이들에게
한 가지씩만 조언한다면

- 인사담당자에게: "불리함을 인정하세요"
- CEO에게: "완벽한 답은 없습니다"
- 미래의 기업 노동변호사에게: "있는 그대로 보려고 애써야 합니다"

01

인사담당자에게
"불리함을 인정하세요"

금요일 오후, 인사담당자들 앞에서 노동법 현안에 대한 발표를 무사히 마친다. 바빴던 한 주의 마지막, 다시 만날 기약도 없는 모임에서 발표가 끝나 어수선한 분위기다. 그때 누군가 불쑥 질문을 한다. "기업 노동변호사로서, 인사담당자들이 오피스 빌런, 그러니까 문제 직원에 대응할 때 유념할 사항을 딱 한 가지만 조언한다면 무엇인지요?"

'굳이 딱 한 가지라니…' 질문의 무게가 만만치 않다. 설렁설렁 잘 살다가 드디어 심판(?)의 시간이 왔다는 불길한 생각이 휙 지나간다.

몸에 밴 변호사 본능에 따르자면, 답하기 전 의미를 명확히 하기 위한 탐색적 질문을 해야 할 것이다. (예컨대, 어떠한 비위행위를 저지른 문제직원을 염두에 둔 것인지?) 또 유보를 달 수밖에 없다. 인사담당자마다 책임과 경험, 지식의 깊이와 폭이 다르고, 속한 업종이나 규모도 다르다.

"예, 제가 다 알 수는 없지만, 통상 제가 자문해 온 보통의 인사담당자라면…" 그러나 숨 고르는 시간이 지나면 곧바로 답변을 해야 한다. 이 질문은 맥락상 우문현답, 어떤 통찰을 달라는 것이다.

이런 상상을 하는 것은, 예전 M&A 업무를 많이 하던 어쏘세이트 변호사 시절의 리서치 경험 때문이다.

M&A 계약상 진술과 보장(representations & warranties)을 다룬 논문을 읽었는데 그 논문의 저자는 이런 질문을 받는 상상을 가끔 한다고 했다. "당신이 매수인을 대리하는 변호사라고 하자. 여러 제약 때문에 수많은 진술과 보장 중에서 하나만 관철할 수 있다. 그렇다면 어떤 진술과 보장을 고를 것인가?" 그러면서 자신의 대답은 "재무제표의 정확성"이라고 했다.

참으로 멋진 질문이고, 또 핵심을 찌르는 답변이라고 느꼈다. 진술과 보장 제도가 한눈에 이해되는 느낌이었다.

노동 분야에서도 이런 질문과 대답은 가능하지 않을까? 인사담당자 입장에서는, 기업 노동변호사라고 소개한 사람에게 발표를 들었다면, 그런 질문을 하고 답변을 들을 만한 자격이 있지 않을까? 질문을 받은 기업 노동변호사인 나는 그동안 고민하고 숙고한 답이 있어야 하고, 또 답을 잘 설명할 수 있어야 하지 않을까?

선 넘는 사람들

일단 지금 떠오르는 답은 이것이다. "기업은 불리(不利)하다. 불리함을 인정해야 문제직원을 바르게 대응할 수 있다."

이러한 불리함은 기본적으로 노동법의 기본 틀과 정신에서 비롯한다고도 말할 것이다. 법상 기업이 문제직원을 상대로 징계를 하려면 정당한 이유가 있음을 입증해야 한다. 배치전환, 낮은 평가, 대기발령 같은 징계가 아닌 인사조치를 할 때도 객관적으로 합리적 이유가 있어야 한다.*

사용자인 기업이 강력한 갑(甲)의 지위를 남용하지 못하도록 하고 근로자인 직원의 생존권, 직업수행의 자유, 행복추구권을 보호하기 위한 법적 장치다. 이는 우리 사회의 합의에 따른 정당한 제도지만, 기업에게는 문제직원을 상대로 타당한 조치를 신속히 취하기 어려운 제약을 남긴다.

그 외에도 기업은 문제직원이 문제를 일으키면 사후적으로 사실조사와 징계절차 등 내부절차를 거쳐 대응하게 된다. 문제직원의 인격 자체를 문제 삼을 수 없다는 제약도 불리함의 이유라고 언급할 것이다. 사후적인 사실조사와 징계절차 과정에서 기업은 고도의 개연성 있는 입증, 징계절차 준수, 방어권과 형평성 보장 등에 유념해야 한다. 이는 변호사 등 전문가의 도움을 받더라도 쉬운 일이 아니다.

---

* 근로기준법 제23조 제1항 사용자는 근로자에게 정당한 이유 없이 해고, 휴직, 정직, 전직, 감봉, 그 밖의 징벌(懲罰)(이하 "부당해고 등"이라 한다)을 하지 못한다.

그리고 시대 변화와 함께 우리 사회가 움직이는 큰 방향도 문제직원을 대응하는 인사담당자에게 불리함을 더하는 점이다. 기업의 무리한 조치나 적시조치 실패 모두 가차 없는 비난을 받는다. 그 내용은 실시간으로 공유돼 기업의 위기까지 불러올 수 있는 시대다.

인터넷에서 쉽게 찾을 수 있는 기업 사과문을 한번 찾아보시라.[1] 직장 내 괴롭힘 문제에서 보듯이 문제직원을 강력하게 처벌해야 한다는 사회적 압력이 있는 반면, 그 과정에서 개인정보, 사생활, 방어권 보장을 해야 한다는 점도 강조된다.

이제 어느 정도 예열을 마친 나는, 내친김에 이런 불리함을 생각하면 문제직원을 상대하는 인사담당자는 과감한 행동력보다 신중히 관찰하는 태도, 종합적 사고를 하는 균형감각이 필요하다고도 하고 싶다. 문제직원과 관련된 사실관계, 배경, 각종 이슈들을 편향과 선입견 없이, 동기화된 추론 없이, 실상 그대로 보고 인사조치에 따르는 각종 법적 제약을 제대로 이해하는 태도를 갖추어야 하는 것이다.

그런데 여기까지 하고 나면, 이제 다른 결의 마음의 소리가 들릴 것 같다. 이것이 말처럼 쉬운 일일까? 그리고 이런 자질을 갖춘 인사담당자가 최선을 다한다고 해서 바람직한 결과가 보장될까? 무지개 원칙은 없다. 법원 등의 오판 가능성까지 포함하여 온갖 통제할 수 없는 불확실성이 기다린다. 이제 균형을 잡을 시간이다.

그래서 나는 이렇게 마무리할 것이다. "인사담당자는 문제직원을

선 넘는 사람들

대할 때 그런 드문 자질을 갖춰야 하고, 자질을 갖췄더라도 불확실성에 맞서야 하는 불리한 처지입니다. 그래도 여전히 불리함을 있는 그대로 인정하고, 더 나은 판단을 위해 노력하고 그 판단에 책임을 지는 것이 최선입니다."

상상이 아닌 현실에서 그 순간이 오면, 이 질문은 정해진 답이 없으니 나는 어쩌면 오늘과 다른 답변을 할지도 모르겠다. 그때 나의 대답은 부디 지금보다 더 나은 답이기를 바란다.

주

1 〈포스코, 사내 성폭력 파문에 사과 "피해 직원에 진심으로 사죄"〉 한국일보, 2022. 6. 23

02

CEO에게
"완벽한 답은 없습니다"

기업 노동변호사가 업이다 보니 최고경영책임자(CEO)와 직접 만나 문제를 일으킨 오피스 빌런에 해당하는 직원 대응에 관한 의견을 나눌 기회가 종종 생긴다. 주로 대규모 횡령·배임, 언론에 보도된 직장 내 괴롭힘, 공갈·협박 등 인사담당 임원 혼자서는 결정하기 어려운 심각한 비위에 연루된 직원에 관한 대응의 큰 방향을 정할 때다.

법률문제 자문을 주로 하지만, 조사·협상·직원 커뮤니케이션·위기극복 전략처럼 법률 외 사항에 대한 의견을 개진할 때도 있다.

그 과정에서 자연스레 CEO의 고민과 처지를 어깨 너머로 알게 되는데, 역시 읽고 듣던 대로 어려운 자리라는 것이 나의 소감이다. CEO에게는 적법한 인사조치 실행 외에도 사업 수행상 부작용 최소화, 기업문화 보전, 평판 유지처럼 다양하고 때로는 상충하는 고려사항이 있다. 그 결정은 누가 대신해 주지 않는다. 결정 후 실행을 자기

선 넘는 사람들

책임하에 이끌어나가야 한다. 아마 문제를 일으키는 직원을 대응하는 것 외 다른 사업상의 결정도 마찬가지로 혹은 더 복잡하고 고단할 것이다.

돌이켜보면 CEO들은 문제직원 대응 방향을 정하는 방식에서 각자의 스타일이 있는 것 같다. 크게는 두루 의견을 듣고 시시각각 변하는 정보에 따라 결정을 수정해 나가는 신중형과 초기에 큰 방향을 결정하고 좌고우면 없이 실행에 집중하는 행동형이 있다.

어느 스타일도 법률 자문을 참고만 하고 따르지 않는 경우가 있는데, 그 점은 충분히 이해가 간다. 사실 그런 결정은 오롯이 CEO의 책임이자 권한이다. CEO보다 더 잘 알고 그런 결정을 내릴 수 있는 조언자는 없지 않을까.

완벽한 답, 없다

단, 신중형이건 행동형이건 불문하고 CEO가 오피스 빌런에 해당하는 문제직원에 관한 조사·징계·협상·직원 커뮤니케이션 등에 관한 권한을 행사할 때, 잘 새겨야 할 사항에 대해 변호사로서 그래도 한마디 보탤 말은 있다. 그것은 "완벽한 답-종결이 아니라 합리적 결정-에 대한 개선을 추구하는 마음가짐이 필요하다"는 점이다.

먼저, 완벽한 답은 과욕이다. 여러 직원이 재고를 횡령하고, 사업 추진비를 사적으로 쓰는 배임 행위를 저질렀다는 제보가 있어 조사를 시작했다고 해보자. 기업이 조사를 통해 이들 비위를 밝히는 것은 한계가 있다. 은밀히 일어난 다수 직원의 횡령과 배임을 입증하는 것은 자백이 없는 한 강제수사권이 있는 수사기관에게도 힘든 일일 것이다.

그런데 기업 인사·노무·감사 담당자는 강제수사권 없이, 보통 필사적으로 비위행위(위 사례에서는 횡령과 배임)를 감추고 축소하려는 문제직원에게 진술을 받고 물증을 확보해야 한다. 그 일이 쉽게 될 리가 없다.

포렌식 전문가나 변호사 등의 전문 조력을 받으면? 분명 사정이 나아지긴 한다. 그러나 한계는 여전하다. 직원들이 노트북과 핸드폰 포렌식에 동의하지 않는다면? 포렌식 전문가도 별수 없다. 또 이들 전문가를 통한 본격 조사는 비용과 직원 사기 문제를 고려할 수밖에 없으니 충분히 장기간 이어갈 수도 없는 노릇이다.

그래도 운이 좋아 어떻게든 횡령과 배임의 전모를 밝혀냈다고 해보자. 미안한 말이지만, 완벽한 답은 아직 멀었다. 예컨대, 연루된 직원들에게 형사고소, 징계, 보직변경 같은 조치를 하려 한다. 완전한 정답이라면 사업 수행에 초래될 부작용을 최소화하면서도 경고 효과와 안전성을 같이 달성하는 조치, 형평성이 있는 조치, 기존 인사 정책과 일관성이 있는 조치일 것이다.

그런데 그처럼 다양하고 상충되는 요구를 모두 충족하는 조치가 있을까? 여러 가능한 방안을 찾아보아도 그 방안은 모두 장점이 있는 만큼 결함 내지 아쉬움이 따를 것이다. 즉, 완벽한 답은 아닐 것이다.

예를 들어, 지휘 책임을 맡은 기간이 짧고 관리책임을 소홀히 한 본부장을 리더로서의 책임을 물어 보직 변경하고 중징계해야 할까? CEO의 위법행위를 당국에 폭로하겠다고 위협하며, 조용한 사퇴를 조건으로 위로금을 요구하는 직원은 어떻게 대응해야 하는가? 관련 직원들에게 기업 손실을 보상하도록 하고 필요하다면 법적 조치까지 취해야 할까?

이런 문제는 한 면(예컨대 일벌백계에 의한 기강확립)의 장점을 취하면 다른 면들(분쟁 가능성과 사업 운영상 곤란)에서 위험 내지 손실을 감수해야 하는 상충관계가 있는 경우가 많고, 여럿의 합리적 결정이 있을 뿐 완벽한 답은 없다.

결국 CEO는 완벽한 답 찾기가 아닌 합리적 결정 내리기에 집중해야 한다. 합리적 결정이란 여러 선택지는 장·단점을 같이 가진 점, 선택 후 일어날 일들은 완벽한 통제가 불가능한 점을 인정하되, 책임성을 가진 CEO가 기업에 최선의 선택을 고심한 끝에 얻어지는 결정이다.

완벽한 답도 아니지만, 직관적 결정, 신념에 근거한 결정, 모험적 결정도 아니다. 사실 중심적 결정, 신중한 결정, 냉정한 결정이라고 할 수 있다.

No Good Days, No Bad Days

그다음은 개선이다. 본부장에 대해 구두 경고만 하자 사내 블라인드가 불공정에 대한 비난으로 들끓고, 성과평가와 직원 관리상 불만 표출로 번져 나간다. 위험하다는 법률 자문에도 불구하고 일벌백계 차원에서 배임액이 일정액을 넘는 직원을 모두 해고했는데, 노동위원회가 그 해고의 유효성을 부정한다.

타협책으로 공갈 협박하는 직원을 명예퇴직시키고 비밀유지 약정을 했는데, 해당 직원이 퇴직 후 인터넷 언론을 통해 CEO가 친인척과 거래하면서 불공정한 혜택을 줬다는 의혹을 제기하고, 본인은 내부고발을 하려다가 사실상 명예퇴직을 강요받았다고 주장한다.

이런 일들은 모두 결정할 때 예상하지 못했거나, 예상은 했지만 다른 고려사항 때문에 감수했던 위험이 실현된 경우다. 이제 CEO는 어떻게 대처해야 하나?

우선, 이런 결과가 반드시 CEO나 CEO를 보좌한 인사담당 임원의 '합리적 결정'이 잘못되었다는 의미가 아니라는 것을 인식해야 한다. 이는 일어날 수 있었던 위험이 일어난 것일 뿐이다. 합리적 결정이라도 항상 예상한 대로 흘러가지는 않는 것이다.

선 넘는 사람들

이제 의연함과 군센 마음으로 개선을 추구해야 한다. 필요하다면 본부장에 대해 보직 변경을 한다. 직원들에게는 과거 잘못된 관행을 인정하고 인사 공정을 위한 개선책을 마련한다. 한 번 더 중앙노동위원회 재심을 구해 기업 입장을 설득해 보고, 그래도 안 되면 징계를 취소하고 보다 가벼운 재징계를 한다. 뒤늦었지만 공갈 직원을 고소하고 적극적으로 언론 대응에 나선다.

이때도 완전한 정답은 없다. 합리적 결정만 있을 뿐이다. 그렇게 대응하다 보면 상황은 개선되고, 언젠가 어떤 매듭을 지을 계기가 올 것이다. 그때 과감하게 사안을 마무리한다.

합리적 결정-개선이라니, 써놓고 보니 말장난 같기도 하고 기껏해야 말은 쉽지만 실행이 어려운 조언일지 모르겠다. 그러나 이런 애매하고 어려운 완벽하지 않은 조언도 잘 소화할 수 있기에 CEO가 아닐까.

오늘도 오피스 빌런 문제를 일으키는 직원 대응에 고민하면서 분투하고 있을 이름 모를 CEO에게 마음을 담은 마지막 조언을 보낸다. No Good Days, No Bad Days.[1] 맑은 날도 흐린 날도 그저 지나가는 하루일 뿐이다. 항상 평정심을 유지하고 해야 할 일에 집중한다.

주

1 「How Practice Leaders Add Values」, 『Managing The Professional Service Firm』 Free Press, Maister·David H, 1997. 로펌, 회계법인, 컨설팅펌 등 전문가 집단(Professional Service Firm) 리더들에 필요한 자질에 관하여 설명하면서, Paul Alvarez가 한 말로 인용한 내용이다. 개인적으로 참 울림이 큰 말씀이기에 그대로 옮겨 본다. "Rather than indulge the inevitable emotions that accompany daily triumphs and disasters, the manager must maintain an even keel. Paul Alvarez of Ketchum Communications says the hardest and most important lesson that he had to learn on taking over the managerial reins was that he had to operate on the principle of "No Good Days, No Bad Days." 한마디로, 평정심이다.

03

미래의 기업 노동변호사에게
"있는 그대로 보려고 애써야 합니다"

나는 지금 몸담은 로펌(율촌)이 첫 직장이다. 1999년 변호사 생활을 시작하여 어느덧 20년 훌쩍 넘게 이곳에서만 재직했다. 요즘 말로 진정한 '고인물'이라 할만하다.

그렇게 세월이 유유히 흐르는 동안 사무실 운영에 참여할 기회도 많았다. 그 중 가장 특별한 경험은 약 10년 전 맡았던 채용 실무 담당 역할이다. 그때는 로스쿨 제도가 막 시행되어 로스쿨생과 로펌 모두 서로에게 관심이 각별했다. 연중 수시로 설명회, 인턴십, 채용 면접, 컨펌자 관리업무가 있어서 채용 담당으로 할 일이 아주 많았다.

나는 그때 나중에는 같은 길을 갈, 그러나 아직은 예비변호사인 로스쿨생들과 참으로 많은 이야기를 나누었다. 아침에 인턴실에서 만나고, 점심이나 저녁 회식도 곧잘 했다. 내 업무 자체가 이들과 소통하는 것이기도 했지만, 이들을 보면 하고 싶은 일은 많은데 할 줄 아는 게 별로 없던, 항상 갈증에 시달리던 내 변호사 초년 시절 생각이 나서 특히 더 그랬던 것 같다.

만나서 이런저런 이야기를 하다 보면 이들 중에는 내 본연의 직무, 즉 기업을 자문하는 노동 변호사, 줄여서 기업 노동변호사(management-side labor lawyer)에 관심을 보이며 궁금한 점을 질문하는 경우도 제법 있었다. 예컨대 이런 질문들이다.

노동 업무 중 앞으로 유망한 업무는 무엇인가요?

가장 많이 하는 질문이다. 나는 이렇게 답변했다. "해고와 임금 분쟁 같은 전통적 영역도 좋지만 컴플라이언스, 협상, 노동조사 등 비전통적 영역과 외국 기업들을 대상으로 하는 자문도 유망하다. 그 분야에도 관심을 가졌으면 좋겠다."

지금이라면 이런 말을 덧붙일 것이다. "앞으로는 산업안전도 자문 수요가 점점 커질 것이다"라고. 중대재해처벌법이 제정되고 ESG 경영에 대한 관심이 높아지면서 산업안전 분야의 법률 자문 수요는 폭발적으로 증가하고 있기 때문이다.

기업 노동변호사인데, 노 측도 대리하나요?

역시 단골 질문이다. 보통 노동변호사는 근로자를 대리하는 변호사라는 인식이 강한데, 주로 기업을 자문한다는 '기업 노동변호사'인 나를 만나니 약간 인지 부조화를 느껴서 그랬던 것 같다.

보통 노동변호사가 되려는 로스쿨생은 노 측 대리에 관심 있는 경우가 많다. 이 질문에는 기업 노동변호사가 되면 노 측 대리는 하기 어려운 것 아닌지, 하는 우려도 숨어있다.

이에 대해서는 이렇게 답변했다. "이해 상충 문제 때문에, 그리고 우리 노동팀의 소임이 기업이 경영상 마주치는 중요 노동 현안을 전문적으로 조력한다는 것이므로, 원칙적으로 기업을 대리한다. 단, 의뢰인은 달라도 노동법의 올바른 해석과 적용을 고민한다는 점에서 기업 노동변호사와 근로자를 주로 대리하는 노동 변호사들은 근본적으로 같다."

사실 이건 좀 더 깊이 이야기할 주제다. 아마 이들이 변호사가 되고 경험이 쌓여서 만나면 더 편하게 이야기할 수 있을 것이라 생각한다.

앞으로 기업 노동변호사의 직업적 전망이 어떠한가요?

자주 오는 질문 중 제일 답하기 쉬운 질문이었다. "현재도 기업 노동변호사는 중요한 일을 하고 있지만 앞으로 더욱 그럴 것이니 전망이 밝다"라고 답했다.

이건 지금 물어도 마찬가지다. 노동법 분야의 자문 업무는 중요성이 계속해서 커지고 있다. 당연히 수요도 증가할 것이다. 사회 구성원들의 인식이 변하면서 직장 내 괴롭힘, 차별, 산업안전 같은 상대적으로 새로운 영역의 자문 수요가 늘어나고 있고, 노사문제, 비정규직 등 오래된 전통 영역에서도 여전히 새로운 자문 업무가 많이 발생한다.

기업은 이런 도전에 제대로 대응하기 위해 우수하고 열정적인 기업 노동변호사로부터 도움을 많이 받아야 한다.

상상의 나래: 새로운 질문

요즘은 채용 담당 변호사를 하지 않으니, 예전만큼 자주 로스쿨생들과 소통할 일은 없다. 하지만 이들이 가끔 인턴십 OJT 과정을 하러 우리 노동팀에 오는 때가 있다. 그러면 같이 점심을 먹으며 이런저런 이야기를 편하게 할 기회가 온다.

한번 상상해본다. 서로 처음으로 인사하는 점심 자리다. 가벼운 이야기를 나누다가 오래전부터 기업 노동변호사가 되기를 꿈꿔왔다는 어느 로스쿨생이 내 옆자리에 앉아 아직 한 번도 받아 보지 못한 아래 질문을 한다. 뭐라고 답할까?

"웨비나도 하시고 글도 쓰셨는데요. 실제 오피스 빌런 업무를 할 때 기업 노동변호사에게 제일 중요한 원칙이 하나 있다면 무엇인가요?"

선 넘는 사람들

참고로 이런 자리에서 이런 진지한 질문은 선배 대접을 위한 의례적 질문일 수도 있다. 그럴 때 신나서 너무 진지하게 오래 답하면 겉으로는 몰라도 속으로 욕한다는 것쯤은 나도 안다. 그러나 진심으로 묻는 것이면? 참 중요한 질문이다. 그리고 내가 항상 고민하는 문제가 아닌가.

나는 앞길을 먼저 헤쳐온 선배로서, 그런 후배의 질문에는 나름의 고민을 거친 진솔한 답변을 해주어야 한다고 믿는다. 그래야 암묵지(暗默知)가 전해지고, 조금 더 나은 세상이 될 것이다.

그대로 보려 애쓰기

지금 당장 이 질문을 받는다면 나는 이렇게 대답하겠다. "편향을 경계하고 사건을 있는 그대로 보려고 노력하는 것", 짧게 줄이면 "그대로 보려 애쓰기"다.[1]

편향을 '없애고' 있는 그대로 '보자'가 아니다. 편향을 '경계하고' 있는 그대로 '보려고 노력하자'는 것이다. 누구도 완전히 해낼 수 없는 일을 원칙이라고 할 수는 없기 때문이다.

이런 내 답이 밋밋하고 어쩐지 꼰대 느낌이 묻어나는 점은 인정한다. 그러나 그래도 이게 나의 답이다. 그대로 보려 애쓰기는 '오피스 빌런', 즉 심각한 문제를 일으키는 직원에 관한 한 조사, 징계, 협상의 모든 국면에서 길잡이가 되는 원칙이라고 믿기 때문이다.

두 가지 내 경험을 들어 이야기해 본다. 먼저, 몇 년 전 공익법인 인사담당자가 규정상 허점을 이용하여 경력이 모자람에도 수차례 셀프 승진을 하도록 일을 꾸몄다는 제보를 조사할 때 있었던 일이다.

규정을 검토하고 관여자들을 면담해 보니 그 제보는 대체로 사실로 보였다. 그런데 조사를 마무리하려고 하는데, 인사담당자만이 아니라 대표가 인사담당자 승진 추진 보고를 받고도 제대로 질문을 하거나 확인하지 않았다고 볼만한 흔적이 여기저기서 나타나기 시작했다.

조사는 원래 예상한 그대로만 가지 않는 법이니, 사실 이런 정도는 놀랄 일이 아니다. 드러난 사실이 가리키는 대로 대표 과실을 조사해 밝히면 그만이다. 그런데 문제는 그러면 안 되는 것을 알면서도, 그 드러난 사실을 토대로 대표를 조사하겠다고 마음먹기가 조사 팀장인 나에게 참 힘들었다는 것이다.

새로 발견된 사실들은 분명히 인사담당자 개인 일탈이라는 처음의 틀을 벗어나, 인사 운영·감독의 구조적 결함이라는 새로운 틀로 사안을 보라는 신호였다. 그러나 내 마음은 처음 틀을 유지하려는 관성 탓에 인지 부조화를 일으키면서 그 신호를 받아들이기를 완강히 거부했다.

선 넘는 사람들

우리에게 업무를 의뢰한 대표 본인이 잘못했다니, 너무 아이러니하다. 혹시 잘못 생각하는 것이 아닐까? 나는 계속 방향 결정을 하지 못하고 주저주저했다.

그래도 우리 조사팀 내부 협의를 거치고 조금씩 관련 사실이 더 모이다 보니, 다행히 막판에는 나도 새로운 틀을 받아들였다. 결국 인사담당자뿐만 아니라 대표 과실도 같이 조사해서 둘 다 적의 인사 조치하고 인사제도를 개선하도록 제언했다.

그런데 이렇게 하고 나니 대표 과실이 너무 자명해 보였다. 왜 내가 그렇게 오래 조사할지 말지 고민했는지 이해가 안 될 지경이었다. 나중에 들은 이야기로는 실무 담당자도 자기도 처음부터 대표 과실 문제를 의심하긴 했는데, 긴가민가하여 말은 못 했다고 털어놓았다.

나는 이 일화가 사건을 있는 그대로 보기를 어렵게 만드는 나의, 그리고 우리 모두의 인지적 게으름, 현상 유지 편향(status quo bias), 사후 확신 편향(hindsight bias) 등을 보여준다고 생각한다. 이런 편향은 무의식적인 것이라 아무리 경계해도 완전히 없애기는 어렵다. 그저 그 악영향을 이해하고, 또 줄이려 애쓰는 것이 우리의 몫이다.

다음 사례는, 앞의 공익법인 사건 이후에 맡았던 벤처회사 임원 A의 해고 사건이다. 임원 A가 근로자인지가 쟁점이었다. A는 맡은 사업 부서의 성과 부진으로 주주총회 결의로 해임된 후, 본인이 근로자임을 주장하며 노동위원회에 부당해고 구제신청을 했다. 만약 A가 근로자가 아니라면 정당한 이유가 있는지를 볼 것도 없이 벤처회사가 이기는 사건이다.

벤처회사 의뢰로 그 사건을 맡았을 때, 나는 내심 결과에 자신이 있었고, 자신감은 심문회의 기일이 다가올수록 커졌다. 유리한 정황이 많았기 때문이다. A는 입사 때부터 해임 때까지 계속 등기이사였다. 입사 경위도 CEO가 직접 나서서 특별 스카우트를 한 것이다.

자기가 맡은 사업 분야에서는 직원을 채용할 때 막강한 권한이 있었고, 스톡옵션도 이례적으로 많이 받았다. 원래 비등기임원의 근로자성 문제는 논란이 많고 사전에 노동위원회나 법원 판단을 정확하게 예견하기 어렵기로 악명이 높지만, A와 같이 등기이사가 근로자라고 인정되는 경우는 매우 드물다.

그런데 몇 차례 서면이 오간 후 심문회의가 열려 참석해 보니 심판위원들의 분위기가 좀 이상했다. 그 벤처회사는 해당 분야에서는 유망한 회사로 널리 알려졌지만, 보통의 벤처회사가 그렇듯 인사 전문가 없이 창업자인 CEO가 여기저기서 들은 풍월로 고용계약서, 연봉계약서 등을 작성했다.

그 결과 근로자와 수임인 차이를 잘 모르던 CEO가 A와 다른 직원들 모두 똑같은 계약서 샘플 양식을 썼다. 그리고 이사회 결의를

선 넘는 사람들

할 때, 모두 한자리에 모여 의견을 정하지 않고 평소 협의로 의견이 정리되면, 담당자가 보관하던 이사들 인감으로 이사회 의사록을 만들었다.

이런 일들은 벤처회사 운영실태를 잘 아는 사람들에게는 전혀 이상한 일이 아니고, 자신의 법적 지위가 근로자라는 A의 주장을 결정적으로 뒷받침할만한 사실이 아니다.

그러나 심판위원들은 이 점을 심문 회의 내내 문제 삼았다. 급기야 심문 회의 종료 후 사무실로 돌아가는 길에 나는 조사관에게 이사회 의사록 작성 경위에 관한 질문을 따로 받기까지 했다. 별로 신경 쓰지 않아야 할 일에 이렇게 신경을 많이 쓰다니 불길했다. 아니나 다를까, 그날 저녁에 결과가 문자 메시지로 왔는데[2] 패소였다. A가 근로자라는 것이다.

벤처회사를 주로 담당하는 후배 변호사로부터 각별히 부탁받기까지 했고, 나도 나름대로는 최선을 다해 대응했으며 무엇보다 승소를 자신하던 터라, 그때 받은 패소 메시지는 상당히 정신적 충격을 주었다. 웃다가 갑자기 뺨 맞은 느낌이랄까. 지금도 그때 아쉬움이 생생하다.

노동위원회 판단이 항상 타당한 것은 아니니, 내 예측이 완전히 근거가 없다고 하는 것은 지나친 자학이다. 그래도 나에게 뭔가 인식상 잘못이 있었던 것은 분명하다. 무엇보다 나는 승소 가능성을 너무 높게 계산했다. 어디부터 잘못된 것일까.

복기해 보면, 나는 먼저 가용성 편향(availability bias)에 영향을 받은 것이 아니었을까 생각한다. 나의 경험과 당시 알고 있던 바에 따르면 등기이사가 근로자로 인정받을 가능성은 거의 없었다. 그러나 그런 나의 제한된 경험과 지식이 A가 근로자가 아님을 보증해 주는 것은 당연히 아니다.

이러한 편향은 또한 내 주장에 부합하는 사실만 선택적으로 보는 확증편향(confirmation bias)과 결합하여 상승 작용을 일으켰고, 그 결과 심판위원들도 내가 벤처회사 운영실태에 관해 아는 것을 당연히 알 것이라고 안일하게 전제하도록 이끌었던 것 같다.

벤처회사 사건에서 이런 편향들에서 벗어나 사건을 있는 그대로 보았다면 어땠을까? 아마 나는 더 조심성을 가지고, 시간과 노력을 더 투입해서 사건을 준비했을 것이다. 유리한 사실만 주구장창 유려하게 늘어놓는 것에 신경 쓰는 것이 아니라, 근로계약서 샘플 문제와 이사회 의사록 작성 경위에 관해서도 충분히 지면을 할애하여 설명했을지 모른다. 그 경우 승소 가능성이 더 커지지 않았을까.

선 넘는 사람들

날마다 애쓰기의 고단함

기업 노동변호사라면 오피스 빌런 문제를 다룰 때 당연히 해고, 대기발령, 직장 내 괴롭힘, 개인정보 등 관련 노동 법리를 잘 알아야 한다. 군이 그런 말을 하지 않는 것은 그것은 너무 당연하기 때문이다.

그러나 어느 수준을 넘어서면 오피스 빌런 문제를 얼마나 잘 다루는 기업 노동변호사인지는, 노동 법리에 얼마나 밝은지로 정해지지 않는다는 것이 나의 견해다.

그보다는 그대로 보려 애쓰기의 원칙을 얼마나 체득하였는지, 개별 사건에서 구체적 사실관계를 얼마나 편향 없이 정확하게 파악하는지에 따라 우열이 가려진다.

상습적 괴롭힘을 한 팀장의 징계양정에 관해 기업 노동변호사로서 자문한다고 해보자. 기업이 좋은 징계양정을 하도록 조력하려면 상습적 괴롭힘의 동기, 모습, 횟수, 기간을 파악해야 한다. 피해자들의 정신적 충격의 정도, 피해, 현재의 마음 상태(용서 여부)의 파악도 필요하다. 조사 과정 전반에서 보인 팀장의 태도(협조적인지, 스스로 잘못을 인정하는지 등)와 팀장의 잘못이 야기한 회사의 손해 정도도 중요하다.

종래 회사의 징계양정의 관행, 회사가 교육과 캠페인 등으로 얼마나 괴롭힘 방지를 위해 노력해 왔는지, 그리고 유사한 사안에서 다른 회사들이 어떠한 징계 양정을 했고, 법원은 그 양정을 어떻게 판단했는지도 검토해야 한다.

　기업 노동변호사는 이런 개개의 사실과 관련 지식의 더미에서 기업의 직장 내 괴롭힘 정책과 그 실행 의지, 위험 감수가 가능한 정도, 징계 결정이 주는 메시지 등을 고려해 징계양정에 관한 자문을 하는 것이다.

　이러한 복잡한 판단 과정에서 그 판단을 구성하는 사실관계를 있는 그대로 보려고 애쓰지 않고, 객관적 사실과 동떨어진 판단을 하면, 좋은 징계양정 자문을 할 확률은 낮아진다. 극단적인 경우, 그것은 순전히 운에 좌우되는 것이다.

　같이 기업 노동변호사의 길을 걸어갈 예비변호사를 채용할 때, 그대로 보는 능력이나 그대로 보려고 애쓰기를 조건으로 꼽지는 않는다. 그러나 이런 자질은 비단 오피스 빌런 문제를 잘 다루는 변호사를 넘어, 우리가 추구할 지혜로운 기업 노동변호사의 가장 근본이 되는 자질이다. 알아보기 어렵고 또 예비변호사에게 기대할 수 없기에 요구하지 않을 뿐이다. 즉, 그것은 기업 노동변호사가 되고자 하는 누구라도 처음부터 갖추고 있어야 하는 자질이라기보다 우리 기업 노동변호사가 오랜 단련을 통하여 추구하고 도달해야 할 어떤 높은 경지다.

　쓰다 보니 역시 너무 말이 많았다. 다시, 미래의 기업 노동변호사의 질문으로 돌아간다. 실제 오피스 빌런 업무를 할 때 기업 노동변호사에게 제일 중요한 원칙이 하나 있다면, 그대로 보려고 애쓰기다.

그 대답을 듣고 만약 내가 그 면에서 자신 있는지를 물어본다면? 날마다 애쓰고 있다. 별로 진척이 없고 잘되지 않아 솔직히 힘들다. 그래도 아직은 포기하지 않고 계속 애쓰고 있다. 어느 날은 애를 덜 쓰기를 바란다.

주

1 나의 '그대로 보려 애쓰기'라는 생각은, 여러 현명한 이들의 책을 읽은 경험에 빛을 졌다. 그중에 『스카우트 마인드셋(원제: The Scout Mindset)』와이즈베리, 줄리아 갈렙, 2022와 『우리가 혹하는 이유(원제: The Life-Changing Science of Detecting Bullshit)』오월구일, 존 페트로첼리, 2021가 최근 읽은 책이다. 비영리단체 설립자로서 기업에 의사결정에 관한 자문을 하는 줄리아 갈렙은 자신이 바라는 대로 대상을 보지 않고 '사실 그대로 직시하는 태도'를 정찰병 관점(scout mindset)이라고 설명하며 의사결정에서 정찰병 관점의 중요성을 강조한다. 사회심리학자인 존 페트로첼리는 아무리 자신이 원하더라도 사실이 아닌 것은 결코 진실이 되지 않는다는 점을 직시해야 하며, 편견을 갖는 것은 인간의 본성이라는 점, 이를 극복하기 위해서는 비판적이고 과학적인 사고방식이 중요하다는 것을 강조한다.
2 노동위원회는 심문 회의를 하면 당일 오후 8시에 결과를 먼저 메시지로 알려준다. 판정서를 받는 것은 그보다 한참 뒤다.

추천사

심리학을 했으면 정말이지 나보다 훨씬 더 훌륭한 심리학자가 되었을 것이라는 생각을 들게 하는 사람들을 종종 만난다. 인간을 보는 관점이 사려 깊으면서도 겸손한 이들이다. 조상욱 변호사는 그중에서도 단연 돋보이는 사람이다. 강자로서 약자를 괴롭히는 이들, 약자의 행세를 하며 보편적인 질서를 망치는 자들 등 우리 주위에서 지켜야 할 선을 넘는 다양한 나쁜 사람들을 어떻게 확인하고 대처해야 하는가에 대한 가장 자세한 지침서를 우리에게 선사했으니 말이다. 무엇을 조심해야 하는지, 어떨 때 당당하고 분명해야 하는지를 명확하게 보여준 책이다. 사람 때문에 힘들어 본 경험이 있는 분들이라면 누구나 읽어야 한다.

김경일 (인지심리학자, 『지혜의 심리학』 저자)

선 넘는 사람들